W0054169

Durchstarten zur Spitze

Dr. Jürgen Kluge, geboren 1953, ist Deutschland-Chef der Unternehmensberatung McKinsey & Company, Inc.
Hans Otto Eglau, geboren 1939, ist freier Wirtschaftsjournalist.
Dr. Jürgen Meffert, geboren 1962, ist Principal bei der Unternehmensberatung McKinsey & Company, Inc.
Dr. Lothar Stein, geboren 1952, ist Director bei der Unternehmensberatung McKinsey & Company, Inc.

Hans Otto Eglau, Jürgen Kluge,
Jürgen Meffert, Lothar Stein

Durchstarten zur Spitze

McKinseys Strategien für mehr Innovation

Campus Verlag
Frankfurt/New York

Die Deutsche Bibliothek – CIP-Einheitsaufnahme

Ein Titeldatensatz für diese Publikation ist bei
Der Deutschen Bibliothek erhältlich
ISBN 3-593-36411-5

2. Auflage 2000

Das Werk einschließlich aller seiner Teile ist urheberrechtlich geschützt. Jede
Verwertung ist ohne Zustimmung des Verlags unzulässig. Das gilt insbesondere für
Vervielfältigungen, Übersetzungen, Mikroverfilmungen und die Einspeicherung
und Verarbeitung in elektronischen Systemen.
Copyright © 2000 Campus Verlag GmbH, Frankfurt/Main
Umschlaggestaltung: Init, Bielefeld
Satz: Fotosatz L. Huhn, Maintal-Bischofsheim
Druck und Bindung: Druckhaus Beltz, Hemsbach
Gedruckt auf säurefreiem und chlorfrei gebleichtem Papier.
Printed in Germany

Besuchen Sie uns im Internet: www.campus.de

Inhalt

Vorwort

Globalisierung, Deregulierung und neue Technologien haben weltweit Veränderungsprozesse in Gang gesetzt, die an Geschwindigkeit und Durchschlagskraft neue Maßstäbe setzen. Buchstäblich über Nacht sind in völlig neuen Branchen Unternehmen entstanden, deren Namen noch vor kurzem kaum jemand kannte und die dennoch inzwischen Weltgeltung genießen. Wir wagen die Prognose, dass sich diese Entwicklung verstärkt fortsetzen wird. Es gibt genügend Menschen, die Überdurchschnittliches leisten wollen und von der Erfolgsdroge, etwas Neues aufzubauen, infiziert sind. Die Voraussetzungen könnten nicht besser sein. Die technologischen Entwicklungen, deren Zeugen wir gegenwärtig sind, ermöglichen in einem bisher nie gekannten Tempo neue Anwendungen und Märkte. Wo sich Gründer in etablierten Branchen mühsam ihre Nische suchen mussten, können sie jetzt, sofern sie schnell und entschlossen genug vorgehen, auf neuen Feldern unbehindert selber den Markt »machen«. Kapital, mobil wie nie zuvor und immer auf der Suche nach den rentabelsten Anlagen, ist fast unbegrenzt vorhanden. Schließlich tendieren auch die Kosten für Kommunikation und Information im Internet-Zeitalter gegen null. Damit sind die wirklichen Engpassfaktoren heute Wissen, Kreativität und Innovation. Nur wer über sie in ausreichendem Maße verfügt, wird Wachstum erzielen und Beschäftigung schaffen; wem es dagegen nicht gelingt, sie auch stets von neuem zu reproduzieren, wird an Boden verlieren.

Seit einigen Jahren hat *McKinsey & Company* daher einen Schwerpunkt seiner Beratungsarbeit auf die Bereiche Innovationsmanagement und Aufbau neuer Firmen und Geschäfte gelegt. Wir wollen anhand der dabei gewonnenen Erkenntnisse in diesem Buch aufzeigen, dass es neue Wege gibt, das Erneuerungspotenzial von Unternehmen systematisch zu steigern und sie damit deutlich innovativer zu machen. Parallel dazu haben wir durch die 1996 von *McKinsey* angestoßenen und seitdem institutionalisierten Businessplan-Wettbewerbe wie in München und Berlin sowie den mit den *Sparkassen* und dem *Stern* bundesweit durchgeführten Gründerwettbewerb Start*Up* besonderes Augenmerk auf die Gründerszene gelegt. Denn das wirklich Neue geschieht immer mehr in jungen Start-up-Unternehmen, die für die Großen vielleicht langfristig zu Konkurrenten werden, aber gleichzeitig immer unentbehrlichere Kooperationspartner darstellen. So ist ein Teil dieses Buches der Frage gewidmet, unter welchen Voraussetzungen junge Firmen die schwierige Startphase meistern und danach weiter gesteckte Wachstumsziele erreichen können.

Zwischen den allgemeinen Sachkapiteln finden unsere Leser eine Reihe ergänzender, mit journalistischer Feder verfasster Fallbeispiele. Diese sollen die gewonnenen Erkenntnisse anhand konkreter Fakten verdeutlichen oder an ausgesuchten Beispielen zeigen, mit welchen Mitteln namhafte Unternehmen ihre Innovationsfähigkeit erhöhen. Das Buch soll nützliche Hinweise und Anregungen vermitteln, zugleich aber auch innerhalb und außerhalb von etablierten Unternehmen den Spaß an Gründungen und dem Aufbau neuer, innovativer Geschäfte erhöhen und damit Mut zum Aufbruch in eine neue Gründerzeit machen.

Unser Dank gilt allen, die uns bei unserer Arbeit unterstützt haben. An erster Stelle sind dabei die vielen Gesprächspartner unter den Klienten von *McKinsey* und aus anderen Unternehmen zu nennen, die uns mit ihren aus praktischer Arbeit gewonnenen Erkenntnissen halfen, Erfolgsmuster zu identifizieren, Hypothesen zu verifizieren, und die uns auf neue Spuren führten. Unser Dank gilt ebenso den an den Vorarbeiten für das Buch beteiligten McKinsey-Partnern sowie Mitgliedern der *McKinsey New Venture-Gruppe* und der *Innovations- und Technologie-Management-Practice*. Ihre in viele Diskussionen eingebrachten Beiträge finden sich als wesentliche Bestandteile unserer Aussagen wieder. Dies gilt ebenso für das McKinsey »Knowledge Management«-Team, auf dessen internationale Erfahrungen das Kapitel »Mit dem Wissen wuchern« zurückgeht. Ihre Erfahrungen auf diesen Gebieten steuerten insbesondere Alexander Lewald, Olga Rabrenovic und Christian Reitberger bei. Ganz besonderen Dank schulden wir Ina Verse für die hervorragende Projektbetreuung, bei vier Autoren keine ganz leichte Aufgabe. Ihrem fordernden Charme ist es zu verdanken, dass dieses Buch tatsächlich fertig wurde. Wesentlichen Anteil am Zustandekommen des Buches hatten schließlich Torsten Oltmanns und seine Kommunikationsgruppe, die uns vor allem bei der Erstellung der Grafiken und beim Korrekturlesen unterstützten, sowie die Research-Abteilung von McKinsey, die viele der Basisanalysen auch für bislang wenig untersuchte Entwicklungen und Zusammenhänge lieferte.

Die Verfasser

Kapitel 1

Arm oder Reich

Unsere Zukunft entscheidet sich jetzt

Jahrhundertwende 1899/1900: Mit ungetrübtem Optimismus blicken die Deutschen und ihr Kaiser in das neue Jahrhundert. Das Reich strotzt vor Selbstbewusstsein. Wissenschaftliche und wirtschaftliche Erfolge nähren einen von Zweifeln kaum gedämpften Fortschrittsglauben. Die unsichtbaren, alles verändernden Kräfte der Elektrizität treiben das industrielle Wachstum an. Berlin schickt sich an, mit seiner pulsierenden Geschäftigkeit den Rang der aufstrebenden Kapitale Europas einzunehmen. Es kann eigentlich immer nur weiter aufwärts gehen, lautet die allgemeine Stimmung.

Jahrhundertwende 1999/2000: Deutschland ist nach wie vor Europas führende Wirtschaftsmacht. Aber die Weltkarte hat sich seit den Tagen des wilhelminischen Hurra-Patriotismus verändert. Die Epizentren industrieller Dynamik haben sich an andere Stellen der Erde verlagert. Das in den achtziger Jahren aufgekommene Wort von der »Eurosklerose« spukt noch immer in vielen Köpfen herum. Deutschland, nach dem zweiten Weltkrieg wegen seiner Aufbauleistung weltweit bewundert, ist nicht mehr der wirtschaftliche »Musterschüler«. Das Problem der Massenarbeitslosigkeit liegt wie ein schwerer Stein auf seiner Seele. Viele Bürger gehen voller Selbstzweifel über die Schwelle ins nächste Jahrhundert. Zwar weckt der noch kurz vor dem Millenium eingeführte Euro trotz verbreiteter Skepsis manche Hoffnungen. Doch ein Optimismus, wie er die Menschen vor hundert Jahren erfüllte, will sich an dieser Zeitenwende nicht recht einstellen. Europas Wirtschaft bewegt sich weniger dynamisch als die amerikanische. Die Wachstums-Lokomotive Deutschland, von der sich unsere Nachbarn erhoffen, dass sie den europäischen

Zug auf Touren bringt, lässt an Kraft zu wünschen übrig. Immer mehr stellen sich die bange Frage, wann dieses Land endlich die Fesseln sprengt, die es in seiner Entwicklung hemmen.

Besitzstände contra Innovation

Lamentieren und Wehklagen helfen in dieser Situation wenig. Was wir brauchen, ist mehr Bereitschaft zur Innovation. Die Lust, Gewohntes in Frage zu stellen, Neues und Besseres auszuprobieren, hält sich aber gerade in reichen Gesellschaften mit hohem Anspruchsniveau in engen Grenzen. Mächtige *Pressure Groups* wachen argwöhnisch, dass keiner ihre Besitzstände antastet. Innovationen, das sind aber nicht nur die notwendigen Reformen unserer politischen und sozialen Institutionen und Systeme. Insofern sind nicht allein Politiker und die Hüter der organisierten Interessen gefordert. Kritischen Fragen sehen sich vielmehr zunehmend auch Wissenschaft und Forschung, vor allem jedoch die Wirtschaft ausgesetzt. Ist sie noch in der Lage, genügend Spitzenleistungen hervorzubringen, die zu erfolgreichen Produkten und Dienstleistungen bestehender oder neu gegründeter Unternehmen führen?

Während wir hierzulande etwas ungläubig von einem »europäischen Jahrhundert« träumen, haben die USA technologisch auf der Welt eine Führungsrolle eingenommen, die ihnen, zumal nach der tiefen Krise Japans, in nächster Zeit wohl niemand streitig machen dürfte. Dies gilt vor allem für ihre Stellung in der Mikroelektronik und Biotechnologie als den beiden wichtigsten Schlüsseltechnologien, die unser Leben in den nächsten Jahrzehnten wohl am stärksten verändern werden. Die Welt des Internet mit ihrer faszinierenden Möglichkeit, über das Wissen dieser Erde nahezu unbegrenzt in Windeseile und zu minimalen Kosten jederzeit verfügen zu können, lässt uns allenfalls ahnen, vor welchen Veränderungen wir noch stehen. Auch bei dieser Technologie haben die USA bereits einen beträchtlichen Vorsprung. Vor allem hat der technische Fortschritt ein Tempo erreicht, haben sich die Lebenszyklen der meisten Produkte so dramatisch verkürzt, dass die Langsamen und Schwerfälligen immer mehr Mühe haben, den Spitzenreitern zu folgen. Die Gefahr wächst daher mit jedem Tag, dass derjenige, der nicht permanent Schritt hält, im Kampf um einen der vorderen Plätze ein für allemal abgeschlagen ist.

Ein kurzer Rückblick: Seit Mitte des 19. Jahrhunderts hatte Deutschland das lange vor den Kontinentalmächten industrialisierte England als führende Wirtschaftsmacht abgelöst. Anders als in der vor allem von der Dampfmaschine geprägten ersten Phase der Industrialisierung waren es jetzt vor allem die Erkenntnisdurchbrüche der modernen Naturwissenschaften, die eine zuvor nie gekannte Entwicklung in Gang setzten. Mit der Gewinnung der aus dem Abfallprodukt Steinkohlenteer synthetisch hergestellten Farbstoffe Alizarin, Fuchsin und Indigo, vor allem eine wissenschaftliche Leistung des Liebig-Schülers Wilhelm Hofmann, begann die Chemische Industrie ihren Aufstieg. Wie Pilze schossen in den sechziger und siebziger Jahren vor allem an der Rheinschiene entlang Chemiefirmen aus dem Boden, die teilweise bis heute international zur Spitzengruppe zählen.

Neue Industrien entstehen

Mit den großen Chemikern jener Zeit trat erstmals ein Forschertyp in den Vordergrund, der ein sehr viel engeres Verhältnis zur Industrie suchte als seine Vorgänger. »Wenn heute die glücklichste deutsche Industrie die chemische ist, mit der wir den Weltmarkt beherrschen wie mit keiner anderen, so ist das sicherlich überwiegend der hohen Vollendung zu verdanken, die unsere wissenschaftliche Chemie und chemische Technologien sich errungen haben«, schrieb der Nationalökonom Werner Sombart 1912. Vieles von dem, was wir heute im kalifornischen Silicon Valley an Kooperation zwischen Wissenschaftlern und Kapitalgebern bewundern, lässt sich bereits in der Frühphase der deutschen Chemie beobachten. In enger Partnerschaft glückte beispielsweise dem Karlsruher Professor Fritz Haber und dem *BASF*-Werksleiter und späteren Konzernchef Carl Bosch im Jahre 1912 mit der großtechnischen Gewinnung von Ammoniak unter hohem Druck aus Luftstickstoff und Wasserstoff ein Jahrhunderterfolg. Die mit dem Nobelpreis ausgezeichnete Leistung schuf die Voraussetzungen für die Massenproduktion billigen Kunstdüngers und machte damit die Einfuhr von Chilesalpeter überflüssig.

Mehr dem praktischen Erfindergenie einzelner Tüftler entsprang dagegen der parallel einsetzende Siegeszug der Elektrizität. Hier war es vor allem die Entdeckung des dynamoelektrischen Prinzips durch Werner Siemens im Jahre 1866, die die Umwandlung mechanischer in elektrische Energie ermöglichte. Dass der preußische Artillerieoffizier damit einen immensen Entwicklungsschub für die gesamte Industrie auslöste und mit seiner Entdeckung die Basis des bis heute führenden deutschen Elektrokonzerns legte, zeigt im Übrigen, wie lebensnotwendig für eine Volkswirtschaft technologieorientierte Firmengründungen sind. Kurz vor dem Ersten Weltkriege hielt das Deutsche Reich mit fast 35 Prozent der Weltelektroproduktion die Spitzenposition, gefolgt von den USA mit knapp 29 Prozent. Vom Weltexport entfielen auf deutsche Unternehmen sogar 46,4 Prozent. Neben Werner Siemens legten noch weitere Erfinder mit ihren Firmengründungen den Grundstein bedeutender Großunternehmen von heute, etwa die Automobilbauer Gottlieb Daimler und Karl Benz, die mit nahtlosen Stahlrohren an den Start gegangenen Brüder Max und Reinhard Mannesmann oder der Industriepionier Carl von Linde, der mit der von ihm erdachten Kältemaschine und seinem Luftverflüssigungsverfahren die Fundamente für den *Linde*-Konzern schuf. Auf Rudolf Diesels Erfindung, dem nach ihm benannten Wärmekraftmotor, basiert bis heute eine der Säulen der *MAN*, mit der er gemeinsam seinen bahnbrechenden Erfolg erzielte. Der Würzburger Professor Wilhelm Conrad Röntgen entdeckte 1895 die nach ihm benannten »durchdringenden« Strahlen und erhielt dafür 1901 als erster Physiker den Nobelpreis.

Nach dem Ersten Weltkrieg sah es zunächst danach aus, als könnte Deutschland an seine früheren Erfolge anknüpfen. Hermann Staudinger legte 1925 seine grundlegenden Forschungsergebnisse für die Herstellung von Synthesefasern vor. Otto Hahn und seine Mitarbeiter Fritz Strassmann und Lise Meitner leiteten 1938 am Kaiser-Wilhelm-Institut in Berlin-Dahlem mit der Entdeckung der Kernspaltung die technische Nutzung der Atomenergie ein, die

BASF entwickelte in ihren Labors 1935 das erste Magnetband und parallel dazu die *AEG* das »Magnetophon«, Henrich Focke stellte 1937 den ersten brauchbaren Hubschrauber vor, der *Bayer*-Forscher Gerhard Domagk erfand 1935 die Sulfonamide, mit deren Hilfe todbringende Infektionskrankheiten, wie Lungenentzündung, Kindbettfieber und Hirnhautentzündung wirksam bekämpft werden konnten. Der Computer-Pionier Konrad Zuse konstruierte 1941 mit seinem Modell Z3 die erste voll funktionsfähige programmgesteuerte Rechenanlage der Welt, Ernst Ruska 1931/32 das erste Elektronenmikroskop. Der Göttinger Physiker Ludwig Prandtl legte die theoretischen Fundamente für die ersten Düsenflugzeuge, Hermann Oberths theoretische Arbeiten und Raketenversuche in den zwanziger Jahren leiteten das Zeitalter der modernen Raumfahrt ein.

Ende der Erfolgsbilanz: Der Zweite Weltkrieg

Doch der Zweite Weltkrieg setzte unter diese Erfolgsbilanz einen kräftigen Schlussstrich. Der hohe Blutzoll einer ganzen Forschergeneration und die Vertreibung vieler und oft gerade der besten Wissenschaftler aus rassischen oder politischen Gründen versetzte der deutschen Wissenschaft einen schweren Schlag. Viele der aus Deutschland vertriebenen oder nach dem Krieg in die USA ausgewanderten Wissenschaftler setzten ihre Arbeiten fern der Heimat erfolgreich fort, an ihrer Spitze die Gruppe um den Raketenforscher Werner von Braun. Voll mit dem Wiederaufbau ihrer zerstörten Fabriken beschäftigt, machte die junge Bundesrepublik kaum noch durch technisch-wissenschaftliche Großtaten von sich reden. Gefragt war vielmehr Kapital und waren schon bald ausländische Arbeitskräfte. Zu den wenigen Einzelleistungen gehörten in der Grundlagenforschung die 1967 mit dem Nobelpreis ausgezeichneten Arbeiten des Göttinger Chemikers Manfred Eigen über die Messbarkeit chemischer Reaktionen, die 1961 ausgezeichnete Entdeckung des *Mößbauer-Effekts* durch den Physiker Rudolf Mößbauer sowie in der Industrie die Erfindung des Rotationskolbenmotors durch Felix Wankel und des PAL-Farbfernsehens durch den *Telefunken*-Tüftler Walter Bruch.

USA als führende Technologienation

Derweil starteten die Amerikaner, durch den Kalten Krieg und die spektakulären Erfolge der Russen in der Rüstungs- und Weltraumtechnik herausgefordert, mit Milliardengeldern aus den Budgets von Pentagon und Nasa ein gigantisches Forschungs- und Entwicklungsprogramm, das ihre Stellung als führende Technologienation auf der Welt weiter festigte. Schon 1947 hatte William Shockley zusammen mit zwei Kollegen an den berühmten Bell Laboratories des Telefonkonzerns *AT&T* den ersten Transistor, den Basisbaustein für die Mikroelektronik entwickelt. Es waren die Amerikaner Jack Kilby von der Firma *Texas Instruments* und Robert Noyce von *Fairchild Semiconductor*, die zwölf Jahre später unabhängig voneinander den ersten integrierten Schaltkreis bauten. Und es war die erst 1968 in Santa Clara unweit von San Francisco gegründete Firma *Intel*, die 1972 den ersten »mikroprogrammierbaren Computer auf einem Chip« ankündigte. Der Mikroprozessor, das Herz unserer heutigen Personalcomputer, hatte zu schlagen begonnen. Auch die Entschlüsselung des genetischen Codes, ein Meilenstein auf dem Wege zur heutigen Biotechnologie und Voraussetzung für einen gezielten Eingriff in die Erbanlagen lebender Zellen, glückte 1953 zusammen mit einem englischen Kollegen einem US-Wissenschaftler, dem Molekularbiologen James Watson. Knapp zwei Jahrzehnte später zeigten die beiden Amerikaner Herbert Boyer und Stanley Cohen, dass ein artfremdes Protein in Mikroorganismen und Zellkulturen herstellbar ist. Die Gentechnik war geboren.

Japan holt auf

Dass Innovation aber nicht allein mit wegweisenden Erfindungen oder darauf beruhenden neuen Produkten identisch ist und diese nicht allein über wirtschaftlichen Erfolg oder Misserfolg entscheiden, demonstrierte niemand eindrucksvoller als die Japaner. In der Grundlagenforschung und als Erfinder rangierte die zweitgrößte Wirtschaftsmacht der Welt lange Zeit unter »ferner liefen«. Gerade zweimal seit 1945 reisten japanische Wissenschaftler zur Nobelpreisverleihung nach Stockholm. Gleichwohl lehrten sie, orientiert an einer vorbildlich weitsichtigen Weltstrategie, mit ihren hervorragenden Managementleistungen und einem exzellenten Produktions-Know-how Amerikaner und Europäer in den siebziger und achtziger Jahren das Fürchten. Nicht allein bei Kameras, in der Unterhaltungselektronik und bei Bürogeräten drängten sie fast die gesamte Konkurrenz aus dem Markt. Auch die amerikanische Automobilindustrie, seit Henry Fords Zeiten der Stolz der mobilen Supermacht, sah sich in geradezu erniedrigender Weise gedemütigt. Damit noch nicht genug: Selbst in einer ureigenen Domäne, der in ihrem Land erfundenen Halbleiter, bei denen sie einen uneinholbaren Vorsprung zu haben glaubten, mussten sie Japans aggressiven Herausforderern, vor allem auf dem Markt für Speicherchips, die Führung überlassen.

Amerika hat den Turnaround geschafft

Heute sieht die Welt völlig anders aus. Die amerikanische Industrie hat seit Anfang der neunziger Jahren einen bemerkenswerten Turnaround geschafft. Die drei großen Autokonzerne, durch die schockierende MIT-Studie über die Prädominanz der Japaner aus ihrer Lethargie gerissen, haben sich dank einer schmerzhaften Rosskur wieder an die Spitze herangearbeitet. Die Produktivität in ihren besten Fabriken ist heute nicht schlechter als die bei *Toyota*. Der von den USA ausgehende Siegeszug des Personalcomputers und der aus ihnen aufgebauten Netzwerke entzauberte gleichzeitig die japanischen Großcomputer-Hersteller. Der Stern der fernöstlichen Mainframe-Giganten *Hitachi*, *NEC* und *Toshiba* begann zu sinken, an ihre Stelle traten die Wegbereiter des neuen PC- und Netzwerk-Zeitalters, traten Firmen wie *Apple*, *Compaq*, *Sun*, *Cisco* und *Dell*. Wie kein anderer aus dem Kreis der ehrgeizigen Computer-Kids wurde *Microsoft*-Gründer Bill Gates zum viel bestaunten Idol, ja geradewegs zu einem Symbol des wieder erstarkten Amerika.

Noch vor einiger Zeit wäre ein deutscher Bill Gates nur schwer vorstellbar gewesen: Ein junger Mann in Turnschuhen und ausgewaschenen Jeans als Gründer eines Unternehmens, dessen Börsenwert heute höher als der von *IBM* ist. Inzwischen dämmert es auch bei uns immer mehr Realisten, dass unser Land genau diese Leute braucht, um sein schwerstes Problem zu lösen: nämlich der nächsten und übernächsten Generation wieder genügend sichere Arbeitsplätze zu garantieren. Die Erfolgsgeschichte der Walldorfer Software-Firma *SAP* und die öffentliche Anerkennung der dahinterstehenden Aufbauleistung von vier ehemaligen *IBM*-Mitarbeitern, vor allem unter jungen Menschen, lässt hoffen. Denn mögen deutsche Autos technisch und von ihrem Design derzeit begehrter denn je sein, Deutschlands meist mittelständische Spezialmaschinenbauer zum wiederholten Male als Exportweltmeister Furore machen und sich die deutsche Chemie in der globalen Durchdringung ihrer Märkte noch so überzeugend in Szene setzen – das bitter notwendige Jobwunder wird von ihnen kaum ausgehen.

Arbeitsplatzverluste in der Bundesrepublik

Es wäre schon viel erreicht, wenn das Wirtschaftswachstum die durch die weiter steigende Arbeitsproduktivität wegfallenden Stellen wenigstens ausgliche. Aber selbst die dafür erforderlichen Steigerungsraten des Bruttosozialprodukts von jährlich mindestens 3,5 Prozent dürften, wenn überhaupt, nur ausnahmsweise einmal zu erreichen sein. Allein die unumgängliche Einführung der »schlanken Produktion« in den deutschen Automobilwerken kostete zwischen 1991 und 1995 über 120 000 Arbeitsplätze – immerhin 15,5 Prozent. Und im deutschen Maschinenbau hinterließ die Anpassung an weltweit wettbewerbsfähige Strukturen zwischen 1989 und 1996 einen Aderlass von 40 Prozent aller Stellen.

Gerade mit Blick auf den Arbeitsmarkt spielen die von den Zukunftstechnologien getriebenen Branchen daher eine besondere Rolle. Sie werden auf absehbare Zeit die höchsten Wachstumsraten erzielen. Und sie werden vor allem in jenen bereits bestehenden und vielen neuen Berufen Arbeitsplätze schaffen, die den in Deutschland nach wie vor unterentwickelten Dienstleistungssektor ausmachen. Schon jetzt erzielen Unternehmen wie *IBM* und *Siemens* einen Großteil ihres Umsatzes mit Serviceleistungen – Tendenz steigend. Mit anderen Worten: Wir sind existenziell darauf angewiesen, auf Feldern wie der Informationstechnologie ganz vorn mitzuspielen, um den vorgezeichneten Übergang von der Produktions- in die Dienstleistungsgesellschaft ohne weiter zunehmende Probleme auf dem Arbeitsmarkt zu schaffen.

Deutsche Selbstblockade

Doch täuschen wir uns nicht: Um das Arbeitslosenproblem in Deutschland allein über den Königsweg Innovation zu lösen, bräuchten wir – rechnerisch gesehen – etwa vier weltweit dominierende Innovationszentren vom Schlage des Silicon Valley – eine geradezu utopisch anmutende Vorstellung. Doch es gibt auch Hoffnung. Jeder neue Arbeitsplatz in der Hightech-Industrie hat durchschnittlich noch einmal fast fünf weitere Arbeitsplätze im Dienstleistungssektor zur Folge. Die Schlussfolgerung muss daher sein, Deutschland zu einem Innovationsstandort auszubauen und gleichzeitig die Wachstumschancen für Dienstleistungen zu verbessern, statt sie durch überzogene staatliche Reglementierungen zu gefährden. Dass die hoch gesteckten Erwartungen durchaus realistisch sind, zeigt der von den *Sparkassen*, dem *Stern* und *McKinsey* gemeinsam ausgerichtete Existenzgründerwettbewerb Start*Up*. Die bei dieser größten Veranstaltung ihrer Art 1998 erstplatzierten 40 Gründerteams schufen bis 1999, also innerhalb nur eines Jahres, insgesamt fast 800 neue Arbeitsplätze, 20 pro Unternehmen. Normale Gründungen schaffen im Durchschnitt gerade drei bis vier.

Nur eine breit angelegte Innovationsoffensive kann eine weiter zunehmende Unterbeschäftigung stoppen, kann den von Konjunkturtal zu Konjunkturtal größer gewordenen Erwerbslosensockel nach und nach wieder abbauen. Dazu muss sich auch in den Unternehmen, vor allem in der Großindustrie, vieles ändern. Zur Überwindung unserer Selbstblockade reicht dies jedoch bei weitem

21

nicht. Notwendig sind vielmehr Veränderungen in all den Bereichen unserer Gesellschaft, die unmittelbar oder mittelbar die Innovationskraft des Landes mitbestimmen. So wäre die Leistungsfähigkeit unserer Schulen und Universitäten und die Effizienz staatlicher Forschungs- und Technologieförderung ebenso einer kritischen Prüfung zu unterziehen, wie manche lieb gewordene, in ihrer Wirkung strukturerhaltende Subventionen oder der unseren sozialen Sicherungssystemen zugrunde liegende Generationenvertrag. Dies alles muss sehr bald geschehen. Denn die Zeit arbeitet nicht für uns – im Gegenteil! Je mehr die Globalisierung der Märkte voranschreitet, je weiter sich die EU und der einheitliche Währungsraum des Euro ausdehnen, je mehr die immer unentbehrlicher werdenden Möglichkeiten moderner Informationstechnologie selbst große Entfernungen schrumpfen lassen und von der Video-Konferenz bis zur Fern-Qualitätskontrolle via Bildschirm fast unbegrenzte Möglichkeiten bieten, desto größer der Anreiz für Investoren, über die Grenze auszuweichen. Und wie das Kapital, so werden auch die Menschen, vor allem die leistungsfähigsten, immer mobiler und dorthin gehen, wo ihnen die Voraussetzungen am günstigsten erscheinen. Diese Freiheit wird sich insbesondere die jüngere Generation nicht nehmen lassen, die diese Innovationsleistung vor allem erbringen muss und in deren Köpfen Europa und das globale Dorf längst gelebte Realität sind.

Schon heute fragen viele junge Menschen mit Blick auf die wachsende Staatsverschuldung und die durch die demographische Entwicklung zum Zerreißen gespannten sozialen Sicherungssysteme besorgt, ob ihnen die vorangegangene Generation nicht unzumutbar schwere Lasten auf die Schultern laden würde. Es wäre fatal, wenn sich die heute noch im Erwerbsleben stehenden Eltern eines Tages von ihren Kindern auch noch vorwerfen lassen müssten, die Chancen Deutschlands im internationalen Wettbewerb leichtfertig verspielt und damit die Hoffnungen der Nachfolgenden auf eine ihren Fähigkeiten entsprechende Arbeit, auf Wohlstand und soziale Sicherheit zerstört zu haben. Ob und mit welchem Erfolg wir uns heute dieser Herausforderung stellen, entscheidet darüber, ob dieses Land mit seiner hervorragenden wirtschaftlichen, sozialen und kulturellen Infrastruktur seinen Wohlstand weiterhin bewahren kann oder ob es im Nationenvergleich unwiderruflich den Weg in die zweite Liga antreten muss.

Die Voraussetzungen sind gut

Die Voraussetzungen, im Wettbewerb der führenden Industrienationen der Welt einen Spitzenplatz einzunehmen, ja auf vielen Gebieten sogar die Nummer eins zu sein, könnten bei uns besser nicht sein. Deutschland ist nach wie vor ein sehr reiches Land, in dem es an Kapital nicht mangelt. Das Geldvermögen der Bundesbürger erreichte Ende 1996 den Wert von fast fünf Billionen Mark. Die neue Erbengeneration wird in den nächsten Jahren über so große liquide Mittel wie keine Generation vor ihr verfügen. Dieses Land bietet jungen Menschen nach wie vor eine hervorragende praktische und wissenschaftliche Ausbildung. Vor allem die Grundlagenforschung als die unverzichtbare Basis bahnbrechender technischer Entwicklungen hat in vielen Disziplinen kaum von ihrem hohen Niveau verloren. Das Interesse junger ausländischer Wissenschaftler an einem Stipendium der Humboldt-Stiftung für eine der führenden deutschen Universitäten, Max-Planck-Institute oder Großforschungsanlagen spricht eine deutliche Sprache. Dieses im Zentrum eines wachsenden europäischen Binnenmarktes gelegene Land verfügt über gut ausgebildete Mitarbeiter und ermöglicht jederzeit schnellen Zugriff auf Kooperationspartner unter Zulieferern und Kunden – vor allem dank eines leistungsfähigen Verkehrssystems und eines modernen Kommunikationsnetzes.

Chancen durch das Internet

Eine Umwälzung der heutigen Geschäftsprozesse durch E-Commerce bahnt sich an. Die bisherigen Gewinner und auch extrem erfolgreiche Unternehmen wie *Microsoft* oder *Hewlett Packard* stehen vor großen Herausforderungen, die mit der Einführung von weltweit zu geringsten Kosten beliebig verfügbaren Informationen über das Internet möglich wurden. In dieser Situation bestehen für neue und junge Unternehmen, aber auch für vermeintlich abgeschlagene Teilnehmer des alten Spiels die Chancen, in einem *leap frog* wieder an die Spitze zu gelangen.

Gerade in Deutschland und Europa sollten wir die Chance des Internet und E-Commerce weitestgehend nutzen. Es entspricht in vielem unserer Wirtschaftsstruktur. Es ist kleinzellig orientiert – passend für unseren Mittelstand und es ist gleichzeitig global wie so viele der deutschen Champions, die kleine Spezialsegmente des Weltmarktes besetzen. So ist es auch kein Zufall, dass führende deutsche Unternehmen, wie beispielsweise *Trumpf*, die Möglichkeiten des Internet sehr früh erkannt haben und bestimmte Wartungsarbeiten an Maschinen und Anlagen an den entferntesten Orten des Globus über Internet-Anschlüsse von ihrer Zentrale im Schwäbischen aus realisieren.

Das Internet bietet darüber hinaus die Chance, dass es hier zum ersten Mal nicht zu einem lokalen sondern zu einem globalen Cluster kommt. Wenn Informationen beliebig schnell und beinahe kostenlos ausgetauscht werden können, verliert die räumliche Nähe viel von ihren Vorzügen. Einzelne Konferenzen und ein regelmäßiger Austausch über das Internet, wie es bei den Kernphysikern oder den Mathematikern seit langer Zeit üblich ist, schweißen die internationale Community zusammen. Das weltweite Dorf gibt auch den provinzielleren Mitspielern wieder eine Chance. Auch ist in Deuschland mit sehr großem Aufwand eine hervorragende Infrastruktur für die Datenübertragung entstanden. Die berühmte Datenautobahn ist besonders im Osten, aber auch im Westen unserer Republik Wirklichkeit geworden – überall wurde in hochfrequenzgeeignete Datenübertragungsmöglichkeiten mit Glasfaserkabeln investiert.

Ein kleines Beispiel: Als der *Auto & Assembly Sector* von *McKinsey* plante, eine CD-ROM mit Spielhandlung über ein fiktives Autounternehmen zu Trainings- und Präsentationszwecken produzieren zu lassen, fiel unsere Wahl auf Torsten Rauser, einen jungen schwäbischen Unternehmer aus Tübingen. Der Unternehmer hat seine interaktive Medien- und Internetfirma bereits zu Schulzeiten gegründet. Sie ist heute spezialisiert auf die Herstellung von Spiele-

Top Ten weltweit nach Marktwert

1989: Japan liegt vorn Marktwert in Mrd. USD		1992: Amerika schafft den Turnaround Marktwert in Mrd. USD	
1 Nippon Telegraph & Teleph./Jap.	163,86	Royal Dutch/Shell/Niederlande/UK	77,82
2 Industrial Bank of Japan/Japan	71,59	Nippon Telegraph & Telephone/Japan	77,52
3 Sumitomo Bank/Japan	69,59	Exxon/USA	75,30
4 Fuji Bank/Japan	67,08	Philip Morris/USA	71,29
5 Dai-Ichi Kangyo Bank/Japan	66,09	General Electric/USA	66,00
6 IBM/USA	64,65	Wal-Mart/USA	60,82
7 Mitsubishi Bank/Japan	59,27	Coca-Cola/USA	58,47
8 Exxon/USA	54,92	Merck/USA	58,41
9 Tokyo Electric Power/Japan	54,46	AT&T/USA	55,85
10 Royal Dutch/Shell/Niederlande/UK	53,46	IBM/USA	51,82

1999: Neue Chancen durch das Internet Marktwert in Mrd. USD	
1 Microsoft/USA	407,22
2 General Electric/USA	333,05
3 IBM/USA	214,81
4 Exxon/USA	193,92
5 Royal Dutch/Shell/Niederlande/UK	191,32
6 Wal-Mart/USA	189,55
7 AT&T/USA	186,14
8 Intel/USA	180,24
9 Cisco Systems/USA	174,09
10 BP Amoco/UK	173,87

Quelle: BUSINESS WEEK 7/99

CD-ROMs für die kommerzielle Anwendung als Promotion für Großunternehmen und bereitet demnächst ihren Gang in die USA als führender Anbieter von Internet Game Shows vor. Torsten Rauser führt ein Unternehmen, das er selbst als virtuell bezeichnet. Seine Mitarbeiter sind über den Erdball verteilt: von den USA über England und Deutschland bis hin nach Ibiza. Projektweise werden die einzelnen Unternehmer zusammengeholt und verpflichtet. Nicht nur unsere Zulieferer gehen diesen Weg, auch *McKinsey* selbst lässt sich die Möglichkeiten des Internet nicht entgehen. Seit vielen Jahren ist das gesamte Unternehmenswissen über ein streng geschütztes Intranet für *McKinsey*-Mitarbeiter jederzeit zugänglich. Intern wetteifern verschiedene Unternehmensbereiche um den besten Auftritt und die meisten *Hits* auf ihren Seiten. Hinzu kommen zahlreiche Anwendungen für den externen Gebrauch.

Welche weiteren Revolutionen das Internet für das Geschäftsleben noch bringen wird, steht noch in den Sternen. Einige Anwendungen sind aber klar zu erkennen, zum Beispiel der Einkauf von C-Materialien, der über Internet-Auktionen sehr viel besser koordiniert werden kann als bisher. Auch hier entstehen täglich neue, hervorragende Geschäftsmöglichkeiten. Das Internet ist eine neue Technologie-Dimension und wer die ersten Lernerfahrungen frühzeitig macht, schnell adaptiert und zulernt, wird erfolgreich sein. Führende Unternehmen auf der ganzen Welt werden sich diese Chance sicherlich nicht entgehen lassen und für Start-ups und Großunternehmen in Deutschland ist sie eine willkommene Möglichkeit den scheinbar zementierten Vorsprung unserer internationalen Wettbewerber aus dem Stand bei genügend agressivem Vorgehen zunichte zu machen.

Neue Rezepte für eine neue Generation

Umso mehr verwundert vor allem Betrachter von außen, dass die Deutschen mehr mit ihren Befindlichkeiten und Problemen als mit ihren Chancen und Möglichkeiten beschäftigt sind. Sicherlich ist es gut, den Blick über die Grenzen auf andere Länder, wie die USA oder den kleinen Nachbarn Holland zu richten, so vor allem bei der Suche nach neuen Ansätzen zur Lösung unserer Beschäftigungsproblematik. Niemand ist so gut, als dass er nicht noch von anderen lernen könnte.

Doch der Schlüssel zur Zukunft liegt bei uns selber. Was wir brauchen, ist ein positives Verhältnis zu Innovationen auf allen Gebieten, statt in jeder neuen Technologie oder Idee zunächst erst einmal Risiken oder gar Anschläge gegen geheiligte, in Wahrheit jedoch allzu oft sehr fragwürdige Tabus zu wittern. Staatliche Regulierung und noch mehr Belastungen der Bürger werden das Land aber ebenso wenig weiterbringen, wie Runde Tische, mediengerecht aufgezogene Kanzlerrunden oder unter politischer Moderation geschlossene Bündnisse zwischen Verbands- und Gewerkschaftsführern. Es wächst eine Generation heran, die den alten Rezepten immer skeptischer gegenübersteht, die mehr den eigenen Fähigkeiten als den trü-

Die zehn größten deutschen Unternehmen unter den Global Top 1 000

1999	Rang		Marktwert in Mrd. USD
1	23	Deutsche Telekom	115,02
2	39	DaimlerChrysler	86,87
3	61	Allianz	66,06
4	75	Mannesmann	53,67
5	109	Siemens	38,88
6	113	SAP	37,74
7	131	Deutsche Bank	32,18
8	143	Münchener Rück.	29,82
9	154	Veba	28,63
10	156	Bayer	28,41

Quelle: BUSINESS WEEK 7/99

gerischen Sicherheiten der Vergangenheit traut, die bereit ist und darauf wartet, aus den sich ihr bietenden Chancen das Beste zu machen. Dieses stimmt zuversichtlich.

Anspruchsvolle Ziele setzen

1. Ein jährliches Wachstumsziel beim Bruttosozialprodukt von mehr als vier Prozent setzen und ein durchgängiges Programm entwickeln, um das Ziel zu erreichen.

2. Wachstumsziel mit breit getragenen und über Innovation zu erreichenden inhaltlichen Zielen kombinieren (»Der Himmel über der Ruhr soll wieder blau werden« oder »In diesem Jahrzehnt ein Mann auf dem Mond«).

3. Wettbewerbe der Regionen um Kompetenzzentren (Cluster) je Technologie fördern (»Klotzen, nicht kleckern«) und in den Regionen thematische Gründerwettbewerbe organisieren.

Voraussetzungen schaffen

4. Hochschulreform mit besonderer Förderung von Spitzenleistung aus allen Schichten (Stipendien) und internationaler Orientierung sowie stärkerer Betonung der Ingenieurs- und Naturwissenschaften.

5. Innovationshemmende Regulierungen besonders im Arbeits- und Sozialrecht auf ein Minimum reduzieren. Genehmigungsabläufe für Start-ups und neue Technologien deutlich vereinfachen und verkürzen.

6. Steuergesetze vereinfachen und modernisieren und in Einklang mit den Anforderungen junger Gründer und Venture-Capitalists bringen.

7. Subventionen drastisch reduzieren und letztlich streichen, um die Finanzierung von Innovation sicherzustellen. Starthilfe für Neues geben, Förderungsabläufe vereinfachen und verkürzen.

Erste Erfolge schaffen und kommunizieren

8. Bildung und Forschung zu einem deutschen Exportartikel machen und Talente aus dem Ausland importieren.

9. Das Unternehmerbild in der Öffentlichkeitsarbeit zum Besseren wenden. Wer sonst außer ihnen schafft Arbeitsplätze?

10. Innovation, Strukturwandel, neue Chancen und Optimismus kommunizieren.

Kapitel 2

Die Unternehmerlücke

Was unsere Innovationskraft lähmt

Im Jahre 1972 war es genau wie heute in Deutschland nicht gerade Mode, in gesicherter Position einem Unternehmen, zudem einem Weltkonzern vom Range der *IBM*, den Rücken zu kehren, um sein Glück mit einer eigenen Firma selbst in die Hand zu nehmen. *IBM* galt zu diesem Zeitpunkt noch als die nahezu unfehlbare Urmutter aller Computer, die für sämtliche in ihrem Schatten agierenden Hersteller die verbindlichen Standards setzte. Niemand konnte sich in jenen Jahren vorstellen, dass diese Inkarnation der Superiorität eines Tages selbst einmal ins Wanken geraten und auf die rettende Hand eines in höchster Not von außen geholten Sanierers angewiesen sein würde. Damals also, als bei *Mother Blue* die Welt noch in Ordnung war, wagten – von kaum jemandem beachtet – fünf Mitarbeiter der *IBM*-Geschäftsstelle Mannheim den Sprung ins kalte Wasser. Mit dem anspruchsvollen Ziel einer weltweit einsetzbaren betriebswirtschaftlichen Standard-Software sollte ihre Firma *SAP* im badischen Walldorf zu einem deutschen Vorzeigeunternehmen par excellence avancieren.

Die Erfolgsgeschichte der fünf *IBM*-Aussteiger kann allerdings nicht darüber hinwegtäuschen, dass dieses Beispiel deutschen Gründergenies ziemlich einsam dasteht. Die jungen Garagenfirmen der Informations- und Kommunikationsbranche, die heute den Weltmarkt dominieren, entstanden damals zum größten Teil in den USA und eben nicht in Deutschland. Die Turnschuh-Generation der frühen siebziger Jahre, die im fernen Silicon Valley mit ihren Garagenfirmen an den Start ging, folgte hierzulande anderen Leitbildern und Idealen. Nicht die Eroberung neuer Märkte oder die Beherrschung zukunftsträchtiger Technologien bewegten in dieser Phase die öffentliche Diskussion, dafür umso mehr Mitbestimmungs- und vor allem Verteilungsfragen und danach die fehlgeleitete Nachrüstungsdebatte sowie die wichtige Umweltdiskussion. Was wir heute als Defizite der deutschen Industrie beklagen, hat seine wesentlichen Ursachen denn auch in einer Unternehmerlücke der vergangenen zwei bis drei Jahrzehnte. Nüchterne Zahlen sprechen mehr als Worte eine deutliche Sprache: Wurden im Silicon Valley 73 Prozent aller Unternehmen mit über 50 Millionen Dollar Jahresumsatz nach 1985 gegründet, so beträgt dieser Anteil in Regionen wie München oder Stuttgart gerade einmal 15-20 Prozent. In Deutschland wurde mit Ausnahme von *SAP* seit Anfang der siebziger Jahre kein Unternehmen mehr gegründet, das in neuen breiten Anwendungsfeldern weltweit die Nase vorn hat. Dieses Defizit ist umso beklagenswerter, als gerade die auf der Basis neuer Technologien gegründeten Unternehmen ein überdurchschnittliches Wachstum verzeichnen und im Gegensatz zu etablierten Konzernen zum Abbau von Arbeitslosigkeit beitragen. Allein im Jahre 1997 stockte *SAP* seine Belegschaft um 40 Prozent auf 12 856 Mitarbeiter auf. Hinzu kommen jeweils mittelbare Beschäftigungseffekte von nicht genau bestimmbarer Größe. So kann Deutschlands Software-Flaggschiff für sich in Anspruch neh-

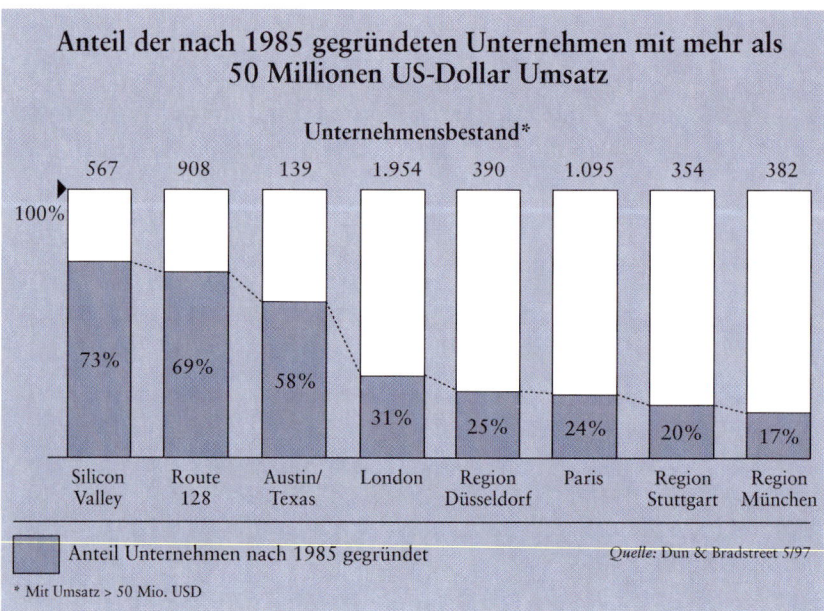

Anteil der nach 1985 gegründeten Unternehmen mit mehr als 50 Millionen US-Dollar Umsatz

Unternehmensbestand*

| 567 | 908 | 139 | 1.954 | 390 | 1.095 | 354 | 382 |

| 73% | 69% | 58% | 31% | 25% | 24% | 20% | 17% |
| Silicon Valley | Route 128 | Austin/ Texas | London | Region Düsseldorf | Paris | Region Stuttgart | Region München |

☐ Anteil Unternehmen nach 1985 gegründet   *Quelle*: Dun & Bradstreet 5/97

* Mit Umsatz > 50 Mio. USD

men, auf der Zuliefer- und Vertriebsseite noch einmal fünf bis zehnmal soviele Arbeitsplätze zu sichern.

Der „hässliche" Unternehmer

Wie ist in einem Land, dessen Wohlstand und Wirtschaftskraft zu einem guten Teil auf die Schöpferkraft bedeutender Erfinder zurückgeht, in dem Straßen, Schulen und sogar Fußballstadien nach Industriepionieren, wie Werner von Siemens, Carl Bosch oder Gottlieb Daimler benannt sind, diese Unternehmerlücke zu erklären? Bei genauerem Hinsehen zeigt sich, dass das Bild des Unternehmers in der Öffentlichkeit in unserem Land je nach der allgemeinen Situation stets großen Schwankungen unterlag. Vereinfacht ausgedrückt, standen die Männer der zupackenden Hand immer dann besonders hoch im Kurs, wenn es den Karren aus dem Dreck zu ziehen galt; sobald es den Menschen jedoch wieder besser ging, taten sich Unternehmer vielfach schwer, ihre gesellschaftliche Funktion der Öffentlichkeit hinreichend deutlich vor Augen zu führen. Anstelle ihrer in der Stunde der Not viel gelobten Tugenden, vor allem Mut, Optimismus und das beherzte Lösen von Problemen treten eher negative Assoziationen in den Vordergrund. »Der hässliche Unternehmer« lautete nicht ohne Grund der Titel eines 1972 erschienenen Buches, das sich mit diesem Zerrbild kritisch auseinander setzte. Unter dem von höchster politischer Instanz verkündeten Motto, die »Belastbarkeit der Wirtschaft testen« zu wollen, konnte kaum ein Klima entstehen, in dem junge Menschen zum Wagnis einer selbständigen Existenz ermutigt wurden. Vielmehr lockte der in dieser Periode kräftig aufgeblähte öffentliche Dienst viele Berufseinsteiger unter die schützende Obhut von Vater Staat.

Innovationsfeindliches Klima

Unter dem bestimmenden Einfluss vieler vom Geist der Achtundsechzigerbewegung beseelten Lehrer und Schulbuchautoren wurde bereits den Kindern eine Vorstellung von der Rolle des Unternehmers vermittelt, die der nachwachsenden Generation die Vorstellung von politisch reaktionären Ausbeutern und Profiteuren aufdrängte. Die gleichen verheerenden Folgen für das Entstehen einer unternehmerischen Aufbruchstimmung hatte die von Politikern und einigen Massenmedien geschürte Voreingenommenheit gegenüber neuen Techniken. Getragen von einem für ein hohes Wohlstandsniveau typischen Bedürfnis nach Sicherheit, das heißt nach Bewahrung des Erreichten, wurden die in Büros und Fabriken eindringenden mikroelektronischen Errungenschaften primär als Bedrohung empfunden und als Job-Killer abgelehnt. Während die hessische Landesregierung gegen die von *Hoechst* geplante gentechnische Herstellung von Humaninsulin über Jahre fast einen heiligen Krieg führte, entstanden in den USA die heute international führenden Biotech-Firmen. Die Blockadepolitik trieb die an deutschen Universitäten hervorragend ausgebildeten Biowissenschaftler in Scharen nach Amerika, wo sich viele von ihnen an der Gründung neuer Firmen beteiligten.

In diesem Klima konnte es nicht ausbleiben, dass sich an den höheren Schulen das Gewicht immer stärker von den Natur- zu den Sozialwissenschaften verlagerte. Wo sich die als schwer geltenden Fächer Mathematik, Physik oder Chemie problemlos abwählen ließen, war die Versuchung für viele Schüler groß, ihren Notendurchschnitt durch Ausweichen in scheinbar leichtere Fächer wie Politik, Erdkunde oder Philosophie anzuheben. Auch heute noch kommen an vielen Gymnasien in der integrierten Oberstufe naturwissenschaftliche Leistungskurse mangels ausreichender Beteiligung nicht zustande – ein Alarmzeichen für Deutschlands künftige Stellung auf dem Gebiet moderner Technologie.

Sicherheit oder Risiko

Auch im Management der Unternehmen war die Neigung lange Zeit gering sich wie die *SAP*-Gründer auf das Risiko eines eigenen Unternehmens einzulassen. Vor allem die Führungskräfte großer Unternehmen verspürten nur wenig Anreiz ihren Besitzstand gegen die vage Hoffnung einer erfolgreichen Unternehmensgründung aufs Spiel zu setzen. Mit einem in den meisten anderen Ländern unbekannten Maß an finanzieller Absicherung bis über die Zeit der Pensionierung hinaus sowie einer Vielzahl von geldwerten Nebenleistungen zogen sie es vor, im »goldenen Käfig« zu bleiben, selbst wenn er ihren Bewegungsspielraum einengte. Sogar in Fällen, in denen ihnen ihr Arbeitgeber nahe legte, sich mit einem von ihnen entwickelten, jedoch im eigenen Unternehmen chancenlosen Nischenprodukt selbständig zu machen und dafür Startkapital in Aussicht stellte, endeten die Gespräche meist beim Thema Firmenrente oder der gewünschten Rückfahrkarte für den Fall des Scheiterns.

Vieles ist in der Zwischenzeit anders geworden, nicht weil sich die Menschen verändert hätten, sondern die Verhältnisse. Im Zeitalter massiver Umstrukturierungen, denen in den Firmenzentralen ganze Hierarchieebenen zum Opfer fielen, gibt es schon lange keine geschützten Oasen der Sicherheit mehr. Gleichzeitig können Neueinsteiger kaum noch auf so abgesicherte Dienstverträge wie die Altvorderen hoffen. Vorbei sind die Zeiten, in denen die führenden Großunternehmen fast allen Hochschulabsolventen interessante Karrieren anbieten konnten. Vielen Bewerbern bleibt, bis sich die Demographie wieder zu ihren Gunsten wendet, nur der Weg es mit einer eigenen Firma zu versuchen. Ein Vergleich mit den USA, wo in den meisten erfolgreichen Neugründungen erfahrene Ex-Manager aus etablierten Unternehmen mit von der Partie sind, macht deutlich, wie sehr die deutsche Unternehmerlücke mit der geringen Mobilität zwischen der Welt des Managements und der Entrepreneurszene zu tun hat.

Unternehmerische Defizite

Zu denken geben aber nicht nur die Folgen mangelnder Gründungen, sondern auch die unternehmerischen Defizite in etablierten Unternehmen. Abzulesen ist der fehlende Elan vor allem an der nachlassenden Wettbewerbsfähigkeit auf den am stärksten umkämpften Märkten. Die Position der deutschen Industrie als Exportweltmeister ist deutlich schwächer geworden, besonders bei den Exporten in Regionen außerhalb der EU, die Faktorkosten, vor allem für Personal, sind vergleichsweise hoch, die Produktivität liegt in vielen Branchen unterhalb der Weltspitze. Am gefährlichsten jedoch: Neue erfolgreiche Produkte und Dienstleistungen fehlen häufig. Zwar haben sich viele Unternehmen in den vergangenen Jahren erfolgreich bemüht, ihre Wettbewerbsnachteile durch Restrukturierungen, Gemeinkostensenkungen, Prozessverbesserungen oder eine Optimierung ihres Produktdesigns auszugleichen; um die Erosion ihres Geschäfts auf dem Weltmarkt und ihrer heimischen Arbeitsplätze aufzuhalten, bilden solche Schritte aber nur die unumgängliche Voraussetzung. Es gilt neue Geschäftsfelder zu erschließen. Dies ist jedoch nur mit Hilfe einer Doppelstrategie erreichbar, bei der die unverzichtbaren Restrukturierungen durch eine Innovationsoffensive zu ergänzen sind.

Eine McKinsey-Studie über die Elektronikindustrie (»Wachstum durch Verzicht«) zeigte bereits 1994, dass Innovationen für die Weltmarktführer zur Triebkraft von Umsatzentwicklung und Kostenreduzierung geworden sind. In der unter diesem Aspekt ermittelten Spitzengruppe weltweit agierender Unternehmen waren deutsche Anbieter kaum noch zu finden. Ein Vergleich der *Innovationsproduktivität* deckte bei ihnen eklatante Schwächen auf. Die internationalen Spitzenreiter erlösten fast fünfmal so viel Umsatz mit ihren Neuentwicklungen. Die wichtigste Ursache für den Klassenunterschied liegt in der stärkeren Ausrichtung der Besten auf einen klar identifizierten Kundennutzen und die Entwicklung und Vermarktung weniger echter weltweiter Hits – Eigenschaften, die das Verhalten exzellent geführter Unternehmen typischerweise ausmachen.

Innovationen sind kein Zufall

Die Erfolgsgeschichte solcher Spitzenunternehmen lehrt: Innovationen sind kein Zufall. Sie passieren nicht einfach, sondern resultieren aus der Fähigkeit systematisch kontinuierlich Kundennutzen zu schaffen. Die zentrale Herausforderung an das Management besteht deshalb darin, diese Fähigkeit zu entwickeln und zu fördern. Voraussetzung für den Erfolg ist die Schaffung eines innovativen Umfeldes mit dem Ziel einen Strom kontinuierlicher Neuerungen zu generieren. Gleichzeitig kommt es darauf an, neue Produkte und Dienstleistungen konsequenter als bisher am Markt durchzusetzen und die errungenen Positionen langfristig abzusichern. Gefragt ist neben einer stärkeren Innovationskraft daher vor allem mehr Unternehmergeist.

Spitzenunternehmen der Elektronikbranche bringen es auf jährlich 14 Prozent Umsatzwachstum und bewegen sich auf Märkten mit zwölf Prozent Wachstum. Dagegen sind deutsche Anbieter auf Märkten mit einem Wachstum von sechs Prozent zu finden und begnügen sich mit Umsatzzuwächsen von gerade einmal sieben Prozent. Obendrein lassen sie nur geringes Interesse erkennen, ihre Ressourcen auf wenige, dafür jedoch besonders dynamische Produktbereiche zu konzentrieren. Obwohl die weltweit stärksten Wettbewerber bis zu fünfmal größer als ihre deutschen Konkurrenten sind, scheuen sich unsere Elektronikfirmen, diesen Größennachteil durch eine Fokussierung ihrer Aktivitäten auf eine kleine Zahl interessanter Schwerpunkte auszugleichen. Folge: Schon Mitte der neunziger Jahre war der Vorsprung der internationalen Konkurrenz Besorgnis erregend groß. Wenn die deutsche Industrie in der Elektronik den Anschluss nicht endgültig verpassen will, kommt sie um außergewöhnliche Anstrengungen nicht herum. Ihr Ziel müsste es zumindest sein, den Umsatzanteil von Neuentwicklungen zu verdoppeln und bei Innovationen wieder eine Stellung zu erringen, die es ihr erlaubt, weltweit technische Standards zu setzen. Immerhin sind einige Unternehmen mittlerweile zu dieser Aufholjagd am steilen Berg gestartet.

Der schwierige Weg vom Forscher zum Unternehmer

Ähnliche Defizite wie in der Industrie lassen sich in der Wissenschaft feststellen. Noch in den siebziger Jahren war es für einen Doktoranden oder Professor nahezu verpönt seine Forschungsergebnisse kommerziell zu verwerten. Mit seinem an der Uni erworbenen Wissen ein Vermögen zu machen galt als unschicklich. Schon eine zu enge

Nähe zur Industrie war den Gralshütern der reinen Lehre suspekt, sieht man einmal von traditionell praxisnahen Disziplinen wie der Chemie oder dem Ingenieurwesen ab. Ein erfolgreicher Forscher gab sein Wissen selbstverständlich an die nächste Generation weiter, machte sich durch wissenschaftliche Abhandlungen in anerkannten Publikationen und durch Vorträge auf internationalen Fachkongressen einen Namen. Im Übrigen machten ihn allein schon seine lebenslange Beamtenversorgung in Kombination mit großen Freiheiten nicht eben für das unsichere Leben eines Unternehmens empfänglich. »Leute, die es gewohnt sind, ihr Gehalt vom Staat zu bekommen, erschrecken natürlich bei dem Gedanken, dass ihre Ideen sich auf aggressiven Märkten bewähren müssen«, beschreibt der Saarbrücker Hochschullehrer August-Wilhelm Scheer die Psyche seiner Kollegen. Der Direktor des Instituts für Wirtschaftsinformatik an der Universität des Saarlandes beschäftigt in der von ihm 1996 gegründeten Software- und Beratungsfirma *IDS* rund 750 Menschen und setzte 1998 mehr als 120 Millionen Mark um. Eine Ausnahme in der deutschen Hochschullandschaft.

Wen es als Manager oder Forscher dagegen in den siebziger Jahren danach drängte, den beruflichen Trampelpfad zu verlassen und eigene Wege zu gehen, sah sich meist durch unüberwindbare Hürden bei der Finanzierung seines Vorhabens abgeschreckt. Ohne beleihbare Sicherheiten, wie das gern zitierte Häuschen der Großmutter zeigte sich keine Bank oder Sparkasse bereit einem Gründer das nötige Startkapital vorzustrecken. Und wenn ausnahmsweise doch, so reichten die Mittel meistens gerade einmal für einen Zweimannbetrieb, nicht jedoch für eine auf schnelles Wachstum programmierte Hightech-Firma mit internationalen Ambitionen und entsprechend hohem Investitionsbedarf. Der inzwischen äußerst ergiebige Markt für Venture-Capital lässt leicht in Vergessenheit geraten, dass anders als in den angelsächsischen Ländern in Deutschland bis vor wenigen Jahren Eigenkapital für Start-up-Unternehmen erst äußerst spärlich floss. Viele Gründer gingen (und gehen vielfach bis heute) ihrerseits nur mit dem Ziel an den Start, sich in bescheidenem Rahmen selbst zu verwirklichen, nicht jedoch ein großes Unternehmen aufzubauen und damit viel Geld zu verdienen, wie es der Motivation vor allem von Amerikanern mit ihrem unverbogenen Verhältnis zum Erfolg entspricht.

Kaum Anreize für innovationsfreudige Manager

Der Unternehmer im Unternehmen? Der Manager als mutiger Ideenvollstrecker? Großstrukturen tun sich überall auf der Welt schwer, wirklich Neues in kurzer Zeit hervorzubringen. Die Gründe hierfür sind vielfältiger Art. Da ist zum einen die tayloristische Struktur der Arbeit, die kaum Talente mit wachem Gespür für neue Technologien und ihre Anwendungsmöglichkeiten fördert. Im funktional gegliederten Unternehmen wirkt der Einzelne durchweg als Spezialist in einem engen Rahmen begrenzter Kompetenzen ohne ganzheitlichen Geschäftsüberblick. Das Tagesgeschäft lässt ihm kaum die nötigen Freiräume neue Projekte weiterzuentwickeln. Eigene Geschäftsideen müssen sich in aller Regel mühsam ihren Weg durch mehrere Hierarchieebenen bahnen und scheitern letztlich immer wieder an begrenzten Budgets oder weil das in ihnen enthaltene Potenzial an höherer Stelle schlicht verkannt wird. Daneben dominierte besonders in Großkonzernen ein Werte- und Anreizsystem, das eher überkommene Stärken als Tugenden wie Mut, Kreativität und Risikobereitschaft belohnte. Wer in seiner Karriere vorankommen wollte, war gut beraten, tunlichst wenig Ecken und Kanten zu zeigen, jedes überflüssige Wagnis zu vermeiden und sich stattdessen im breiten Strom des Kerngeschäfts als möglichst effizient in Szene zu setzen. Fehlende finanzielle Anreize für erfolgreiche Innovationen ließen Führungskräfte vollends zu Misserfolgsvermeidern statt zu Unternehmern im Unternehmen werden. Dies umso mehr, als das Wirtschaftswunder der fünfziger und sechziger Jahre allgemein ein trügerisches Vertrauen in die dauerhafte Überlegenheit der deutschen Wirtschaft und ihrer Unternehmen entstehen ließ.

Selbst wo Firmen in ihren Labors bedeutende Weiterentwicklungen oder gar völlig neue Verfahren hervorbringen, scheuen sie aus Angst vor einer möglichen Kannibalisierung bestehender Geschäfte häufig die wirtschaftliche Umsetzung oder treiben diese nicht mit genügend Energie voran. Stattdessen ist ihr Ehrgeiz primär auf die Perfektionierung bestehender Produkte und Prozesse gerichtet. Die zurückhaltende Umsetzung des in Deutschland erfundenen Telefax-Gerätes zugunsten des etablierten Telex ist hier nur ein Beispiel. Wirkliche Innovationssprünge gehen, wie an anderer Stelle schon erwähnt, denn auch in fast allen Fällen auf Neugründungen zurück, die ihre gesamte Kraft auf die Realisierung einer einzigen zentralen Idee konzentrieren und – wendigen Schnellbooten vergleichbar – den schwerfälligen Ozeanriesen am Markt haushoch überlegen sind.

Neue Chancen durch Dienstleistungen und Internet

Es ist müßig, der Frage nachzugehen, wo dieses Land im internationalen Wettbewerb vor allem auf den Hightech-Märkten heute möglicherweise stünde, wie viele hunderttausend krisensichere Arbeitsplätze die deutsche Wirtschaft zusätzlich anbieten könnte, hätte es ihm nicht so lange an unternehmerischen Impulsen gefehlt. Die dadurch erlittenen Rückstände werden – wenn überhaupt – nicht so schnell aufzuholen sein. Immerhin stimmt es hoffnungsvoll, dass sich in der Biotechnologie, in der Informations- und Kommunikationstechnik, aber auch auf dem weiten Feld qualifizierter Dienstleistungen jetzt vieles regt. Die Voraussetzungen für ein Ende der lang anhaltenden Dürre haben sich inzwischen deutlich verbessert: Weder mangelt es heute an Risikokapital für gute Geschäftsideen noch an neuen technologischen Herausforderungen. Man denke nur an das Internet. Selbst den Politikern scheint inzwischen einzuleuchten, dass undifferenzierte Technikangst ins Abseits führt, weil sich in deregulierten globalen Märkten ohnehin kein einzelnes Land vor den Folgen des technischen Fortschritts abschotten kann. Und was ebenso wichtig ist: Selbst eingefleischte Interventionisten scheinen mittlerweile begriffen zu haben, dass nicht ein allmächtiger Staat, sondern allein wagnisbereite Unternehmer in der Lage sind, aus den sich bietenden neuen Chancen etwas zu machen und Arbeitsplätze zu schaffen. Für die junge Gründergeneration gilt dies ebenso wie für die Kreativen in den Unternehmen.

»Kämpfen, egal wie!«

U-Boot-Forscher – die im Verborgenen tüfteln

Sie sind hoch motiviert, fast besessen, gelten bei ihren Vorgesetzten nicht selten als dickköpfig, verbissen und rechthaberisch. Sie gehen mitunter ungewöhnliche, wenn nicht gar riskante Wege, um an ihr Ziel zu gelangen und scheren sich nur wenig um Weisungen von oben. U-Booten ähnlich operieren sie unter der Oberfläche – immer darauf bedacht, mit dem, was sie tun, nicht aufzufallen. Das sonderbare Täterprofil weist jedoch nicht, wie man vielleicht vermuten könnte, auf zwielichtige Erscheinungen, sondern ganz im Gegenteil auf einen Mitarbeitertyp, von dem die meisten Unternehmen gerne mehr hätten.

Gemeint sind engagierte, kreative Forscher und Entwickler, die neben ihrer normalen Arbeit mit Leidenschaft und oft heimlich an einer eigenen Erfindung oder wissenschaftlichen Entdeckung arbeiten. Um ihre Idee zu verwirklichen, sind sie bereit, persönliche Opfer in Kauf zu nehmen und selbst ihre Freizeit im Betrieb zu verbringen. Ihre hohe Motivation beziehen sie häufig aus einem Trotzgefühl heraus, allen Skeptikern und Zweiflern zu beweisen, dass sie einer bedeutenden Sache auf der Spur sind, von der sie überzeugt sind, dass diese für das Unternehmen von großem wirtschaftlichen Nutzen sein wird. Wie viele neue Technologien oder Produkte tatsächlich auf das Konto der *U-Boot-Forschung* gehen, wie die Grauzone inoffiziellen Tüftelns unter Fachleuten genannt wird (der Bochumer Innovationsforscher Professor Erich Staudt spricht von »Partisanenstrategie«), entzieht sich einer genaueren Analyse. Kein Management gesteht (von Ausnahmen abgesehen) gerne ein, dass ein großer Hit außerhalb der offiziellen Forschungspolitik, vielleicht sogar ohne sein Wissen oder seine Billigung irgendwo im Verborgenen seines Unternehmens das Licht der Welt erblickte.

Sicher scheint zu sein, dass *U-Boot-Forschung* mehr als nur von marginaler Bedeutung ist. Nicht wenige sehen in den von ihrer Sache überzeugten Tüftlern gar die treibende Kraft hinter den meisten Innovationen. So ließ sich der Direktor der europäischen Entwicklungslabors des amerikanischen Mischkonzerns *3M* mit dem Satz zitieren, er könne sich an kein einziges Produkt erinnern, das nicht aus einer zunächst verqueren Idee eines Einzelnen entstanden wäre. In ihrem Buch »Auf der Suche nach Spitzenleistungen« zitieren Thomas Peters und Robert Waterman eine interne Studie von *General Electric*, wonach jeder große Durchbruch des Konzerns der letzten beiden Jahrzehnte in irgendeiner Form auf *bootlegging* (frei mit »unter der Hand« übersetzt, in den USA auch als Ausdruck für »Alkoholschmuggel« gebräuchlich) zurückzuführen sei, wie die Amerikaner das Phänomen der subversiven Forschung bezeichnen. Große Bedeutung hätten die Aktivitäten im Verborgenen beispielsweise in den Kernbereichen Flugzeugtriebwerke und Kunststoffe gehabt.

Bei einer genaueren Analyse bahnbrechender Innovationen begegnet einem in der Tat häufiger als erwartet der von seiner Sache überzeugte Antreiber, der mit Überzeugungskraft und taktischem Geschick allen Widerständen zum Trotz sein Ziel erreichte. Als jungem Chemiker glückte beispielsweise Dieter Freitag bei *Bayer* Mitte der siebziger Jahre eine entscheidende Verbesserung des 1954 von Hermann Schnell im Werk Uerdingen erfundenen Kunststoffs Polycarbonat. Die mit Hilfe von Spritzgussmaschinen aus dem glasklaren Material hergestellten Produkte, vor allem Behälter sowie Bauteile für die elektrotechnische Industrie, zeichneten sich durch Schlagfestigkeit und Formbeständigkeit selbst bei hohen Temperaturen aus. Freitag gelang es zusammen mit der Anwendungstechnischen Abteilung seines Hauses, die Fließfähigkeit der Polycarbonatschmelze stark zu verbessern, ohne dass dabei die spezifischen Stärken des unter dem Markennamen *Makrolon* bekannten Kunststoffs gelitten hätten. Allerdings konnte der damit gewonnene Kundenvorteil, Endprodukte in einem wesentlich kürzeren Zeittakt gießen zu können, das Management nicht dazu bewegen die Innovation umzusetzen. Vielmehr beschloß es die Sache nicht weiterzuverfolgen.

Freitag wollte sich mit dem »stillen Begräbnis« seines Projekts allerdings nicht einfach abfinden, da er von der Richtigkeit seines Forschungsprojekts fest überzeugt war. Zu einem Zeitpunkt, zu dem niemand so genau hinsah, während der Nacht, stellte er zusammen mit einem Kollegen aus der Produktion eine größere Charge seines weiterentwickelten Polycarbonats her. Aufgrund guter Produkteigenschaften, die bei der Prüfung ermittelt worden waren, durfte die zuvor eingestellte Entwicklung fortgesetzt werden. In diesem Augenblick konnte noch niemand ahnen, dass wenig später *Philips* auf der Suche nach einem geeigneten Kunststoff für die von den Holländern erfundene *Compact Disc* in Leverkusen vorsprechen würde. Mit einer Probe des neuen *Makrolon* fuhren die *Philips*-Experten nach Eindhoven zurück und stellten in ihrem Testlabor fest, dass sie haargenau den richtigen Kunststoff gefunden hatten. Heute ist *Bayer* an der Produktion von weltweit jährlich zehn Milliarden CDs zu etwa 40 Prozent als Kunststofflieferant beteiligt. Aus seiner damaligen Erfahrung heraus achtet Freitag, mittlerweile Direktor und Ressortleiter Materialforschung, bei jüngeren Kollegen auf Eigenschaften wie Engagement und Durchsetzungsvermögen: »Ich verlange von meinen Mitarbeitern, dass sie, wenn sie von ihrer Sache überzeugt sind, dafür auch kämpfen, egal wie.«

Und kämpfen muss nahezu jeder, der in seinem Unternehmen etwas wirklich Neues durchsetzen möchte. Ein Utopist, der glaubt, für einen genialen Einfall, selbst wenn er der Firma noch so große geschäftliche Möglichkeiten verspricht, Lob und Anerkennung von allen Seiten zu ernten. »Es gibt nichts, bei dem die Leute jubeln und sagen: Das ist neu, das ist hervorragend, wir unterstützen Sie!«, berichtet ein Forscher aus leidvoller Erfahrung. Vielfach erfährt er nicht einmal die genauen Gründe, aus denen seine Vorgesetzten desinteressiert abwinken und ihn mehr oder weniger deutlich bitten sich wieder anderen Aufgaben zuzuwenden. Über die wirklichen Motive hüllen sich die Verantwortlichen allzu gern in Schweigen, wenn sie mitteilen die »Sache nicht weiterverfolgen« zu wollen. Und diese Motive werden oft auch noch durch vorgeschobene Argumente kaschiert. Denn wirkliche Innovationen tun weh, weil sie nahezu immer Bestehendes in Frage stellen. Da fürchten Kollegen aus anderen Bereichen der Forschung, dass ihnen zugunsten des Neuen personelle und finanzielle Ressourcen abgezwackt werden, da bangt der Vertrieb um ein plötzlich in Frage gestelltes, aber immer noch gut absetzbares Produkt, da kommen auch sehr persönliche Motive zur Wirkung: die Angst vor niedrigeren Erfindervergütungen als Folge sinkender Umsätze mit einem von der »Kannibalisierung« bedrohten anderen Erzeugnis etwa oder einfach nur Neidgefühle eines übergeordneten Kollegen.

In dieser Situation mit dem Kopf durch die Wand zu wollen verheißt kaum Erfolg – die Wand ist meistens stärker. Ein engagierter Forscher, der nicht ohne weiteres klein beigibt, wird eher nach einer geeigneten Taktik suchen, die vor ihm aufgebauten Hindernisse geschickt zu überwinden. Das Wichtigste ist dabei, durch unwiderlegbare Fakten zu überzeugen. Wohlwissend, dass manche nur auf die eine schwache Stelle in seiner Argumentation lauern, die ihnen die willkommene Handhabe für ihr negatives Votum bietet, darf er sich nicht die geringste Blöße geben. Es reicht nicht, wenn er 49 kritische Fragen hieb- und stichfest beantwortet, aber bei der fünfzigsten, etwa nach der möglichen Verletzung eines fremden Patents, keine befriedigende Auskunft geben kann. Dann war unter Umständen alles umsonst. Auf der Suche nach einer Lobby für sein Projekt zögert ein kämpferischer Forscher nicht, einflussreiche Freunde in anderen Abteilungen des Unternehmens als Verbündete zu gewinnen.

Nichts ist jedoch besser als einen möglichst hochrangigen Machtpromotor auf seiner Seite zu wissen. Dieses Glück hatte ein Forscherteam der 1985 von *Daimler-Benz* übernommenen Luft- und Raumfahrtfirma *Dornier*, das Ende der achtziger Jahre an einer neuartigen Brennstoffzellen-Technologie arbeitete, jedoch in einem bereits fortgeschrittenen Stadium vom Vorstand die Weisung erhielt, das Vorhaben einzustellen. Rücksichten auf den auf diesem Gebiet ebenfalls aktiven *Siemens*-Konzern, mit dem die Friedrichshafener beim Raumgleiter *Hermes* und anderen Projekten eng zusammenarbeiteten, hätten, wie es heißt, dabei eine Rolle gespielt. Allerdings führten die *Dornier*-Forscher ihre Experimente als *U-Boot-Projekt* weiter. Als der damalige *Daimler*-Forschungsvorstand Hartmut Weule 1991 die *Dornier*-Forschung besuchte, präsentierte ihm der Chef des Brennstoffzellen-Teams, Günther Dietrich, die Ergebnisse seiner bisherigen Arbeit. Er tat dies gegen den ausdrücklichen Willen seines Forschungsleiters, der in dieser Arbeit eher eine wenig interessante Randaktivität erblickte. Der *Daimler*-Manager jedoch erkannte die Chance, die ursprünglich für die Raumfahrt gedachte Technologie als künftige Alternative zum Verbrennungsmotor für das Auto weiterzuentwickeln und versah dieses Projekt mit höchster Priorität.

Ähnlich wie dem *Dornier*-Forscher Dietrich erging es dem *Bayer*-Chemiker Klaus Grohe. In seinem Leverkusener Syntheselabor fand er ein neues Verfahren, ein Mittel gegen bakterielle Infektionen herzustellen. Die Substanzen, die er zur Prüfung an das Wuppertaler Pharma-Forschungszentrum des Konzerns schickte, wurden von Mal zu Mal in ihrer bakteriellen Wirkung besser. Umso enttäuschter war der Wissenschaftler, als das Management des Pharma-Sektors bei der Aufstellung seiner Prioritätenliste 1980 beschloss, das Projekt einzustellen. Ungeachtet dieses Beschlusses machte Grohe unverdrossen heimlich weiter und hatte das Glück des Tüchtigen: 1981 gelang es ihm bei seinen fortgeführten Laborversuchen, die Wirksamkeit seiner Substanz Ciprofloxacin so spektakulär zu erhöhen, dass *Bayer* den Beschluss, das Projekt sterben zu lassen, wieder aufhob und stattdessen entschied, es forciert weiterzuführen. Schon nach fünf Jahren, für die Entwicklung eines neuen Arzneimittels eine extrem kurze Zeit, konnten Ärzte das erste *Ciprobay* als Breitband-Antibiotikum, bis heute eines der erfolgreichsten *Bayer*-Medikamente, verschreiben, das es ohne einen unbotmäßigen Forscher mit Sicherheit nicht gäbe.

Kluge Manager wissen, was sie an ihren *U-Boot-Forschern* haben und sehen geflissentlich weg, wenn sie einen von ihnen bei einem »inoffiziellen« Vorhaben ertappen. Von *General Electric* heißt es, dass es in seinen Budget- und Zeitplanungen bewusst so viel Spielraum lässt, dass ein ehrgeiziger Forscher mit den Mitteln, die er irgendwo heimlich abzweigt, an seinem eigenen Projekt arbeiten kann. *3M* konzediert seinen Mitarbeitern in den Labors sogar, 15 Prozent ihrer Arbeitszeit für eigene selbst gewählte Vorhaben zu verwenden, ohne dass sie ihre Chefs über Einzelheiten informieren müssen. Diese Projekte müssen nicht aus ihrem direkten Arbeitsbereich stammen. Mitarbeiter, die in dieser Zeit ein erfolgreiches Produkt entwickeln, werden jedes Jahr mit dem *Innovater Award* ausgezeichnet oder als *Ambassador of Innovation* gekürt und anschließend als allseits bewundertes Vorbild auf Vortragsvisite zu den Landesgesellschaften des Konzerns rund um die Welt geschickt.

Diese Ehre wurde 1998 einem Erfinder namens Richard Miller zuteil, der im *3M*-Forschungslabor in St. Paul/Minnesota eine neuartige Creme zur Stärkung des Immunsystems gegen Herpes entwickelte. Wenn es nach seinen Vorgesetzten gegangen wäre, hätte er sein Ziel vermutlich nie erreicht. Unmissverständlich legten sie ihm zwischendurch nahe, sein, wie sie meinten, aussichtsloses Unterfangen endlich aufzugeben und sich wieder wichtigeren Aufgaben zuzuwenden. Doch Miller ließ sich nicht beirren und machte weiter, bis er die richtige Wirksubstanz gefunden hatte. Inzwischen wird seine Ende 1998 in den Markt eingeführte *Aldara*-Creme schon auf andere Anwendungen, wie etwa gegen Hepatites B, getestet.

Manche dieser tausendfach weitererzählten Geschichten ungeplanter Innovationen haben sich inzwischen zu fantasievoll ausgeschmückten Firmenlegenden fortentwickelt. Welchem *3M*-Mitarbeiter wäre nicht jener pfiffige Firmenveteran geläufig, der, Mitglied eines Kirchenchors, die heute aus keinem Büro mehr wegzudenkenden *Post-it*-Haftnotizen dadurch »erfand«, dass er einen zu schwach geratenen neuen Kleber zum vorübergehenden Befestigen von Einsatzzetteln in seinem Notenbuch verwendete? Ob es sich tatsächlich so und nicht anders zugetragen hat, ist nebensächlich. Was zählt, ist die Botschaft, die von solchen Geschichten ausgeht: Jeder einzelne Mitarbeiter ist für eine Innovation gut und kann damit in seiner Firma Anerkennung finden.

Nach Art der *15-Prozent-Regel* bei *3M* Freiräume für individuelle Projekte zu institutionalisieren, erscheint gerade jenen zähen, an Widerständen wachsenden Innovatoren oft zu formalistisch. »Das darf offiziell überhaupt nicht bekannt und geduldet sein«, beschreibt ein Forscher seine Vorbehalte gegenüber geschützten Reservaten, »es entspricht einfach der menschlichen Natur, in Auflehnung gegen die Hierarchie etwas auszuprobieren, um denen da oben zu zeigen, dass es doch anders geht.« Für Vorgesetzte aus dem Forschungsmanagement, die solche hoch motivierten Mitarbeiter aufgrund höherer Weisung bremsen müssen, ergibt sich eine schizophrene Lage.

Wenn sie auch noch jemandem das »Aus« übermitteln sollen, der vielleicht gerade den entscheidenden Durchbruch geschafft hat, wird die Sache besonders delikat, das Verhältnis fast konspirativ. Der Überbringer eines solchen Einstellungsbeschlusses zog sich, wie er sich erinnert, einmal wie folgt aus der Affäre: »Ich sage Ihnen jetzt offiziell ›Aufhören‹, aber wenn Sie fest davon überzeugt sind, es tun zu müssen, dann müssen Sie es tun, dann müssen Sie mich notfalls sogar hintergehen – wenn ich jedoch dahinterkomme, haben Sie ein Problem.«

Es kommt für das Management ganz besonders darauf an, eine Kultur zu pflegen, in der sich das Neue frei entfalten kann. Dazu gehört eine »Fehlerkultur«, in der Misserfolge und Irrtümer nicht als willkommene Handhabe dienen, um unbequeme Mitarbeiter abzustrafen oder zu disziplinieren. Auch »U-Boot-Projekte« können scheitern, aber es wäre fatal, einem engagierten Forscher daraus einen Strick zu drehen. Er wird es irgendwann von neuem versuchen und vielleicht dann Erfolg haben. Nur wer nichts wagt, muss keine Niederlagen fürchten. Unternehmen brauchen aber gerade jene von ihrer Sache Überzeugten, die nicht lange um Genehmigung fragen, sondern handeln, die freiwillig noch nach Dienstschluss und am Samstag an ihrem Experiment weitermachen und die – wie es ein sparsamer schwäbischer Maschinenfabrikant formulierte – »in der Beschränkung das Optimum finden«.

Kapitel 3
Blaupause »Silicon Valley«
Ein Plädoyer für kreative Brutstätten

»Go West, young man!«, antwortete Andreas von Bechtolsheim, als er in einem Interview gefragt wurde, welchen Rat er jüngeren Menschen mit auf den Lebensweg mitzugeben hätte. Go West, das war auch das eigene Lebensmotto des gebürtigen Deutschen. Als Student an der Stanford University im kalifornischen Palo Alto gründete er 1982 mit 25 Jahren zusammen mit zwei Freunden die Computerfirma *Sun Microsystems*. *Sun* steht für *Stanford University Network*. Mit ihren Workstations erzielten die drei bereits nach sechs Jahren einen Umsatz von einer Milliarde Dollar und schrieben damit eine der eindrucksvollsten Erfolgsgeschichten. »Man kann sich überhaupt nicht vorstellen, wie einfach es ist, im Silicon Valley ein Unternehmen zu gründen«, schwärmt Andreas von Bechtolsheim rückblickend, »in meinem Jahrgang an der Stanford University haben sich 50 Prozent der Leute selbständig gemacht. Es war nahezu ein Sport zu sagen, wer wirklich schlau ist, arbeitet nicht für andere, sondern setzt seine Ideen selber um. 50 Prozent der damals gegründeten Unternehmen sind heute an der Börse.« Und weil alles so erfolgreich verlaufen war und er sich nach 13 Jahren Management gelangweilt habe, gründete von Bechtolsheim 1995 gleich eine neue Firma.

Das südlich von San Francisco gelegene, nur 40 Kilometer lange Silizium-Tal hat bis heute nichts von seiner Faszination eingebüßt. Tag für Tag pilgern Manager aus aller Welt zu den Brutstätten des elektronischen Zeitalters, um etwas von dem Geheimnis dieses einmaligen Hightech-Biotops zu erhaschen. Staunend lassen sie sich von Valley-Veteranen berichten, dass hier in Sunnyvale, Mountain

View, Cupertino, Menlo Park und Palo Alto, wo heute die Headquarter so weltbekannter Firmen wie *Apple, Intel, Hewlett-Packard* und *Cisco* stehen, noch vor ein paar Jahrzehnten ausgedehnte Obstplantagen die Landschaft jedes Frühjahr in ein Blütenmeer verwandelten.

Wie konnte es geschehen, dass sich die Entstehung der bedeutendsten Schlüsseltechnologie am Beginn des 21. Jahrhunderts auf einem kleinen Fleckchen Erde konzentrierte, wie integrierte Schaltungen auf einem fingernagelgroßen Siliziumblättchen? Gibt das Silicon Valley gar so etwas wie eine Blaupause ab für ein künstliches Biotop irgendwo auf einer anderen grünen Wiese? Als maßstabgetreue Kopie sicherlich nicht. Dazu fehlt es meist schon an der für ein solches dynamisches Geflecht aus Genie, Geld und Gründergeist nötigen Kultur. Dass das freiere, kommunikative und interaktive Treibhausklima Kaliforniens die in Garagen und Obstscheunen an den Start gegangenen Pioniere mehr beflügelte als die fest gefügte Welt der Ostküste, dürfte der wesentliche Grund dafür sein, dass das mikroelektronische Epizentrum nicht an der *Bostoner Route 128* um das berühmte Massachusetts Institute of Technology (MIT), sondern ein paar Tausend Kilometer weiter westlich entstand.

Der Nukleus des Silicon Valley

Zwei Männer standen an der Wiege zu diesem technologischen Faszinosum Pate: Frederick (Fred) Terman, Professor für Elektrotechnik und Dekan der ingenieurwissenschaftlichen Fakultät der Stanford-University in Palo Alto. Mit guten Worten und einem Stanford-Stipendium über 500 Dollar konnte er 1938 seine beiden Schüler William Hewlett und David Packard dazu bewegen, sich in Palo Alto mit einem gemeinsam entwickelten elektronischen Messgerät, *Oszillator* genannt, selbständig zu machen. Aus der buchstäblich als Garagenbetrieb gegründeten Firma wuchs der Computer- und Messgerätehersteller *Hewlett-Packard* mit weltweit 125 000 Mitarbeitern und 47 Milliarden Dollar Umsatz (1998) empor. Auf

Termans Initiative hin entstand auf dem Gelände der Universität 1951 der Stanford Industrial Park, die erste Einrichtung dieser Art auf der Welt. Bekannte Firmen wie *Eastman Kodak*, *Lockheed*, *IBM*, *Xerox* und *Hewlett-Packard* ließen sich, angelockt durch Stanfords Spitzenforschung, mit ihren Denkfabriken im Schatten des Campus nieder. Die kreative Symbiose aus Wissenschaft und Praxis ließ die Elite-Uni zu einem Nukleus des heutigen Silicon Valley werden.

Ohne William Shockley, der 1947 an den *Bell Laboratories* zusammen mit zwei Kollegen den *Transistor-Effekt* entdeckte – ein Meilenstein auf dem Wege zu unseren heutigen Microchips – wäre diese Region allerdings kaum das geworden, was sie heute ist. Er brachte Mitte der fünfziger Jahre das Silizium ins Tal und mit ihm eine junge Truppe aus acht an der Ostküste ausgebildeten jungen Wissenschaftler. Die in einer umgebauten Scheune untergebrachte *Shockley Transistor Corp.* an der San Antonio Avenue in Mountain View sollte zu einem Mutterschiff der jungen Elektronikindustrie werden. Zwischen der jungen Garde und ihrem Mentor kam es schon bald zu schweren sachlichen Meinungsverschiedenheiten, in deren Verlauf die *Verräterischen Acht* – wie Shockley sie später verbittert nannte – das Unternehmen verließen und die Firma *Fairchild Semiconductor* gründeten. Sie setzte als erste voll auf die Siliziumtechnik und brachte zeitgleich mit *Texas Instruments* den ersten integrierten Schaltkreis heraus. »Diese Sezession war der Beginn einer bis heute sich immer wieder abspielenden Zellteilung bestehender Halbleiterfirmen«, hat der Stuttgarter Festkörper-Physiker Professor Hans Queisser, ein enger Mitarbeiter Shockleys von damals, die Bedeutung dieser Abspaltung beschrieben, »heute hängt in den Managerbüros des Silicon Valley ein Stammbaum, wie ihn sonst nur der Hochadel hegt und stolz zu betrachten pflegt. Ein Schwarm neuer Firmen wird jedes Jahr geschaffen, alle können ihre Abstammung in irgendeiner Weise auf *Fairchild* zurückführen, und *Fairchild* entstand aus Shockleys kleinem Labor.« Zwei der Abtrünnigen, Robert Noyce und Gordon Moore, gründeten 1968 die *Intel Corporation* in Santa Clara, die 1971 den ersten Mikroprozessor vorstellte.

Die Krisen

Auch das Silicon Valley hatte seine Krisen. Die schwerste suchte das Tal Mitte der achtziger Jahre heim, als die Japaner mit Macht in die bis dahin von den Amerikanern beherrschte Domäne der Speicherchips einbrachen. Firmen wie *AMD*, *National Semiconductor* und auch *Intel*, deren Umsatz- und Gewinnkurven bis dahin nahezu ununterbrochen nach oben gezeigt hatten, mussten Mitarbeiter entlassen. Aber die über der Pazifikküste aufziehenden Wolken verzogen sich stets wieder. Die Umstellung auf Spezialchips und Mikroprozessoren sowie die Entstehung neuer innovativer Halbleiterfirmen mit exzellentem Know-how, die die aufwändige Chip-Produktion nicht mehr selbst übernahmen, sondern Fremdfirmen überließen, führten schon bald zu einer neuen Blüte. Das Zentrum des elektronischen Zeitalters erneuerte sich stets aus sich selbst heraus. Heute erlebt das Silicon Valley mit Firmen wie *Yahoo!*, *Netscape*, *Oracle* oder *Cisco* bereits seine dritte Boom-Phase. Was – allen Unkenrufen zum Trotz – die Dynamik des Silicon Valley erhalten hat, ist jenes hoch verdich-

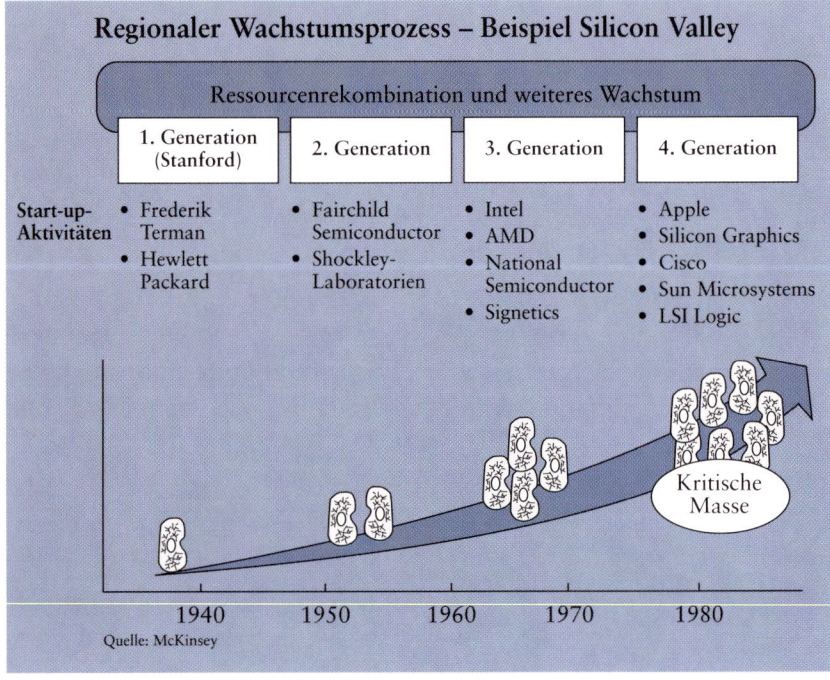

52

tete Gemisch aus wissenschaftlicher Kreativität, unternehmerischem Wagemut und erfahrenen Venture-Kapitalgebern. In einer an alte Goldgräberzeiten erinnernden Aufbruchstimmung bildete sich gleichzeitig ein enges Netzwerk von hoch spezialisierten Dienstleistern wie Unternehmensberatern, Patentanwälten, Marketingexperten oder schlicht nur Leuten, die einfach wieder andere Leute kennen, die ein Problem lösen helfen. Allein zwischen 1992 und 1996 entstanden nach Angaben des Employment Development Departments in diesem Schmelztigel 125 000 neue Arbeitsplätze.

Die richtigen Voraussetzungen

Wissenschaftler mit einem starken Interesse an der industriellen Umsetzung der in ihren Laboratorien gewonnenen Erkenntnisse und nicht etwa Politiker gaben also die Initialzündung zur elektronischen Revolution im Silicon Valley. Daran ändert auch die Tatsache nichts, dass staatliche Militär- und Raumfahrtprogramme mit ihren milliardenschweren Forschungsprojekten für zusätzliche Schubkraft sorgten. Die eigentliche Vitalität ging, wie der *Fairchild*-Stammbaum zeigt, vielmehr von jenen der neuen Technologie verfallenen jungen Individualisten aus, die darauf brannten, mit einer selbst aufgebauten Firma ihr eigener Herr zu sein, statt bei einem der renommierten Großkonzerne die Karriereleiter zu erklimmen. Dieses in Europa wenig entwickelte Berufsideal, dazu ein von keinerlei moralischen Skrupeln beeinflusstes Verhältnis zum Geldverdienen und eine entsprechend große Verfügbarkeit von Risikokapital prägen zusammen das Klima dieses Hightech-Treibhauses. Und natürlich nicht zu vergessen: immer neue junge, lange noch nicht ausgereizte Technologien, die neue unternehmerische Herausforderungen wie auf dem silbernen Tablett servieren.

All diese Voraussetzungen vereinen sich selten in so idealer Weise. Auch in den USA haben sich erst in den späten achtziger und frühen neunziger Jahren ähnliche, wenn auch bisher deutlich kleinere Cluster entwickelt, so zum Beispiel in Seattle oder Austin (Texas). Besonders wichtig sind dabei die weichen Standortfaktoren, allen voran der landschaftliche und klimatische Reiz Kaliforniens mit seiner für junge Computerfreaks besonders attraktiven freien Lebensart und auch dem im Vergleich zur Ostküste ausgeprägteren Geist der Offenheit und Kooperation. Sie spielen in den neuen Technologiebranchen eine weit größere Rolle als in den alten Industrien mit ihren durch Bodenschätze oder günstige Verkehrsverhältnisse bestimmten Standortbedingungen. Große Stahlwerke mussten sich nun einmal in der Nähe der Kohle ansiedeln, Chemiewerke und Textilfabriken entstanden wegen der leichteren Entsorgung nicht von ungefähr bevorzugt an Flüssen. Ehrgeizige Elektronik-Ingenieure und Software-Pioniere folgen anderen Signalen.

Kompetenzzentren

Der faszinierte Blick auf das Silicon Valley soll jedoch nicht vergessen machen, dass auch uns regionale *Kompetenzzentren* (englisch: *cluster*) nicht völlig fremd sind. Man denke etwa an die aufstrebende Elektroindustrie im Berlin des ausgehenden 19. Jahrhunderts, an das deutsche Uhrmacher-Zentrum um Glashütte im Erzgebirge, an den Spezialmaschinenbau im Neckarraum, aber auch an den Steinkohlebergbau und die Stahlindustrie an der Ruhr. Ähnlich wie *Fairchild Semiconductor* im Silicon Valley ging einst die Würzburger Firma *König & Bauer* als Urmutter der bis heute weltweit führenden deutschen Druckmaschinenindustrie in die Annalen ein. Der bayerische König förderte das 1817 gegründete Unternehmen mit Finanzhilfen, durch einen weitgehenden Erlass von Steuern und Zöllen, ja sogar von der Befreiung führender Mitarbeiter vom Militärdienst, und konnte mit Genugtuung beobachten, wie seine Saat prächtig aufging. Sowohl der Ursprung der *Heidelberger Druckmaschinen AG*, als auch der der *MAN Roland Druckmaschinen AG* in Offenbach, der beiden führenden Global Player, lässt sich auf *König & Bauer* zurückverfolgen.

Blickt man auf das europäische Ausland, so lassen sich vor allem in der englischen Wachstumsregion um Cambridge gewisse Parallelen zur Entwicklung der Region um Stanford feststellen. Auch hier gingen die wesentlichen Impulse von der Wissenschaft aus. Die University of Cambridge zählt seit Beginn des 20. Jahrhunderts zur Weltspitze der Technologieforschung. Für ihre herausragende Stellung spricht nicht zuletzt, dass seit 1965 sieben ihrer Wissenschaftler einen Nobelpreis erhielten. Cambridge entwickelte sich dadurch zu einem Mekka junger Talente aus aller Welt, deren Karriere in vielen Fällen über die Gründung eines eigenen Unternehmens führte. Dabei spielte nicht immer nur purer Idealismus eine Rolle. Die auf der Insel früher als auf dem Kontinent einsetzende Strukturkrise – man sprach schon in den siebziger Jahren von *der Englischen Krankheit* – eröffnete vielen Hochschulabsolventen allein in der Selbständigkeit eine berufliche Perspektive. Wo sich Gründergeist regte, traten sehr bald auch Venture-Capitalists auf den Plan. Arbeiteten Mitte der achtziger Jahre erst 16 Millionen Pfund Wagniskapital in jungen Technologiefirmen der Region, so waren es 1996 bereits 82 Millionen. Seit 1995 stieg die Zahl der Arbeitsplätze in Hightech-Firmen um durchschnittlich 5,4 Prozent pro Jahr.

Bevor ein Kompetenzzentrum eine kritische Masse erreicht, die einen sich permanent weiter verstärkenden Prozess in Gang setzt, vergehen allerdings in der Regel viele Jahre. Auch nachdem sich William Shockley im Tal niedergelassen hatte, sollten noch an die 15 Jahre ins Land gehen, bevor das von ihm und seinen abtrünnigen Epigonen ausgehende interaktive Netzwerk die notwendige Dichte erreicht hatte, um aus sich selbst heraus ständig Neues hervorzubringen. Ähnliches lässt sich auch in der Region München beobachten, die sich in den letzten Jahren mehr und mehr zum führenden deutschen Hightech-Standort entwickelt hat. Auch hier sorgte kein weiser politischer Masterplan für die Initialzündung. Am Anfang stand vielmehr nach dem Zweiten Weltkrieg die Not eines Agrarlandes, Anschluss an die industrielle Entwicklung zu finden. Damals noch mit einem neidischen Blick auf das boomende Kohle- und Stahlrevier an der Ruhr suchte es sein Heil vor allem in modernen Branchen. Als Glücksfall erwies sich der Umzug des *Siemens*-Konzerns von Berlin nach München. Er war der wohl wichtigste Impuls für die Ansiedlung zahlreicher innovativer Firmen, die von der Nähe zu Deutschlands führendem Elektrokonzern – sei es als einem potenziellen Kunden oder als Kaderschmiede für den eigenen Mitarbeiternachwuchs – zu profitieren suchten. Inzwischen bearbeiten auch so bekannte ausländische Unternehmen wie *Compaq*, *Microsoft*, *Apple*, *Intel*, *Oracle* und *Softlab* den deutschen und europäischen Markt von der Isar aus.

Der Staat als Mentor

Früher, gezielter und mit höherem finanziellen Einsatz als andere half der bayerische Staat der Entwicklung seiner Metropole zu einem Mittelpunkt zukunftsträchtiger Branchen nach. Ohne aktiven industriepolitischen Einfluss gäbe es im Münchener Raum heute wohl kaum eine so starke Konzentration der deutschen Luft- und Raumfahrtindustrie. Der geniale Antreiber in der Praxis war der Luftfahrt-Vordenker Ludwig Bölkow. Der ideenreiche »Technosoph«, wie er gern genannt wurde, war nach dem Krieg in Stuttgart mit einem Ingenieurbüro an den Start gegangen. Weil er jedoch dort nicht die erhofften Entwicklungsmöglichkeiten fand, siedelte er 1958 mit seinen mittlerweile 400 Mitarbeitern auf das Gelände der ehemaligen Luftfahrt-Forschungsanstalt nach Ottobrunn bei München über, wo man ihn mit offenen Armen empfing. Nicht zuletzt durch üppige Aufträge aus dem Bonner Verteidigungsministerium avancierte der Erfinder und Entwickler von Flugzeugen und Raketen zum Unternehmer. Unter seiner Regie entstand 1968 die aus zwei Fusionen hervorgegangene Firma *Messerschmitt-Bölkow-Blohm (MBB)*, die 1989 von *Daimler-Benz* übernommen und zum Herzstück der heutigen *DaimlerChrysler Aerospace* wurde. Außer der *Dasa*-Zentrale in Ottobrunn gehörten zum *Aerospace*-Standort München das durch seine Mitwirkung an Weltraummissionen bekannte Deutsche Zentrum für Luft- und Raumfahrt in Oberpfaffenhofen mit 1 100 Wissenschaftlern, die *Dasa*-Triebwerkstochter *MTU* mit rund 6 000 Beschäftigten, der seit 1997 von einem amerikanischen Eigentümer betriebene Regionalflugzeug-Hersteller *Dornier Luftfahrt GmbH* sowie auf dem *Dasa*-Gelände in Ottobrunn Entwicklungsabteilungen für Hubschrauber, Teile der Ariane-Rakete und des Kampfflugzeugs *Eurofighter*. Nicht zu vergessen: das

Institut für Luft- und Raumfahrt der Technischen Universität München in Garching. Mit ihrem Bedarf an Know-how aus benachbarten Technologiefeldern wie Laser- und Materialtechnik, Mikrosystemtechnik, Sensorik, Weltraumrobotik, Mechatronik, Energie- und Umwelttechnik ist die Luft- und Raumfahrt ein Impulsgeber für vielfältige industrielle Anwendungen. Eine bei der DLR eingerichtete Abteilung *Technologietransfer und Innovation* soll das im Hause entstandene Wissen an potenzielle Existenzgründer heranbringen.

Regionale Spezialisierung

Wenn München sich inzwischen neben Heidelberg auch als eines der führenden Biotech-Zentren in Deutschland betrachten darf, dann hat auch dieser Erfolg eine lange Vorgeschichte. Viele Jahre bevor sich diese Zukunftstechnologie vom Bannfluch öffentlicher Ablehnung befreien konnte, immerhin schon 1973, genehmigten die bayerischen Politiker der Firma *Boehringer Mannheim* den Betrieb einer gentechnischen Anlage in der Nähe von München. Bereits 1989 beschloss die Landesregierung, die in der Isar-Metropole ansässigen wissenschaftlichen Einrichtungen als Kern eines künftigen praxisnahen Biotechnologie-Forschungsschwerpunktes auszubauen. Mit dem Genzentrum der Ludwig-Maximilians-Universität, dem Max-Planck-Institut für Biochemie und dem Klinikum Martinsried/Großhadern ist am Rande Münchens mittlerweile ein Biotech-Stützpunkt entstanden, der zu einem Forschungscampus mit über 4 000 Wissenschaftlern ausgebaut werden soll. Hinzu kommt die Fakultät für Chemie und Pharmazie der Universität mit dem Schwerpunkt molekularbiologische Forschungen zur Gentherapie und ein Institut für Biophysik. Das auf dem Gelände 1995 errichtete Innovations- und Gründerzentrum Biotechnologie (mit Labors, Haustechnik sowie Büro- und Seminarräumen) erlaubt jungen Firmen raschen Zugang zu wissenschaftlichem Know-how und zu Einrichtungen der benachbarten Institute. Unweit des Campus, in einem Gewerbegebiet von Martinsried, macht sich eine Gruppe bereits arrivierterer Firmen den kurzen Draht zu den Quellen der Grundlagenforschung zunutze.

Prominentester Investor: die *Aventis*-Gruppe, die 1997 hier ihr Zentrum für Angewandte Genomforschung ansiedelte. Auch renommierte ausländische Unternehmen, allen voran die in der Kommerzialisierung der Biotechnologie führende amerikanische Pionierfirma *Amgen*, suchten mit ihrer Deutschland-Dependance die Nähe zu der mit einer halben Milliarde Mark Fördergeldern hochgezüchteten Bio-Infrastruktur. Von den insgesamt 12 000 Arbeitsplätzen in der deutschen biotechnischen Industrie befanden sich nach Ermittlungen der bayerischen Staatsregierung Ende 1998 allein rund 3 000 im Raum München. Als eine von drei Modellregionen ging München neben Köln-Aachen-Düsseldorf und Heidelberg 1996 auch als Sieger aus dem von Bonn ausgeschriebenen BioRegio-Wettbewerb hervor, der richtigerweise eine Konzentration von Fördermitteln auf wenige Kompetenzzentren zum Ziel hatte.

Sicherlich hätten auch andere deutsche Forschungsstandorte ähnlich günstige Voraussetzungen für ein ebenso wachstumsförderndes Treibhausklima wie München, etwa die Region Aachen-Köln-Jülich. Auf engstem Raum betreiben hier die Universität Köln, die Rheinisch-Westfälische Technische Hochschule Aachen (RWTH), die Fachhochschule Aachen und das Forschungszentrum Jülich, mit 4 700 Mitarbeitern die größte der 13 Großforschungsanlagen der Bundesrepublik, anerkannte Spitzenforschung. Allein die 1870 als Polytechnikum gegründete RWTH, größter öffentlicher Arbeitgeber der Region mit einem jährlichen Etat von über einer Milliarde Mark, umfasst 250 Lehrstühle und Institute. Jeder dritte an deutschen Hochschulen erworbene Dr. Ing. wird in Aachen verliehen. Ganz vorn bei der Suche nach neuen Wegen auf wichtigen Gebieten, wie der Energietechnik, der Biotechnologie, der Materialkunde, der Informations- und Medizintechnik ist auch die 1990 aus der früheren Kernforschungsanlage Jülich hervorgegangene *Forschungszentrum Jülich GmbH*. Die Liste ihrer industriellen Kooperationspartner liest sich wie der Gotha der deutschen Wirtschaft. Ihr Ausstoß an Existenzgründungen durch ehemalige Mitarbeiter – 28 Firmen mit zusammen 81 Mitarbeitern im Zeitraum zwischen 1991 und 1998 – ist jedoch bescheiden. Die Transferstraßen des Wissens enden meist in etablierten Unternehmen und ein abendlicher Spaziergang über den meist menschenleeren Campus vermittelt leider auch ein anderes

Bild von »brodelnder Dynamik« als ein ähnlicher Gang über den Campus von Stanford. Die 1983 gegründete *Aachener Gesellschaft für Innovation und Technologie* bemüht sich nach Kräften, Gründungswilligen und Konzernen die Nähe zu den Quellen einer hochkarätigen Grundlagenforschung schmackhaft zu machen. Mit einigem Erfolg: Auf der Suche nach einem geeigneten Standort für sein europäisches Forschungs- und Entwicklungslabor entschied sich der schwedische Telekommunikations-Konzern *Ericsson* 1990 ebenso für Aachen wie 1997 die Kölner *Ford*-Werke. Blühende Gründerlandschaften blieben jedoch eine Illusion. Anders als in München, wo inzwischen alle führenden Venture-Capital-Firmen mit eigenen Büros den Markt nach interessanten Anlagemöglichkeiten abgrasen und reich gewordene Privatiers mit industriellem Background als so genannte *Business Angels* Geld und praktische Hilfe anbieten, fehlen diese für eine stimulierende Szene unverzichtbaren Akteure in der Forschungsregion Aachen-Jülich – aber nicht nur dort – gänzlich.

Regionale Businessplan-Wettbewerbe

Aber auch hier fragt sich: Was war am Anfang, die Henne oder das Ei? Treten erst einmal genügend ehrgeizige Wissenschaftler mit einer überzeugenden unternehmerischen Idee auf den Plan, werden, so darf man vermuten, Investoren nicht lange auf sich warten lassen. Zu diesem Zweck schreiben Studenten des Massachusetts Institute of Technology jährlich den so genannten *50K-Wettbewerb* aus. Dabei müssen die Teilnehmer innovative Geschäftsideen zu Papier bringen und sich anschließend einem scharfen Ausleseprozess unterwerfen. Die Gewinner werden nicht nur durch ansehnliche Geldprämien belohnt, sondern erhalten persönlichen Kontakt zu Venture-Capital-Firmen. Aus dem MIT-Wettbewerb gehen jedes Jahr einige Firmengründungen hervor, zu denen es in den meisten Fällen sonst nicht käme.

Das Vorbild MIT inspirierte *McKinsey* 1996, auch in Deutschland Businessplan-Wettbewerbe zu organisieren, um eine Gründerkultur zu etablieren und zukunftsträchtige Arbeitsplätze zu schaffen. Das erste Echo auf die Ankündigung des »pro bono«-Projekts (also ohne Bezahlung) war nicht eben ermutigend. Selbst Venture-Capital-Firmen sahen in dem Projekt nicht viel mehr als ein »theoretisches Spiel ohne wirkliche Bedeutung, da aus den Universitäten in Deutschland keine Unternehmer und praxistauglichen Ideen kommen«, so die spontane Reaktion eines Investors. Mit München und Berlin waren bewusst zwei Pilotregionen ausgewählt worden, die jeweils über leistungsstarke Universitäten und Forschungsinstitute als Ideengeber verfügen. Diese Wettbewerbe waren in ihrer Konzeption weiter gefasst als der MIT-Wettbewerb. Ein detailliertes Handbuch zur Erstellung eines Geschäftsplans sowie intensive, praxisnahe Ausbildungs- und Kontaktveranstaltungen bereiten die Teilnehmer systematisch auf die Unternehmensgründungen vor. Ergebnis: Das Interesse und die Qualität der Vorschläge übertrafen alle Erwartungen. 687 Teilnehmer in 317 Teams reichten in der ersten Phase die von ihnen geforderte Beschreibung ihrer Geschäftsidee ein. In einer zweiten Stufe folgte dann bereits eine detaillierte Planung einschließlich einer Markt- und Wettbewerbsanalyse. Wer diese Hürde genommen hatte, musste in der dritten Phase schließlich einen kompletten Geschäftsplan samt Finanzierungskonzept vorlegen. Bewertet wurde er von zwei Juries, bestehend aus Unternehmern sowie namhaften Venture-Kapitalgebern, die trotz anfänglicher Skepsis doch nahezu ausnahmslos mitgemacht hatten. Allein aus dem ersten der in den beiden Folgejahren wiederholten Wettbewerbe gingen über 30 Unternehmensgründungen mit einer Venture-Capital-Beteiligung von mehr als hundert Millionen Mark hervor.

Businessplan-Wettbewerbe als Lernprogramme

Businessplan-Wettbewerbe sind inszenierte Lernprogramme. Darin liegt ihr eigentlicher Wert. Denn meist ist eine gute Idee ja nur der erste Schritt zu einem erfolgreichen Unternehmen. Entscheidend ist, dass sich diese Idee in einem von Profis begleiteten Diskussionsprozess zu einem tragfähigen Geschäftskonzept entwickelt. Für die meisten Teilnehmer waren die sich jeder Phase anschließenden Gesprächsrunden mit Venture-Finanziers überhaupt der erste Kontakt mit potenziellen Investoren. Dabei mussten auch die letzten von der Vorstellung Abschied nehmen, dass die Gründung eines wachstumsstarken Unternehmens eine One Man Show sei. Von Eugene Kleiner, dem vielleicht prominentesten Venture-Capitalist im Silicon Valley, stammt der Ausspruch: »I invest in management, not ideas!«. Eine Gruppe von Menschen mit komplementären Fähigkeiten löst Probleme in aller Regel besser als ein Einzelner. Für viele der als Solisten angetretenen Teilnehmer ergab sich während des mehrmonatigen Wettbewerbs in Gesprächen mit ihrem persönlichen *Coach* (durchweg erfahrenen Firmengründern) an den regelmäßigen *Jour Fixe*-Abenden im Kreise von Mitstreitern und Betreuern sowie bei den *Entrepreneur-Foren* (bei denen die einzelnen Konzepte vorgetragen wurden) die Gelegenheit, ihren oder ihre Teampartner zu finden.

Der Businessplan-Wettbewerb hat gezeigt, dass junge Menschen für die Idee, Unternehmer zu werden, durchaus zu begeistern sind, wenn man ihnen nur den richtigen Weg weist und sie durch greifbare Vorbilder motiviert werden. Eine ganze Reihe von Teilnehmern gestand, zunächst nur aus Neugier mitgemacht und erst im Verlauf »Blut geleckt« zu haben. Es beginnt damit, dass sich innovative Physiker, Chemiker oder Ingenieure vielfach nicht recht trauen, aus dem Elfenbeinturm ihrer Wissenschaft herauszutreten. Ein Mitarbeiter an einem Berliner Forschungsinstitut berichtete über seine Probleme, Kollegen in seinem Hause für die Teilnahme am Businessplan-Wettbewerb zu gewinnen und monierte dabei »die ablehnende Haltung vieler Wissenschaftler gegenüber allem, was nach kommerzieller Verwertung ihrer Idee riecht«. Es sei »in diesem Zusammenhang auch schon das Wort *Prostitution* gefallen«. Manchmal, so sein bitteres Resumee, scheine es ihm, als würde »wirtschaftliche Erfolglosigkeit mit einer besonders fortschrittlichen Haltung« gleichgesetzt. Je mehr Mutige Erfolg haben, desto größer die Chance, dass ihr Vorbild auch andere, noch Zögernde mitreißt. Aber dazu brauchen sie ein Umfeld, das eine stets neue produktive Mischung aus Talent, Kapital und Wissen erzeugt. Hier liegt die eigentliche Aufgabe, der sich Hochschulen, Spitzenorganisationen der Wissenschaft, Wirtschaftsverbände, etablierte Unternehmen, Medien – und auch der Staat – intensiver zuwenden sollten.

Singuläre Technologiezentren reichen nicht aus

Es reicht dabei nicht, ein lokales oder regionales Technologiezentrum zu gründen, deren Zahl inzwischen Legion ist. Kaum eine Stadt, die auf sich hält, ohne Technologiezentrum! Das damit verfolgte Ziel, nämlich innovativen Gründern zum Erfolg zu verhelfen, wird jedoch in den meisten Fällen verfehlt, wie eine von *McKinsey* 1997 durchgeführte Untersuchung ergab. Was sich da, oft in renovierten ehemaligen Fabrikhallen, angesiedelt hat, sind überwiegend *No-Tech*-Firmen wie Werbe- und PR-Agenturen, Computer-Shops, Büroeinrichter und andere konventionelle Dienstleister. Vier von fünf befragten Inhabern räumten unumwunden ein, ihre Firma auch ohne subventionierten Platz im Technologiezentrum an anderer Stelle aufgemacht zu haben. Die 26 und 21 Jahre alten Studenten Steve Wozniak und Steven Jobs, die 1976 die Computerfirma *Apple* gründeten, besaßen als Startkapital zwei Taschenrechner und einen alten Van im Wert von zusammen 1 300 Dollar. Was sie für den Start ihres Unternehmens brauchten, war sicherlich am allerwenigsten ein subventioniertes Labor oder Büro.

Natürlich muss auch der Staat mitspielen, und zwar zuallererst da, wo seine ureigenen Aufgaben liegen, etwa durch die Beseitigung des kaum noch entwirrbaren Steuerdickichts und ein Absenken der demotivierend wirkenden Steuersätze. Gerade Gründer sind darüber hinaus auf ein Arbeitsrecht angewiesen, das sie von den Folgen bürokratischer Regelungswut befreit und ihnen den Rücken für ihre eigentlichen unternehmerischen Aufgaben freihält. Werden sie die für ihre schweren Aufgaben erforderlichen Bedingungen hierzulande nicht erhalten, so werden sie zunehmend dorthin abwandern, wo sie sich weniger gefesselt fühlen, vor allem in die USA. Im Übrigen könnten Politiker engagierter zur Erhöhung der gesellschaftlichen Akzeptanz neuer Technologien und dynamischer Unternehmer beitragen, statt sich – wie in der Vergangenheit oft genug geschehen – an die Spitze der Skeptiker und Bedenkenträger zu stellen.

Dass Deutschland kein zentralistisch regierter Einheitsstaat, sondern ein Land mit föderaler Struktur und landsmannschaftlichen Eigenheiten ist, kann für das Gelingen einer Innovationsoffensive nur vorteilhaft sein. Der regionale Wettbewerb hat auf diesem Gebiet längst eingesetzt. Man muss ihn nur zulassen und nicht durch fragwürdige Länderausgleiche und gut gemeinte Subventionen für »strukturschwache« Gebiete zunichte machen. Präsenz auf interessanten Technologiefeldern ist zum wahlentscheidenden Faktor geworden. Wie groß hier der Gestaltungsspielraum der Bundesländer ist, zeigt sich am Beispiel Bayerns. Die Münchener Staatsregierung investierte allein zwischen 1993 und 1998 mehr als drei Milliarden Mark in den Ausbau ihrer Forschungsschwerpunkte. Der Löwenanteil des Geldes stammte aus dem Verkauf von Anteilen des Freistaates am Münchener Mischkonzern *VIAG*. Nach dem Motto »Die Stärken stärken« will das Land in den kommenden Jahren für weitere zwei Milliarden Mark auf den Gebieten Life Sciences, Informations- und Kommunikationstechnik, Neue Werkstoffe und Umwelttechnik weitere Projekte einer Symbiose zwischen Wissenschaft und Industrie verwirklichen. So plant die TU München auf ihrem Campus in Garching nach dem Vorbild der Biotech-Basis Martinsried/Neuhadern ein Technologie- und Gründerzentrum. Solche Beispiele werden auch in anderen Bundesländern Schule machen. Der föderale Wettbewerb um die für die Zukunft einer Region zunehmend als erfolgsentscheidend erkannten Unternehmensgründer bietet die Chance für den überfälligen Wandel. Eine thematische Bündelung der Aktivitäten wird sich im freien Spiel der Kräfte dann von selbst ergeben.

Alle in ein Boot

Wie die deutsche Laser-Industrie Weltspitze wurde

Es war an einem Abend am Rande der Münchener Laserausstellung 1983. In einem Biergarten trafen sich nach Ende des offiziellen Programms etwa ein Dutzend Besucher – Wissenschaftler, Unternehmer, Manager. Alle Herren kannten sich gut, die meisten bereits seit vielen Jahren, denn sie verband samt und sonders dieselbe Profession: die Beschäftigung mit der Welt der faszinierenden Lichtstrahlen. In der Retrospektive markiert dieses Treffen den Beginn einer ungewöhnlichen Partnerschaft – ungewöhnlich deshalb, weil sie der deutschen Industrie in einer wichtigen Querschnittstechnologie zu einer internationalen Spitzenstellung verhalf. In jenem Biergarten leisteten die versammelten Laserexperten so etwas wie einen »Rütlischwur, gemeinsam aus der Sache etwas zu machen«, erinnert sich einer der Teilnehmer, der Plasmaphysiker Professor Gerd Herziger, heute Vorstandsmitglied des *Deutschen Zentrums für Luft- und Raumfahrt* in Köln-Porz.

In einer gemeinsamen Kraftanstrengung gelang der deutschen Industrie in einer *Private-Public-Partnership* auf diesem Gebiet etwas, was ihr in der Mikroelektronik und Biotechnologie, den bedeutendsten Hightech-Feldern der Gegenwart, bei weitem nicht so gut gelang. Zwar sind in der Lasertechnik hierzulande nur 30 000 Menschen beschäftigt, doch entfalten die strahlenden Alleskönner in einer kaum noch zu überblickenden Zahl von Anwendungen ihr segensreiches Wirken und begegnen uns in ständig neuen Produkten. Laser lassen sich in so unterschiedlichen Bereichen wie der Fertigungs- und Messtechnik, in der Medizin und im Handel, in der Telekommunikation und in der Drucktechnik einsetzen. Sie schneiden und schweißen Autokarosserien, ermöglichen feinste chirurgische

64

Eingriffe, helfen bei der Behandlung von Netzhautablösungen am Auge, zertrümmern Gallensteine, reinigen verschmutzte Fassaden, tasten CDs ab; Laserscanner lesen im Supermarkt den als Strichcode fixierten Preis von der Ware ab, arbeiten in Druckern, führen präzise Messungen durch und tauchen Discos in ein Labyrinth von Lichteffekten.

Bei der Erforschung des Lasers (einer Abkürzung von »light amplification by stimulated emission of radiation«, zu deutsch »Lichtverstärkung durch stimulierte Emission von Strahlung«) setzten Amerikaner und Russen die entscheidenden Akzente. Zwar hatte bereits Albert Einstein in seiner mit dem Physik-Nobelpreis gewürdigten Arbeit über die Quantentheorie des Lichts 1917 das Phänomen der stimulierten Lichtemission beschrieben. Aber erst der amerikanische Wissenschaftler Charles Townes und die sowjetischen Physiker Alexander Prochorow und Nikolai Bassow stellten unabhängig voneinander Anfang der fünfziger Jahre Überlegungen an, ob man dieses Phänomen zur Erzeugung und Verstärkung von Mikrowellen nutzen könne. Den ersten funktionstüchtigen Laser stellte jedoch der Amerikaner Theodore Maiman im Mai 1960 in einem Labor der *Hughes Aircraft Corporation* in Malibu/Kalifornien vor.

Noch auf der Münchener Messe »Laser und Optoelektronik« 1983 (der weltgrößten Veranstaltung ihrer Art) war von einer Aufbruchstimmung der deutschen Laserzunft nicht viel zu verspüren. »Die meisten Aussteller waren Amerikaner«, erinnert sich Laser-«Papst« Herziger, der 1985 zusammen mit Maiman von der amerikanischen *International Society for optical Engineering* mit dem Jubiläumspreis ausgezeichnet wurde. Zwar leisteten deutsche Wissenschaftler, etwa am Max-Planck-Institut für Quantenoptik in Garching oder in Göttingen, auf diesem Gebiet anerkannt gute Arbeit, doch konzentrierten diese sich nahezu ausschließlich auf die Grundlagenforschung. Über eine industrielle Nutzung dieser Technologie machten sich Hochschulforscher und ihre Kollegen an den Max-Planck-Instituten hingegen kaum Gedanken. »Dass der Laser sich zu einer Schlüsseltechnologie entwickeln könnte, wurde in der Bundesrepublik von der Öffentlichkeit und von der Politik erst allmählich wahrgenommen«, heißt es in dem 1999 erschienenen Jubiläumsband zum 50-jährigen Bestehen der Fraunhofer-Gesellschaft.

Der Laser, so hieß es allenthalben, sei eine Technologie, die sich ihre Anwendung erst noch suchen müsse.

Die Supermächte USA und Sowjetunion sahen dieses Einsatzfeld zunächst vor allem in der Rüstungstechnik. Doch schon Ende der siebziger Jahre sorgte die aus Amerika kommende Kunde für Aufsehen, wonach sich Hochleistungslaser auch für die industrielle Bearbeitung von Metallen, insbesondere zum Schneiden und zur sonstigen Bearbeitung von Blechen, eigneten. Diese Nachricht elektrisierte unter anderem auch den schwäbischen Mittelständler Berthold Leibinger, dessen Firma *Trumpf* in Ditzingen bei Stuttgart schon damals eine führende Position als Hersteller von Werkzeugmaschinen für die Blechbearbeitung besaß. Allerdings wurden Bleche vielfach noch gestanzt oder, wie man auch sagte, »genibbelt«, was qualitativ allerdings viele Wünsche offen ließ.

Die sich aufgrund der Meldungen aus den USA bietende Chance einer Alternative ließ die Schwaben nicht lange zögern. Obwohl man »zu dieser Zeit von dem Laser noch nicht allzu viel wußte«, so *Trumpf*-Entwicklungschef Hans Klingel, reiste Leibinger nach Amerika und schloss mit der Firma *Photon Sources* in Livonia/Michigan einen Vertrag über den Bezug von 500-Watt-Lasern ab. Schon auf der EMO 1979 in Mailand, der führenden europäischen Branchenmesse, stellten die Schwaben ihre Stanzmaschine mit der neuen Technologie vor – eine absolute Novität. Doch der Import der Strahlquellen (später von der Firma *Coherent* in Palo Alto) war allenfalls als vorübergehende Notlösung akzeptabel. Über ihren US-Lieferanten erfuhren *Trumpfs* amerikanische Maschinenbaukonkurrenten umgehend von geplanten Innovationen der Deutschen und konnten sich rechtzeitig auf neue Herausforderungen einstellen. Die Wettbewerber profitierten obendrein automatisch von den technischen Verbesserungen, die *Coherent* in Kooperation mit Leibingers Entwicklungsingenieuren an seinen Lasersystemen vornahm. So war der Entschluss unausweichlich, selber einen Laser zu entwickeln und zu bauen.

Aber das war leichter gesagt als getan. Zwar beherrschte man inzwischen die Applikation der neuen Technologie, verfügte jedoch über keinerlei physikalische Kompetenz. »Ich habe damals gedacht, das schaffen die nie«, gesteht rückblickend Hartmut Weule, Professor für Maschinenbau an der Universität Karlsruhe und von 1990 bis 1995 Forschungsvorstand von *Daimler-Benz*. Doch das Experiment glückte, wenngleich nicht auf Anhieb. Die Zusammenarbeit mit einem im nahe gelegenen Pfaffenwald von Vaihingen tätigen Team der *Deutschen Forschungs- und Versuchsanstalt für Luft- und Raumfahrt* verlief unbefriedigend. Der gemeinsam entwickelte Prototyp einer Lichtquelle war gerade einmal in der Lage, einen Laserstrahl von ganzen zehn Sekunden Dauer zu erzeugen. Entschlossen, das angepeilte Ziel notfalls im Alleingang zu erreichen, pilgerte Hans Klingel mit einem Koffer voll Ideen zu Professor Gerd Herziger an die Technische Hochschule Darmstadt, um wissenschaftlichen Rat einzuholen. Diesmal klappte das Experiment: Ab dem 1. Januar 1986 fertigte *Trumpf* sämtliche Strahlquellen für seine Maschinen im eigenen Haus. »Ohne eine Einbindung in die deutsche Forschungslandschaft hätten wir das nie geschafft«, räumt Berthold Leibinger rückblickend ein, »diese Stärke muss unsere Industrie unbedingt nutzen.«

Speziell in dieser Richtung war zwischen dem Münchener Biergarten-Schwur und dem Start der Laserproduktion bei *Trumpf* eine Menge geschehen. Heinz Riesenhuber, Minister für Forschung und Technologie im Kabinett Kohl, hatte über die deutsche Botschaft in Tokio 1983 einen ausführlichen Bericht über ein vom japanischen Ministerium für Internationalen Handel und Industrie (MITI) finanziell großzügig gefördertes Laser-Programm erhalten, mit dem die japanische Industrie auch in dieser Technologie Anschluss an die Weltspitze finden sollte. Die einmal mehr nach dem bewährten Motto »vereint forschen, getrennt am Markt agieren« vorgehenden Industriepolitiker überzeugten Bonn umso mehr, als die seit 1982 regierende CDU-FDP-Koalition aus ordnungspolitischen Gründen Fördermaßnahmen im »vorwettbewerblichen Raum« der Subventionierung milliardenschwerer Projekte vor allem der Großindustrie eindeutig vorzog. Bei einem Klausurgespräch in einem Hotel in der Nähe von Ahrweiler verabredete der CDU-Politiker mit einer Expertenrunde aus Wissenschaftlern und Wirtschaftsvertretern aus der Laserszene eine gemeinsame Vorwärtsstrategie.

Als Erstes musste eine Forschungslandschaft entstehen, in der sich die Wissenschaft anwendungsorientiert auf die speziellen Bedürfnisse der Industrie einstellte. Dies war umso wichtiger, als zum ersten großen Förderschwerpunkt der Bereich »Laser in der Produktionstechnik« bestimmt worden war. Dieses Anwendungsgebiet repräsentierte jedoch vor allem der mittelständische Maschinenbau, der sich allein aus finanziellen Gründen keine eigene Forschung leisten konnte und daher auf leicht umsetzbare Problemlösungen der Wissenschaft dringend angewiesen war. Die Kluft zwischen diesen Unternehmen und den bis dahin allenfalls auf die Großindustrie mit ihren eigenen F&E-Abteilungen fixierten Grundlagenforschern war nicht leicht zu überbrücken.

In dieser Situation erwies es sich als Glücksfall, dass die ihrer Bestimmung nach industrienah ausgerichtete Fraunhofer-Gesellschaft die Lücke erkannte und sich für den Aufbau eines eigenen Instituts für Lasertechnik (ILT) entschied. Ihrem damaligen Präsidenten Max Syrbe gelang es, für die Leitung Professor Gerd Herziger zu gewinnen. Der Laserforscher mit praktischer Industrieerfahrung in der Schweizer Uhrenbranche erkannte sehr schnell, dass die neue Einrichtung ihre Aufgabe am besten in enger Nachbarschaft zu einem bereits bestehenden Institut für Fertigungstechnik und in Verbindung mit einer universitären Grundlagenforschung erfüllen würde. Unter den Städten, die sich um den Standort für das neue Institut bewarben, bot Aachen hierfür die besten Voraussetzungen. Denn die Düsseldorfer Landesregierung erklärte sich schnell bereit, an der Rheinisch-Westfälischen Technischen Hochschule parallel einen Lehrstuhl für Lasertechnik, ebenfalls unter Herzigers Leitung, einzurichten. Das im Herbst 1984 gegründete Institut hatte somit einerseits den unmittelbaren Anschluss an den Maschinenbau und auf der anderen Seite jederzeit Zugriff auf das für die Laserforschung wichtige physikalische Grundlagenwissen.

Auf die Industrie übte das neue Kompetenzzentrum von Beginn an eine große Anziehungskraft aus. Und es dauerte nicht lange, bis *Thyssen*, das mit dem ILT ein Verfahren zur Behandlung von Elektroblechen entwickelte, seine neu gegründete Konzerntochter *Thyssen Lasertechnik GmbH* gleich im Institut ansiedelte. Das Beispiel machte schnell Schule: Um die teure Infrastruktur des Instituts zu nutzen, vor allem jedoch um wertvolle Zeit zu sparen, folgten auch kleinere Firmen, wie *Trumpf* und sein schärfster Konkurrent, das Hamburger Unternehmen *Rofin Sinar,* dem *Thyssen*-Schritt und postierten ihre Laserexperten ebenfalls unmittelbar im Anwendungszentrum des Instituts. Auch wenn Aachen heute als Mekka der angewandten Laserforschung in Deutschland gilt, so sorgte die plötzliche Aufbruchstimmung auch anderenorts für rege Aktivität. Vor allem in Berlin, Stuttgart, Hannover und München, allesamt anerkannte Zentren für Produktionsforschung und zugleich Mitbewerber Aachens um das neue Fraunhofer-Institut, zogen kräftig nach. Zusätzlich entstand 1991 in Dresden mit dem aus dem früheren Zentralinstitut für Festkörperphysik und Werkstoff-Forschung hervorgegangenen *Fraunhofer-Institut für Werkstoffphysik und Schichttechnologie* ein weiterer führender Forschungsstützpunkt.

Dass in Deutschland auf der Basis einer erstklassigen Grundlagenforschung eine *Laser Community* entstand, hatte ursächlich mit der staatlichen Förderpraxis zu tun. Finanziell alimentiert wurden zwischen Wissenschaft und Industrie gemeinsam formulierte Leitprojekte, die innerhalb einer vorgegebenen Zeit den Einsatz der Lasertechnik (etwa Strahlquellen für die Materialbearbeitung) verstärken sollten. Während dieser Projektphase arbeiteten die jeweils kompetenten Firmen, unter ihnen so harte Konkurrenten wie *Trumpf* und *Rofin-Sinar*, mit den Experten aus der Wissenschaft partnerschaftlich zusammen. »Wenn dann nach drei Jahren das Verbundprojekt abgeschlossen ist, haben wir Deutschland insgesamt auf dem Weg zur Marktführerschaft ein Stück nach vorn gebracht«, beschreibt Rainer Röhrig, Leiter des Referats Laser- und Plasmaforschung im Bundesministerium für Bildung und Forschung und von Beginn an einer der »Impulsgeber« der bis 1999 mit insgesamt rund 700 Millionen Mark Bundesmitteln unterstützten Schlüsseltechnologie, die Rolle des Staates bei der Schaffung »strategischer Allianzen«.

Die »neue Form der Zusammenarbeit zwischen Staat, Forschung und Wirtschaft« im vorwettbewerblichen Bereich und die »Fokussierung auf wenige Leitthemen« sind für den Innovationspromotor Herziger denn auch die entscheidenden Erfolgsfaktoren der deutschen Laserentwicklung. Da die Industrie an der Festlegung der geförderten Projekte maßgeblich beteiligt war, musste die Forschung vielfach von lieb gewonnenen Gewohnheiten Abschied nehmen. Nur so war es möglich, dass innerhalb der Wissenschaft Experten unterschiedlichster Fachrichtungen, vor allem Physiker und Ingenieure, interdisziplinär zusammenarbeiteten, womit sich im Zeichen zunehmender Fachspezialisierung anfänglich viele schwer taten. Aus der gemeinsamen Projektarbeit ist über die Jahre eine *Laser-Community* mit einer ausgeprägten »Kommunikationskultur« hervorgegangen, wie Gerhard Hein, Geschäftsführer der Arbeitsgemeinschaft Laser im *Verband Deutscher Maschinen- und Anlagenbau*, beobachtet hat. So sind derzeit mehr als ein Drittel des Weltmarktes für die industrielle Laserbearbeitung in »deutscher Hand«.

Dass sich die Wissenschaft auf die Forderungen aus der Wirtschaft einließ, ermöglichte es vor allem kleineren Unternehmen, ihre Marktchancen durch eine mutige Innovationspolitik zu nutzen. Für die deutschen Erfolge in der Lasertechnik stehen denn auch auffallend viele Namen mittelständischer Anbieter. Maßstäbe setzte nicht allein *Trumpf*, das schon 1988 seinen ersten Laser für das Schweißen von Automobilkarosserien an *Daimler-Benz* auslieferte und in Kooperation mit dem Aachener ILT 1997 einen Laser mit 20 Kilowatt Leistung zum Schneiden dickster Schiffsbleche entwickelte. Weltweit führend in ihrem Segment sind die Schwaben zusammen mit *Rofin-Sinar*. Die Hamburger waren 1975 zunächst als Importeur des amerikanischen Herstellers *Spectra-Physics* gestartet, bevor sie sechs Jahre später selbst in die Laserproduktion einstiegen. 1987 wurde die Firma vom *Siemens*-Konzern übernommen, der sie jedoch neun Jahre später über die US-Technologiebörse *Nasdaq* wieder verkaufte.

Mit Lasern für wissenschaftliche Anwendungen machte sich 1970 die Göttinger Firma *Lambda Physik* weltweit einen Namen. Zwei Doktoranden am Max-Planck-Institut für Biophysikalische Chemie, Dirk Basting und Bernd Steyer, beides Schüler von Professor Fritz Peter Schäfer, legten die Basis für das Unternehmen buchstäblich mit einem Garagenbetrieb. Mit Spiralfedern für Uhren und Messgeräte hatte sich die 1904 gegründete Firma *Carl Haas* in Schramberg internationale Reputation erworben, bevor sie sich Anfang der siebziger Jahre der Lasertechnik zuwandte. Mittels Laserschweißen ließen sich die Uhrenfedern sehr viel präziser befestigen als mit den bis dahin gebräuchlichen Klebe- oder Klemmtechniken. Als jedoch schon kurze Zeit später die Digitaluhr ihren Siegeszug begann, mussten sich die Schramberger auf Laserentwicklungen für das Schweißen von mechanischen Teilen in der Elektrotechnik, der Luft- und Raumfahrt und schließlich auch der Automobilfertigung verlegen. Inzwischen hat sich die 1992 von *Trumpf* übernommene Firma zum weltweit führenden Hersteller von Festkörperlasern zum Schweißen mit einem Jahresumsatz von 150 Millionen Mark hochgearbeitet. *Haas*-Geschäftsführer Paul Seiler: »Ich kenne keinen Größeren.«

Mit dem Aufbau einer an den Bedürfnissen der Industrie orientierten Forschungslandschaft und einem – im modernen Sprachgebrauch – »Bündnis für Innovation« gelang es deutschen Unternehmen, auf dem Gebiet der Materialbearbeitung bei kompletten Lasersystemen (also lasergestützten Werkzeugmaschinen) bis 1998 einen Weltmarktanteil von rund 30 Prozent zu erringen, bei Strahlquellen sogar von 40 Prozent. Ihnen kam dabei der höchst aufnahmefähige heimische Absatzmarkt zugute – vor allem die Automobil- und Elektroindustrie sowie der Flugzeug- und Schiffbau. Ihrem Erfolg standen entsprechende Verluste der Amerikaner gegenüber. »Den USA ist die Führungsposition in der industriellen Lasertechnologie entglitten«, musste denn auch das *Committee on Optical Science and Engineering* in Washington 1998 in einer Studie einräumen. Ein umfassender Plan sei erforderlich, so mahnten die Autoren, um die amerikanische Wettbewerbsfähigkeit wieder herzustellen.

Dass die Amerikaner den in immer mehr Bereichen unseres Lebens auf vielfältige Weise wirkenden Kräften des Lichts künftig erhöhte Aufmerksamkeit widmen werden, dürfte – zumindest nach dem euphorischen Ausblick auf das neue Jahrhundert – kaum zu bezweifeln sein. »Wir sehen Entwicklungen in der Optik voraus«, so schwärmt die genannte Studie in einer *Vision of the Future*, »die unser Leben in einer Weise verändern werden, wie wir es uns heute nicht einmal ausmalen können.« Die Optik werde künftig die Rolle übernehmen, die in den vergangenen Jahrzehnten der Computer spielte.

In Deutschland sind die Signale jenseits des Atlantik aufmerksam registriert worden. Die deutsche Industrie hatte bis zum Verlust ihrer Kamerafertigung an die Japaner in den achtziger Jahren eine führende Stellung in der Optik. Vielleicht bietet sich ihr jetzt noch einmal eine Chance, ihre frühere Position auf einem höheren Niveau zurückzugewinnen. Der systematische Aufbau eines *Kompetenzzentrums Deutschland* in einem wichtigen Wachstumssegment der Lasertechnik könnte vielleicht als Modell dienen.

Kapitel 4

Das intelligente Kapital

Der Wagnisfinanzierer, ein unverzichtbarer Partner

Sie lieben die Abgeschiedenheit einer stilvoll renovierten Gründerzeitvilla oder einer repräsentativen City-Etage mehr als die Hektik in den vielstöckigen Bürowaben der Finanzmetropolen. Und auch sonst unterscheidet sie viel von den traditionellen Bankern. Für sie ist Geld mehr als nur der Stoff des schnellen Geschäfts; in ihren Händen verwandelt es sich in Kapital, jenen Treibstoff, der aus klugen Ideen wirtschaftliche Innovation entstehen lässt. Wie sie agieren, wissen die wenigstens; für ihren Beruf gibt es vorerst nur einen englischen Namen und der leistet eher Missdeutungen Vorschub: Von *Venture-Capitalists* ist die Rede.

Mit Kapitalismus im herkömmlichen Sinne hat das Wirken dieser *Capitalists* tatsächlich kaum etwas zu tun. Statt der klassischen Finanzmärkte ist ihr Terrain vielmehr die Welt der Unternehmensgründer, mit denen sie sich in einer Art geschäftlicher Schicksalsgemeinschaft verbinden. In dieser Funktion sind sie Finanzier, Partner, Coach und Kontrolleur zugleich. Wenn Deutschland zurzeit eine Gründerwelle erlebt, dann nicht zuletzt durch die Entstehung eines funktionierenden Marktes für Venture-Capital. Nur die wenigsten Akteure auf dieser Bühne sind gelernte Finanzexperten, dafür umso häufiger Fachleute mit Doppelexamen in Naturwissenschaften und Betriebswirtschaft.

Lange Zeit hatten junge Firmengründer hierzulande nur mit Neid nach Amerika blicken können, wo sich früher als in Europa der Traum vom Aufbau einer eigenen Firma mithilfe erfahrener Eigenkapitalgeber verwirklichen ließ. Vor allem das Silicon Valley wurde zum Tummelplatz der wie Pilze aus dem Boden sprießenden VC-Firmen. Etwa die Hälfte aller amerikanischen Venture-Capitalists reihen sich mit ihren Headquarters wie Perlen an einer Kette an Palo Altos Sandhill Road. Allein im Jahre 1998 wurden im Silicon Valley 3,3 Milliarden Dollar Venture-Capital investiert, mehr als in der gesamten Bundesrepublik (1,9 Milliarden Dollar). Die Bereitschaft weitsichtiger Investoren, ihr finanzielles Risiko mit dem wagnisbereiter Technologie-Pioniere zu verbinden, hat wesentlich dazu beigetragen, dass die USA in vielen Hightech-Bereichen heute weltweit führend sind. Wo ständen Firmen wie *Apple*, *Sun Microsystems* oder *Dell* heute, wenn ihnen nicht frühzeitig frisches Eigenkapital zugeflossen wäre?

Gäbe es beispielsweise noch den 1984 an der Stanford University gegründeten Datennetz-Spezialisten *Cisco Systems*, wenn nicht vier Jahre später die Venture-Capital-Firma *Sequioa* der auf einer extrem dünnen Finanzdecke operierenden Firma zu Hilfe gekommen wäre? Der neue Gesellschafter brachte nicht nur neues Geld mit, er hatte auch erkannt, welch riesiges Marktpotenzial sich mit den Ideen von *Cisco* erschließen lassen würde. Bald nach ihrem Einstieg musste *Sequioa* allerdings erfahren, dass den Gründern, dem Forscherehepaar Sandy Lerner und Leonard Bosack, mehr an technischer Perfektion als an der Erschließung völlig neuer Märkte gelegen war. Nachdem alle Überzeugungsversuche fehlgeschlagen waren, besetzte *Sequioa* die Führung nach zwei Jahren kurzerhand mit praxiserprobten Managern. Nur sechs Jahre nach ihrem Start erhielten die nur noch über eine Minderheit verfügenden Gründer beim Börsengang für ihre Anteile stolze 170 Millionen Dollar (1990).

Zur Gründung der neben der Firma *Amgen* führenden amerikanischen Biotech-Firma *Genentech* in South San Francisco wäre es 1976 ohne die Hartnäckigkeit eines Venture-Capitalisten vermutlich gar nicht erst gekommen. Der damals erst 27-jährige Robert Swanson, Mitarbeiter der namhaften Venture-Capital-Gesellschaft *Kleiner Perkins Caufield & Byers*, holte sich bei mehreren Wissenschaftlern eine Abfuhr, bevor er den Biologie-Professor Herb Boyer zur Gründung der *Genetic Engineering Technology* überreden konnte. Bereits ein Jahr später gelang es den *Genentech*-Forschern, ein menschliches Eiweiß gentechnisch herzustellen, 1978 gewannen sie ihr erstes Humaninsulin. Der praktische Nachweis, dass aus der

Kombination einer genialen Idee und richtig dosiertem Risikokapital märchenhafte Gewinne zu erzielen seien, verschaffte der jungen Venture-Capital-Szene eine ungeahnte Dynamik.

Grenzen konventioneller Finanzierung

In Deutschland richteten sich die Blicke mittelloser Firmengründer derweil immer noch primär auf die Banken und Sparkassen. Die traditionellen Finanzierungen beruhen im Wesentlichen darauf, dass gegen Sicherheiten, wie Häuser und Grundstücke, oder auf der Basis sicherer Gewinnerwartungen Kredite gewährt werden, die meist regelmäßig mit Zinsen bedient und innerhalb klar festgelegter Fristen zurückbezahlt werden müssen. Über beleihbare Sicherheiten verfügen die meisten Jungunternehmer jedoch kaum. Überdies weisen die meisten Geschäftspläne von Hightech-Gründungen Gewinne frühestens nach vier bis fünf Jahren, in der Biotechnologie häufig sogar erst nach über zehn Jahren aus. Die Chancen, dass ein Unternehmen den Durchbruch schafft, sind zudem sehr gering. Bestenfalls 30 Prozent von ihnen überstehen die ersten fünf Jahre, nur eine von 20 bis 50 Gründungen – je nach Segment und Können des Venture-Capitalists – wird langfristig ein durchschlagender Erfolg. Für diese Situation versagen alle konventionellen Finanzierungen durch Fremdkapital. Vor allem jedoch blieben die Banken den geschäftlich oft sehr unerfahrenen Kunden gerade das schuldig, was sie am dringendsten brauchen: einen sachkundigen Partner, der das unternehmerische Risiko einer Innovation abschätzen kann und bei dessen Bewältigung Unterstützung gibt.

Neue Chancen durch Venture-Capital

Sich mit Eigenkapital zu engagieren, das im Falle des Misserfolgs verloren ist, zwingt einen Fondsmanager, bei der Auswahl seiner Objekte mit äußerster Sorgfalt vorzugehen. Nicht ohne Grund finden sich gerade bei den erfolgreichsten Venture-Capital-Firmen an führender Position Experten, die selber einmal eine Firma aufgebaut haben und aus dieser Erfahrung über ein geschultes Auge für die Chancen und Risiken einer neuen Geschäftsidee, aber auch für die Qualifikation der möglichen Partner verfügen. Ihre Fehlerquote begrenzen die am Markt führenden Venture-Capitalists zusätzlich dadurch, dass sie sich auf wenige, besonders wachstumsstarke Bereiche, wie etwa Software Internet-Technologien oder Life Sciences beschränken, so dass sie in der Lage sind, Businesspläne aus diesen Gebieten als intime Kenner zu beurteilen. Bei der Einschätzung einer innovativen Idee hilft ihnen bei Bedarf zusätzlich ein dichtes Netzwerk von Kontakten zu kompetenten Gesprächspartnern der Gründerszene, aber auch der Wissenschaft.

Von hundert gesichteten Geschäftsideen kommen allenfalls zehn in die engere Auswahl und von diesen erhalten vielleicht zwei oder drei eine Startfinanzierung. Selbst die größten in Deutschland agierenden Venture-Capital-Firmen nehmen jährlich nicht mehr als 20 bis 30 neue Firmen in die von ihnen gemanagten Fonds auf. Hierbei entscheidet neben einem am Markt honorierten Kundennutzen, einem nachweisbaren Wettbewerbsvorsprung und einem stark wachsenden Markt vor allem das überzeugende Management-Team. Die rein technologische Innovation für sich gesehen tritt als Kriterium demgegenüber in den Hintergrund.

Venture-Capital mit attraktiven Renditen

Nicht nur die Erwartungen ihrer Geldgeber, auch ihre eigenen finanziellen Interessen setzen die Partner in Venture-Capital-Gesellschaften stark unter Erfolgsdruck. Sie sind am Ergebnis ihrer Fonds nicht unerheblich beteiligt. Ihre festen Bezüge liegen häufig nur unter zehn Prozent ihres möglichen Gesamteinkommens. Aber die jährlichen Einkünfte von Partnern, die einen erfolgreichen Fonds mit über zwanzigprozentiger Verzinsung pro Jahr managen, liegen weit oberhalb der Gehälter von Vorständen deutscher Großbanken oder Industriekonzerne. Diese Einkünfte werden aber erst erzielt,

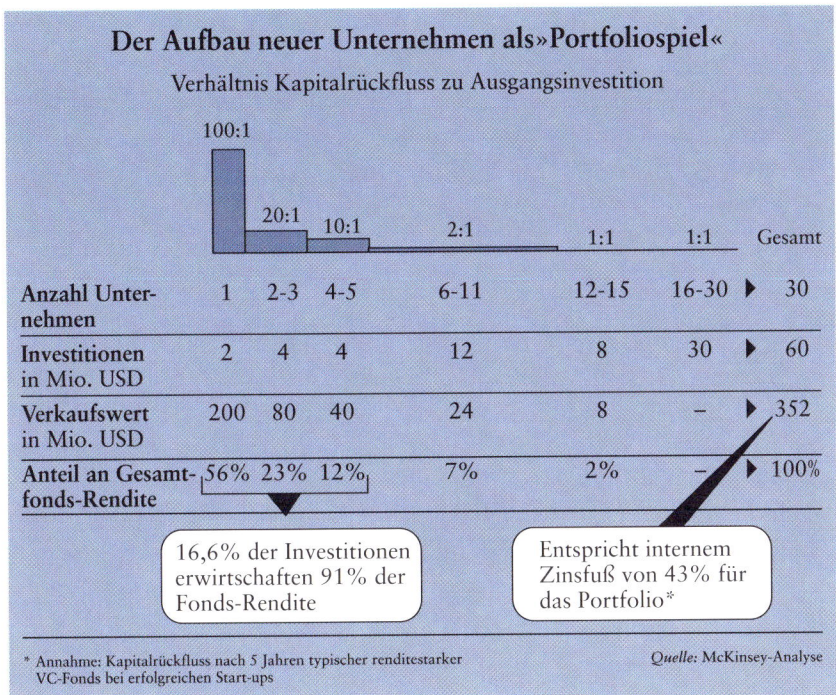

Der Aufbau neuer Unternehmen als »Portfoliospiel«

Verhältnis Kapitalrückfluss zu Ausgangsinvestition

	100:1	20:1	10:1	2:1	1:1	1:1	Gesamt
Anzahl Unternehmen	1	2-3	4-5	6-11	12-15	16-30 ▸	30
Investitionen in Mio. USD	2	4	4	12	8	30 ▸	60
Verkaufswert in Mio. USD	200	80	40	24	8	– ▸	352
Anteil an Gesamtfonds-Rendite	56%	23%	12%	7%	2%	– ▸	100%

16,6% der Investitionen erwirtschaften 91% der Fonds-Rendite

Entspricht internem Zinsfuß von 43% für das Portfolio*

* Annahme: Kapitalrückfluss nach 5 Jahren typischer renditestarker VC-Fonds bei erfolgreichen Start-ups

Quelle: McKinsey-Analyse

wenn der Fonds, im Allgemeinen vier bis sechs Jahre nach seinem Start, über die nächsten fünf bis sieben Jahre entsprechende Gewinne abwirft.

Im Wettbewerb um die Gelder privater und institutioneller Anleger hat auf Dauer derjenige Venture-Capitalist die Nase vorn, der bei den von ihm gemanagten Fonds die Ausfallrate der darin enthaltenen 20 bis 30 Start-ups in eine möglichst günstige Relation zur Zahl der Highflyer bringen und dadurch mit einer hohen jährlichen Kapitalrendite aufwarten kann – 35 Prozent sind dabei derzeit eher noch guter Durchschnitt. So wie erfolgreiche Venture-Capital-Firmen das Geld großer, hoch rentierliche Anlagen suchender Investoren anlocken, so sehr ziehen sie auf der anderen Seite durch die spektakuläre Traumkarriere einer der von ihnen finanzierten Firmengründer die Aufmerksamkeit neuer Interessenten auf sich. Sie müssen sich ihre Partner nicht suchen; die jungen Unternehmen mit guten Ideen kommen zu ihnen.

So erfreulich es ist, dass sich nun auch hierzulande ein dynamischer Markt für privates Risikokapital bildet, so nachdrücklich muss darauf hingewiesen werden, dass Deutschland auf diesem Gebiet noch einen beträchtlichen Rückstand aufzuholen hat. Und zwar beim Know-how, nicht beim Kapital, wie oft fälschlicherweise angenommen wird. Trotz einer Reihe sehr professionell arbeitender Fondsmanager fehlt es noch an einem breiten Fundament erfahrener Venture-Capitalists und Entrepreneurs der ersten Generation, die – meist nach dem Verkauf ihres Unternehmens – ihr Wissen als Pate oder *Business Angel* an jüngere Firmengründer weitergeben können. Dieses Defizit aufzuholen wird noch einige Jahre dauern.

Der Neue Markt: Drehscheibe für Venture-Capital

Immerhin stehen die Ampeln auf grün. Entscheidend dazu beigetragen hat der Start des Neuen Marktes an der Frankfurter Börse, durch den im März 1997 das inzwischen wichtigste Ausstiegsfenster geöffnet und der Kapitalkreislauf geschlossen wurde. Außer durch einen Verkauf an ein anderes Unternehmen gab es bis dahin für einen Investor praktisch keine Möglichkeit, nach dem erfolgreichen Aufbau der von ihm finanzierten und betreuten Firma in Deutschland gewinnbringend auszusteigen und damit entsprechende Fondsgewinne zu realisieren. Die Gesellschafter der 1989 von Wissenschaftlern der Universität Düsseldorf gegründeten Biotech-Firma *Qiagen*, unter ihnen als Kapitalgeber die Münchener *TVM Techno Venture Management*, hatten ein Jahr zuvor noch den Weg an die New Yorker Technologiebörse Nasdaq antreten müssen, um die nächste Generation von Anlegern an der deutschen Vorzeigefirma zu beteiligen und dadurch die angelegten Fondsgelder mit Gewinn zurückbekommen zu können. Das Kursfeuerwerk am Neuen Markt hat zusätzlich dazu beigetragen, dass auch angelsächsische Anbieter von Venture-Capital, die lange Zeit einen großen Bogen um den deutschen Markt gemacht haben, verstärkt nach interessanten Objekten in der Bundesrepublik suchen. Die konkrete Aussicht auf einen lukrativen späteren Ausstieg gehört zu den unverzichtbaren Voraussetzungen, ohne die Venture-Capital-

Firmen keine Finanzierung riskieren, selbst wenn alle anderen Bedingungen erfüllt sein sollten.

Entschließt sich ein Fondsmanager jedoch erst einmal, sich mit Eigenkapital an einem jungen Unternehmen zu beteiligen, so geht er in vielen Fällen eine dauerhafte Verbindung ein, die auch mit dem Börsengang nicht enden muss. Im Gegenteil behalten viele Venture-Capitalists auch nach dem Ausstieg ihren Sitz oder gar Vorsitz im Aufsichtsrat. Typisch ist eine Finanzierung in drei bis vier Stufen, wobei sie sich auf der ersten Etappe selten mit mehr als drei bis fünf Millionen Mark engagieren. Der jeweils nächste Finanzierungsschritt ist nicht davon abhängig, ob die Firma bereits Gewinne erzielt, sondern ob sie mit den bisherigen Mitteln die vorgegebenen Zwischenziele erreicht hat. Gern nehmen die so genannten *Lead Investors* noch einen Co-Investor, meist eine andere Venture-Capital-Firma mit ins Boot – etwa aus den USA, wenn (was häufig vorkommt) das Unternehmen bereits in einem frühen Stadium auf dem amerikanischen Markt aktiv werden will und vor Ort hilfreiche Kontakte braucht.

Partnerwahl

Mit einer überzeugenden Geschäftsidee zusammen mit einem qualifizierten Team ein Unternehmen aufzubauen scheitert heute nicht mehr an fehlendem Geld. Dazu tragen auch die seit Anfang der neunziger Jahre aufgelegten staatlichen Förderprogramme bei. So können Firmengründer in Deutschland derzeit damit rechnen, zu jeder Mark Venture-Capital noch einmal bis zu zwei Mark aus verschiedenen Töpfen zu erhalten. Um ihr Risiko nicht selber aktiv managen zu müssen engagieren sich staatliche Finanziers wie etwa die *Technologie-Beteiligungs-Gesellschaft mbH* in Bonn (eine Tochter der *Kreditanstalt für Wiederaufbau*) jeweils nur gemeinsam mit einem erfahrenen Venture-Capital-Partner.

Je überzeugender ihr Geschäftskonzept, desto größer für ein Gründerteam die Chance, sich den Venture-Capital-Partner ihrer Wahl auszusuchen. Dabei glauben viele, den besten Finanzier in demjenigen Anbieter ausgemacht zu haben, der das meiste Geld für den geringsten Firmenanteil bietet. Sie begehen damit unter Umständen einen folgenschweren Fehler. Erfahrene Venture-Capitalists, die einer jungen Firma beim erfolgreichen Aufbau entscheidende Hilfestellung geben können, sind bei der Bewertung gerade erst am Anfang stehender Unternehmen meist eher vorsichtig und verlangen daher mehr Anteile für weniger Geld. Der richtige Kapitalgeber kann durch seine Unterstützung dazu beitragen, dass der Wert der Firma nach einigen Jahren das Mehrfache dessen erreicht, was ohne diese Hilfestellung möglich gewesen wäre. Letztlich ist ein 30-prozentiger Anteil an 200 Millionen Mark Unternehmenswert deutlich besser als 60 Prozent an 50 Millionen. Bei ihrer Entscheidung, mit welchem Partner sie zusammengehen, sollten sich Gründer deshalb davon leiten lassen, inwieweit der Anbieter von intelligentem Kapital tatsächlich die notwendigen Voraussetzungen für eine aktive, konstruktive Begleitung mitbringt. Immerhin kann es um so schwerwiegende Aufgaben gehen, wie die Verstärkung des Managements, die Planung und Durchführung weiterer Finanzierungsrunden, die Mitwirkung an der Marketing- und Vertriebsstrategie, den Aufbau des Auslandsgeschäfts, die Identifikation und Auswahl von Kooperationspartnern und schließlich den Börsengang oder den Verkauf an ein anderes Unternehmen.

Corporate-Venture-Capital als Alternative

Mehr zu bieten haben als nur Geld sollten auch jene Großunternehmen, die sich, zwecks Einblick und Zugang zu den neuesten Markt- und Technologieentwicklungen, zunehmend an jungen, innovativen Firmen beteiligen. Zwar adelt das Interesse eines angesehenen Konzerns jeden Gründer; doch sollte dieser genau prüfen, welcher Anbieter von Corporate-Venture-Capital seinem Unternehmen den größten Nutzen verspricht. Wichtig zu wissen ist, wie erfahren das betreffende Unternehmen als Investor von Beteiligungskapital ist und womit es als Mitgesellschafter der Firma vor allem weiterhelfen könnte. Um über diese Punkte Gewissheit zu gewinnen empfiehlt es sich, mit solchen Unternehmen Kontakt aufzunehmen, an denen die betreffende Gesellschaft möglicherweise sonst noch beteiligt ist, um dessen Erfahrungen kennen zu lernen. Schließlich muss auch die *Chemie* stimmen, denn mit dem neuen Partner gilt es, etliche Jahre eng zusammenzuarbeiten.

Im Idealfall kann ein strategischer Investor dem jungen Start-up in der Wachstumsphase wichtige Unterstützung geben. Die Gründer sollten deshalb nicht zögern, in ihren Gesprächen detailliert herauszufinden, auf welche Weise ihnen geholfen werden könnte. Konkret wäre dies vor allem bei der durch Vermittlung von Pilotkunden, bei der Marktforschung oder beim Eintritt in internationale Märkte denkbar. Ein Management, das sich von der Zusammenarbeit mit einer interessanten jungen Technologiefirma einen strategischen Vorteil verspricht, weil es von deren Kreativität und Dynamik profitieren will, wird sich einem Abtasten durch den potenziellen Juniorpartner nicht verweigern.

Ermutigende Beispiele

Wie ein Investor von Corporate-Venture-Capital und ein junges Start-up-Unternehmen zum beiderseitigen Vorteil kooperieren können, zeigt die Allianz zwischen der *Deutschen Telekom* und dem Berliner Software-Pionier *BNeD*. Eigentlich hatten die fünf jungen Wissenschaftler aus Berlin, Ilmenau und Kassel 1996 lediglich ein kleines Ingenieurbüro gründen wollen, um neben ihrer Arbeit für Universitäten und Unternehmen erste Erfahrungen in der Selbständigkeit zu sammeln. Doch es sollte ganz anders kommen. Nur knapp zwei Jahre nach der Gründung lag das Berliner Unternehmen mit seiner Software zur Simulation von komplexen Glasfasernetzen auf steilem Wachstumskurs und hatte bereits erste Zweigniederlassungen im Silicon Valley und in Australien eröffnet. Was in der Innovation des *BNeD*-Teams steckte, hatten wiederum die als Lead Investor eingestiegenen Münchener Fonds-Manager von *TVM* erkannt und als zweiten Wagnisfinanzier die 1997 eigens für strategische Beteiligungen gegründete *Telekom*-Tochter *T-Venture* mit ins Boot geholt. Die Wahl war auf Telekom gefallen um in erster Linie die vielfältigen Kontakte des Konzerns zu potenziellen Anwendern zu nutzen.

Trotz einer Reihe ermutigender Einzelbeispiele steht der strategisch geplante Einsatz von Venture-Capital durch große Unternehmen in Deutschland noch ganz am Anfang. Zwar haben außer der *Deutschen Telekom* inzwischen auch andere Firmen wie *Siemens*, *SAP* und *BASF* eigene Wagniskapitalfonds eingerichtet; doch müssen viele dieser Fonds erst noch ein klares Profil am Markt bekommen und sich in der wirklichen Unterstützung junger Firmen bewähren und etablieren. In den USA kommt mittlerweile bereits rund ein Viertel des in die Entwicklung junger Firmen investierten Venture-Capital aus der Großindustrie. Dieser Trend könnte schon bald auf Deutschland übergreifen. Dafür spricht nicht zuletzt, dass mit der in den letzten Jahren stark gewachsenen Präsenz erfahrener Venture-Capital-Firmen auf dem deutschen Markt den Unternehmen Partner zur Verfügung stehen, die ihrerseits stark daran interessiert sind, mit entsprechend professionell agierenden industriellen Investoren beim Aufbau junger Technologiefirmen eng zusammenzuarbeiten.

Das Leuchten in den Augen

Ein Fall für Zwei: Der Jenaer Software-Pionier
Stephan Schambach und sein Venture-Capitalist

Es sollte einer dieser folgenschweren Anrufe werden, den Stefan Friese, Leiter des Leipziger Büros der Venture-Capital-Gesellschaft *Technologieholding VC GmbH*, im Spätherbst 1995 aus Gera erhielt. Am Apparat war ein Mitarbeiter der Thüringer *Agentur für Technologietransfer und Innovationsförderung GmbH*, einer Tochter der örtlichen Industrie- und Handelskammer. Sein Anliegen: In Jena gebe es einen jungen Softwaretüftler, der dringend Eigenkapital für sein Unternehmen suche. Vielleicht habe die Technologieholding Interesse. Friese versprach sich um die Sache zu kümmern und traf auf einen Computer-Freak in Sporthemd und Jeans, der Großes im Sinn hatte. Sein Name: Stephan Schambach, zu dieser Zeit gerade 25 Jahre alt.

Das Zusammentreffen zwischen dem Technologie-Investor und dem jungen Mann aus Jena war der Beginn einer ungewöhnlichen Erfolgsstory. In gerade einmal zwei Jahren avancierte Schambachs Firma *Intershop Communications* dank ihrer Verbindung zur *Technologieholding* zu einem international führenden Anbieter auf dem Zukunftsmarkt des elektronischen Handels über das Internet. Beim Börsengang an den Neuen Markt im Juli 1998 erreichte die Firma bereits einen Marktwert von 670 Millionen Mark, in den folgenden zwölf Monaten stieg der Emissionskurs um das Vierfache. Die *Technologieholding* hat ihren Gewinn bereits realisiert. Die 3,8 Millionen Mark, die sie bei insgesamt drei Finanzierungsrunden in die Firma investierte, vermehrten sich bis zu ihrem in zwei Schritten vollzogenen Ausstieg auf zusammen rund eine halbe Milliarde Mark.

Die geschäftliche Liaison zwischen dem Thüringer Twen und seinen Wegbegleitern ist ein Lehrstück für das gegenseitige Rollenverhältnis zwischen einem Gründer und einem Venture-Kapitalisten. In der Success Story *Intershop* kommen sowohl die gemeinsamen Interessen beider Partner als gelegentlich auch unterschiedliche Erwartungen und Sichtweisen zur Geltung. Die kaufmännischen Ambitionen des bis heute wie der »nette Junge von nebenan« wirkenden Jenaers hatten sich lange vor dem Besuch Stefan Frieses bemerkbar gemacht.

1990, im Jahr nach der Wende, gab er sein Fachhochschulstudium als Labortechniker für Physik auf und machte sich ans Geldverdienen. Er verkaufte PC und installierte für Kunden Computernetze in Universitäten und Unternehmen. 1992 gründete er zusammen mit seinen Freunden Karsten Schneider und Wilfried Beeck in Jena die Firma *Netconsult Computersysteme GmbH*, die 1996 ihren Namen in *Intershop Communications* änderte.

Früher als andere erkannten Stephan Schambach und seine Partner die Zukunftschancen, die im elektronischen Handel im Internet liegen. Der Leipziger Programmierer Frank Gessner, heute Forschungschef von *Intershop*, schrieb für sie die Software für ein virtuelles Warenhaus. Sein System bot er der Münchener Firma *Computer 2000* an, »damit die ihre Produkte schneller und einfacher verkaufen konnte«, wie er später erzählte. Doch zu seinem Glück wollten die von seiner Innovation nichts wissen – denn damit hatte er freie Hand, seine Ideen in größerem Stil kommerziell umzusetzen.

Doch dazu brauchte er Geld, viel Geld wie Stephan Schambach wusste. Denn ein Produkt als Prototyp zu entwickeln ist die eine Sache, dieses Produkt erfolgreich am Markt zu etablieren, eine andere – vor allem sehr viel kostspieligere. In seiner Branche an öffentliche Fördertöpfe heranzukommen war damals nahezu unmöglich. »Im Jahre 1995 durfte man das Wort Software gegenüber den Förderinstanzen gar nicht in den Mund nehmen«, so Mitgründer Schneider, »das galt im höchsten Maße als unseriös.« In ihrer Not ließen sie über ihren Steuerberater eine Kleinanzeige in die *FAZ* einrücken, in der sie einen »starken Partner«

als Kapitalgeber suchten. Von 80 schriftlichen Angeboten fischten sie fünf als vielversprechend heraus und luden die betreffenden Interessenten zu einem Gespräch nach Jena ein. Parallel meldete sich die Technologieholding.

Die 1987 von dem früheren *McKinsey*-Alumnus und *Quandt*-Investmentmanager Gert Köhler und Falk Straschek, selber Gründer einer später veräußerten Laserfirma, ins Leben gerufene Venture-Capital-Gesellschaft konnte bereits auf große Erfahrungen beim Aufbau neuer Hightech-Unternehmen verweisen. Über ihre von so renommierten Quellen wie *France Télécom*, *Porsche* und *SAP* gespeisten Fonds war sie Beteiligungen an über 40 Firmen eingegangen, in den meisten Fällen als Leadinvestor. Inzwischen sind es mehr als hundert.

Aber auch mit der ganzen Routine vieler Engagements konnten sie die Zukunft der jungen Internet-Firma nicht recht abschätzen. Ein verlässliches Konzept gab es nicht. »Wir hatten noch nicht einmal einen Businessplan«, räumt Stephan Schambach ein. Auch ob sich der von *Intershop* anvisierte Markt so dynamisch wie angenommen entwickeln würde, erschien 1996 noch höchst ungewiss. Schambach-Partner Schneider: »Microsoft sagte damals, dass Internet etwas für verrückte Studenten sei, aber wir waren überzeugt: Das ist Käse – das Internet wird gewinnen und zwar weil es keinem gehört, weil es eine große Offenheit hat und völlig unabhängig ist.«

Auch wenn es manch einer aus der Zunft der Venture-Capitalists nicht gerne zugibt: Risikobewusste Investoren entscheiden in bestimmten Situationen mehr aus dem Bauch als mit dem Kopf. Rational war das Neue ohnehin kaum zu fassen. »Es war ein völlig neuer Markt«, so Gert Köhler, »den wir nicht mit den alterprobten Rezepten analysieren konnten, Schambach überzeugte uns dadurch, dass er zuhören konnte, kooperativ war und das Leuchten in den Augen hatte.« Auch der so Gelobte, ansonsten nicht eben ein Freund großer Worte, hatte den Eindruck, »dass sie wohl auch von uns persönlich beeindruckt« waren – nicht allein weil »wir von Anfang an feste Vorstellungen über unser Produkt, die Technologie und unsere Marktchancen hatten«.

Bekanntermaßen hat der Erfolg stets viele Väter. Der *Intershop-*

Erfolg bildet in dieser Beziehung keine Ausnahme. Der Erstinvestor möchte sein eigenes Verdienst auch bei der Produktfindung nicht ganz unerwähnt lassen.

Da Venture-Capital-Geber allein aus ihren hohen Wachstumserwartungen heraus generell an multiplizierbaren Produkten interessiert seien, habe man, so Stefan Friese, gemeinsam mit Schambach das Konzept eines Standardprodukts entwickelt, das nicht mehr die Firma *Intershop*, sondern beliebig viele Benutzer selber installieren konnten. »Die erste Version *Intershop Online*, mit der das Unternehmen den eigentlichen Durchbruch schaffte, kam sicherlich durch unsere Diskussionen zustande«, ist der Investmentmanager überzeugt.

Kaum langer Diskussion bedurfte der Entschluss, die Herausforderung sofort auf dem größten Software-Markt, den USA, zu suchen. »90 Prozent aller Software kommt aus den USA«, so Stephan Schambach, »alle unsere ernsthaften Konkurrenten sind amerikanische Unternehmen.« Anders als die ebenfalls an einer Kapitalbeteiligung interessierten Investoren, die ihr Geld »nicht ins Ausland schleppen« lassen wollten (Stephan Schambach), drängte die *Technologieholding* von Anfang an aufs Tempo.

Bereits wenige Wochen nach der ersten Finanzierungsrunde reiste der nur leidlich Englisch sprechende Thüringer nach Kalifornien, um sich auf dem neuen Markt vor der zögerlichen US-Konkurrenz in eine gute Ausgangsposition zu bringen. In dieser Phase bewährte sich für einen Newcomer wie Stephan Schambach das Netzwerk an internationalen Kontakten, über das ein erfahrener Investor verfügt. Um Schambach den Start in San Francisco zu erleichtern, wandte sich die *Technologieholding* an den Risikofinanzier Burgess Jamieson, Gründer der angesehenen VC-Firma *Sigma Partners* in Menlo Park.

Gegenüber dem Rat der Deutschen, sich an *Intershop* zu beteiligen, zeigte sich der Venture-Capitalist zunächst reserviert: ein 25-Jähriger aus dem Osten, Studienabbrecher, ohne jede Erfahrung in den USA – wie soll der das schaffen? Doch Burgess Jamieson hatte bei Kooperationen mit den Bad Homburgern bereits gute Geschäfte gemacht, und so stieg er schließlich in das junge Unternehmen ein.

Diese Kapitalspritze bedeutete für den jungen Deutschen aber nicht allein in finanzieller Hinsicht einen Erfolg. Das Engagement des im Silicon Valley hoch angesehenen Technologie-Investors verschaffte dem völlig unbekannten Software-Visionär gleichzeitig die dringend erwünschte Beachtung und Reputation. »Wenn ihr den bekommt, müsst ihr schon ganz gut sein«, beschreibt Stefan Friese die typische Reaktion vieler Amerikaner.

In Burgess Jamieson hatte Stephan Schambach schließlich einen Ratgeber an seiner Seite, der sich in der Hightech-Welt der Westküste bestens auskennt und ihm manch kniffliges Problem lösen helfen konnte. Vor allem Kandidaten für Spitzenpositionen seiner neuen Organisation führte er seinem US-Gesellschafter vor, bevor er sie einstellte – oder auch nicht. »Ich bin einfach rübergegangen und habe Leute mehr oder weniger auf der Straße angesprochen«, schildert Schambach in der ihm eigenen Art seine ersten Recruitment-Versuche. Wenn Venture-Capital-Firmen gern darauf verwiesen, dass sie über ihr Beziehungsnetz qualifiziertes Führungspersonal besorgten, so gingen, zumindest was ihn betreffe, »Anspruch und Wirklichkeit auseinander«. Stephan Schambach: »Unser Partner hat uns nicht einen einzigen Manager besorgt.«

Seine Praxis, dem Management die Suche nach qualifiziertem Personal selber zu überlassen, übertrug der Lead Investor auch auf die Geschäftspolitik. »Die haben uns in Ruhe gelassen und nicht versucht, uns zu micromanagen«, lobt Schambach seine Partner. Eine Situation, in der der Venture-Capitalist hätte eingreifen müssen, habe es bei *Intershop* nicht gegeben: »Bei uns ist nicht viel schief gelaufen, und deshalb war es auch nicht nötig.« Allerdings bestreiten die Bad Homburger keinesfalls, dass ihnen die Schnelligkeit, mit der der quirlige Gründer im fernen Kalifornien das Geld ausgab, nicht ganz unbeeindruckt ließ. Köhler: »Die haben im Monat eine halbe Million Mark verbrannt – am Anfang ohne Umsatz und mit einer Mannschaft von 40 Mann.«

Der unverhältnismäßig schnelle Mittelabfluss – im Venture-Slang spricht man von einer hohen *Burn rate* – führte dazu, dass wie viele Start-ups auch *Intershop* vorübergehend eine Liquiditätskrise durchstehen musste. Stefan Friese: »*Intershop* war ein Unternehmen, das, was die Ausgaben anging, immer über Plan lag und in

Bezug auf die Einnahmen darunter, das ist bei den meisten so.« Zwar beteuert Stephan Schambach, dass es für die Gehälter trotz allem immer gereicht habe; dennoch gibt sein Partner Karsten Schneider zu, dass zumindest neu eingestellte Mitarbeiter in dieser Phase zwei bis drei Monate auf ihr Gehalt hätten warten müssen und Rechnungen länger als üblich unerledigt liegen geblieben seien. Energisch bestreitet die *Technologieholding*, die Schambach-Truppe bewusst knapp bei Kasse gehalten zu haben. Eine neue Finanzierungsrunde vorzubereiten, wenn das für ein Jahr bestimmte erste Geld schon nach einem Dreivierteljahr verbraucht ist, dauere eben ein paar Wochen.

»Entweder schaffen es die Jungs und können sich selber helfen oder es gibt keinen Markt dafür«, mögen, wie Schneider heute mutmaßt, die Investoren gedacht haben, als sie sich als Helfer in der Not zurückhielten. »So etwas schult den Unternehmer in der Tat, effizient mit Geld umzugehen«, räumt denn auch *Intershop*-Betreuer Friese viel sagend ein. Die damalige Kassenebbe, so ist mit einer gewissen Verklärung sogar in Jena inzwischen zu hören, habe die Mannschaft in dieser Zeit nur noch stärker zusammengeschweißt.

Wie wichtig die Beziehungen eines Venture-Capitalists zur übrigen Finanzszene sind, zeigte sich, als *Intershop* und *Technologieholding* darangingen, nach dem Privatinvestor Jamieson einen weiteren Investor, diesmal als strategischen Partner, zu gewinnen. Die Wahl fiel auf *France Télécom*, ein Unternehmen, das Venture-Capital professionell einsetzt und an verschiedenen Fonds der Deutschen bereits beteiligt war.

Ein von der *Technologieholding* arrangiertes Treffen zwischen Stephan Schambach und dem verantwortlichen Investmentmanager der Franzosen in den USA, einem Amerikaner, endete ergebnislos. Allein dass er beim Abendessen eine Zigarette geraucht und sich eine Margarita bestellt habe, sei seinem Gesprächspartner suspekt gewesen, erinnert sich Stephan Schambach, »ich habe einfach nicht in dessen Raster eines amerikanischen Chief Executive gepasst«.

Gleichgültig, ob nur die Chemie zwischen den beiden nicht stimmte oder, was Stefan Friese vermutet, der kalifornische Businessman den nicht zu den Selbstdarstellern gehörenden Youngster schlicht unterschätzte – jedenfalls musste Gert Köhler sein ganzes Überredungsgeschick aufbieten, um seinen Pariser Geschäftsfreund zu einem Investment zu bewegen. »*France Télécom* ist allein Köhlers Verdienst«, gibt denn auch Stephan Schambach unumwunden zu. Wie wichtig diese Partnerschaft für die weitere Entwicklung des Unternehmens sein sollte, zeigte sich schon wenig später, als auch die *Deutsche Telekom* mit *Intershop* nicht nur einen mehrjährigen Lizenzvertrag über die Nutzung der Internet-Software abschloss, sondern ihre strategische Allianz Ende 1997 noch zusätzlich mit einer Kapitalbeteiligung von 7,8 Prozent unterlegte.

Vor kaum einem anderen Schritt brauchen Start-ups so intensive Unterstützung ihres Hauptinvestors wie vor dem Gang an die Börse. An welchem Platz sollte man seine Aktien einführen? Zu welchem Kurs? Und mithilfe welcher Banken? Ohne praktische Erfahrungen auf sich allein gestellt, könnten sie den gewieften Bankmanagern kaum als gleichberechtigte Verhandlungspartner gegenübertreten.

Wo er die Bewerber um einen Platz im Emissionskonsortium eigentlich auf Herz und Nieren prüfen sollte, gerät der auf diesem Terrain unsichere Gründer gegenüber den präsentierenden Bankern selber in die Rolle des Geprüften. Anders, wenn die Venture-Capital-Gesellschaft mit ihren Erfahrungen aus vorangegangenen Börsengängen bei der Auswahl der Konsortialbanken mitwirkt und die Verhandlungen über Konditionen und andere Details des Going Public selbst in die Hand nimmt. Nicht allein, dass sie sehr viel besser weiß, worauf es beim Erstauftritt des Unternehmens am Kapitalmarkt ankommt. Als Finanzier einer größeren Zahl künftiger Börsenkandidaten verhandelt sie überdies aus einer sehr viel stärkeren Position heraus. Dass Emissionshäuser in Erwartung weiterer lukrativer Geschäfte »Himmel und Hölle in Bewegung setzen, damit ja nichts schief geht«, durfte Stephan Schambach im Juli 1998 beim Gang seiner *Intershop* an den Neuen Markt unter Führung der Schweizer Bank *Vontobel* mit Genugtuung registrieren.

Die Beziehung zwischen einem Start-up und seinem führenden Kapitalgeber ist jedoch kein Verhältnis klar voneinander getrennter Kompetenzbereiche. Vor allem vor der Entscheidung über neue Produkt- und Marktstrategien bemühen sich Investmentmanager im Allgemeinen, in die Überlegungen des Managements mit einbezogen zu werden. Über die von *Intershop* für die *Deutsche Telekom* konzipierte elektronische Shopping Mall habe man, so Stefan Friese, »vorher diskutiert, auch kontrovers«. Die *Technologieholding* habe sich in diesen Fragen von Anfang an als »Sparringspartner« gefühlt, dessen Anregungen im Unterschied zu manch anderem Unternehmen aufgenommen, wenngleich nicht immer umgesetzt wurden. »Allein durch diese Diskussionen«, ist Friese überzeugt, »wurden die Ziele und die Wege dorthin klarer.«

Etwas anders klingt es bei Stephan Schambach, wenn er laut darüber nachdenkt, »was ein Venture-Capitalist von seinem Anspruch her sein will und was er wirklich leisten kann«, und ihm dabei nicht ganz von ungefähr das Stichwort »Strategieentscheidungen« in den Sinn kommt. Dieses »Gap«, wie er es nennt, »ist kein Problem, es funktioniert trotzdem«, fügt er jedoch sogleich hinzu.

Wenn es zwischen dem Internet-Aufsteiger und seinen Finanzpartnern trotzdem funktionierte, dann nicht ganz zuletzt auch deshalb, weil Stephan Schambach nicht nur Führungsverantwortung, sondern auch die immensen Wertsteigerungen seines Unternehmens zu teilen bereit war. Schon als sich die *Technologieholding* an *Intershop* beteiligte, trat er an alle Mitarbeiter kleinere Anteile ab. Ein mit Hilfe seines Venture-Partners entwickeltes Stock-Options-Modell machte viele Beschäftigte durch die rasanten Kurssteigerungen zu reichen Leuten. Schambach stolz: »In diesem Haus arbeiten 50 Millionäre.«

Dabei hätte alles ganz anders kommen können, wäre der mittellose Internet-Tüftler auf der Suche nach Geldgebern statt an einen Venture-Capitalist zu geraten in den Genuß staatlich-thüringischer Mittelstandsförderung gekommen. Die Beamten, und wären sie dem Software-Markt gegenüber noch so aufgeschlossen gewesen, hätten es dem ehrgeizigen Jungunternehmer kaum erlauben können, von ihrem Geld zunächst Arbeitsplätze im fernen Kalifornien zu errichten. Und ob sie in zwei Jahren dreimal »fresh money« nachgeschossen hätten, ist mehr als zweifelhaft. Dennoch gibt Stephan Schambach allen Gründern den dringenden Rat, »sich mindestens fünf

Venture-Capital-Gesellschaften näher anzuschauen«, bevor sie sich fest an einen Partner binden.

Kapitel 5

Konzentrieren, angreifen, wachsen

Erfolgreiche Strategien internationaler Marktführer

Innovation bestimmt unser Leben. Die Suche nach dem Besseren zieht sich wie ein roter Faden durch die Menschheitsgeschichte. Dinge zeit- und arbeitsparender zu machen, treibt nicht nur die Kreativität von Menschen, sondern auch von Unternehmen an. Für sie ist, jedenfalls in einer Marktwirtschaft, Innovation geradezu ein Überlebensprinzip. Wer nicht innovativ ist, fällt zurück und muss früher oder später aufgeben. Im Zeitalter globaler und zunehmend liberalisierter Märkte gibt es vor dieser Wahrheit kein Entrinnen. Auf die schützende Hand des Staates kann in diesem Spiel niemand hoffen – abgesehen davon, dass Protektionismus keine Probleme löst, sondern sie allenfalls verewigt.

Die deutsche Industrie muss sich schon seit längerem gegen den Vorwurf zur Wehr setzen, nicht sonderlich innovativ zu sein. Wie sonst, so fragen viele, lässt es sich erklären, dass die Zahl der Arbeitslosen ständig weiter zunimmt. Wie konnte es sonst dazu kommen, so fragen sie weiter, dass all die elektronischen Geräte, mit denen wir uns privat und am Arbeitsplatz umgeben, überwiegend japanische oder amerikanische Firmennamen tragen, ob es sich um Kameras, Stereoanlagen, Videogeräte, Camcorder, Computer, Drucker oder Kopierer handelt. Sind wir zu müde geworden, um auf den hektischen Hightech-Märkten mitzuhalten? Oder gehen uns vielleicht sogar die Ideen aus?

Provoziert wurden solche Fragen insbesondere durch den massiven Stellenabbau, mit dem die Industrie in den letzten Jahren auf ihre schwindende Wettbewerbsfähigkeit reagierte. Die gleichzeitig kontrovers geführte öffentliche Diskussion um das aus den USA kommende Shareholder-Value-Prinzip mit seiner stärkeren Betonung der Aktionärsinteressen gab der vor allem aus Kreisen der Politik und der Gewerkschaften geübten Kritik am Vorgehen der Unternehmen zusätzliche Schärfe.

Schlanke Produktion

Natürlich ist es für viele Beschäftigte eine Katastrophe, ihren Arbeitsplatz zu verlieren und für jeden arbeitswilligen Erwerbslosen frustrierend, sich ein ums andere Mal vergeblich um eine Stelle zu bewerben. Auf der anderen Seite wäre es für jedes Management ein frommer Selbstbetrug, sich und den Mitarbeitern in einer verfahrenen Situation tiefe Einschnitte ersparen zu können. Wie weit Teile der deutschen Industrie zeitweise zurückgefallen waren, offenbarte 1990 auf besonders drastische Weise die MIT-Studie *The Machine that changes the World*. (James P. Womack, Daniel T. Jones und Daniel Roos: *Die zweite Revolution in der Autoindustrie. Konsequenzen aus der weltweiten Studie aus dem Massachusetts Institute of Technology*. Frankfurt, New York: Campus, 1991.) Sie dokumentierte die Überlegenheit der bei *Toyota* entwickelten *Schlanken Produktion* gegenüber der westlichen Art der Fließbandmontage von Automobilen. Die Entwicklungs- und Durchlaufzeiten der japanischen Hersteller waren kürzer, die Produktivität höher, die Fehlerquote deutlich geringer. Gestützt auf ihren Kostenvorteil und das inzwischen erreichte hohe Niveau ihrer Fahrzeugtechnik, wagten die Japaner nach ihrer erfolgreichen Offensive mit Klein- und Mittelklassewagen 1990 den Angriff im oberen Marktsegment. Mit ihren Luxuslimousinen *Lexus* und *Infiniti* zielten *Toyota* und *Nissan* mitten in die Domäne von *Daimler-Benz* und *BMW*.

Die Herausforderung wird angenommen

Deutschlands Autohersteller haben seit dem Schock der japanischen Demütigung eine kaum für möglich gehaltene Vitalität bewiesen.

Traumatisch für die *Daimler*-Manager und ihre Kollegen von *BMW* ist die Erinnerung an das Jahr 1990, als *Toyota* von seinem Luxusmodell *Lexus* in den USA auf Anhieb über 80 000 Stück, fast genauso viel wie die beiden deutschen Oberklasse-Anbieter zusammen, absetzen konnte. Eine doppelseitige Anzeige in führenden US-Magazinen machte das ganze Dilemma der deutschen Hersteller deutlich: Auf der einen Seite prangte ein deutscher Wagen, auf der anderen der vergleichbare *Lexus LS 400* mit sämtlichen Extras serienmäßig in der Standardversion, daneben der kleinere *Lexus LS 300* sowie eine Abbildung des Überschallflugzeuges *Concorde*. Text: »Ein *LS 400*, ein *LS 300* sowie ein Wochenendtrip nach Paris mit Ihrer Frau zum gleichen Preis wie das deutsche Luxus-Produkt.«

Der Hieb saß. Deutschland, das Land, in dem das Auto erfunden wurde, überrundet und abgehängt? Es spricht für die Vitalität der Branche, im Übrigen auch für die Qualität des viel geschmähten Standortes Deutschland, dass sie die Schmach nicht auf sich sitzen ließ und die Herausforderung erfolgreich annahm. Die inzwischen erreichten Erfolge können sich sehen lassen. Alle neuen Modelle und Aggregate haben heute deutlich weniger Teile als früher und lassen sich einfacher fertigen. Gleichzeitig gelang es dem Management, die Herstellungskosten durch intelligentere Produktionsabläufe um 15 bis 25 Prozent zu senken. In etwa gleicher Höhe mussten die Zulieferer ihre Preise zurücknehmen. Die in den Jahren der Umstrukturierung neu errichteten Werke, Opels Fabrik in Eisenach und das Mercedes-Motorenwerk in Stuttgart-Bad Cannstadt, setzten in puncto Wirtschaftlichkeit neue Maßstäbe. Hinzu kamen Verbesserungen der administrativen Abläufe von der Entwicklung über die gesamte Wertschöpfungskette hinweg bis zum Vertrieb. Ergebnis der Radikalkur: Hatten die deutschen Hersteller ihre Produktivität bis dahin lediglich um drei Prozent jährlich steigern können, so erreichten sie dank ihrer Anstrengungen in der Folgezeit Werte zwischen sechs und neun Prozent. Damit konnten sie sogar ihren Rivalen *Toyota* überrunden und die Produktivitätslücke gegenüber Japans Nummer eins verringern.

Ein Jahrzehnt nach dem traumatischen Ereignis der frühen neunziger Jahre hat sich die Situation auf dem weltweiten Automobilmarkt sogar grundlegend verändert. Die japanische Autoindustrie befindet sich, Folge hausgemachter Probleme und der anhaltenden tiefen Rezession des Landes, in einer äußerst prekären Lage. Wer außer *Toyota* als selbständiger Hersteller auf Dauer überleben wird, ist an der Schwelle zum neuen Jahrhundert eine offene Frage. Wenn im Gegensatz dazu die deutschen Hersteller nicht nur Absatz und Gewinne kräftig steigern, sondern auch ihre internationale Präsenz zielstrebig ausbauen konnten, dann nur deshalb, weil sie zuvor ihre Effizienz von der Modellentwicklung über die Produktion bis hin zum Vertrieb deutlich erhöht hatten. Unvorstellbar, dass *Daimler-Benz* schon 1995 die Fusion mit *Chrysler* hätte wagen können, jedenfalls nicht unter den für die Stuttgarter drei Jahre später günstigen Vorzeichen. Erst dank ihrer strukturellen Erneuerung und der dadurch möglichen Wiedergewinnung ihrer alten Ertragsstärke waren sie in der Lage, als tonangebender Partner das Bündnis mit dem drittgrößten amerikanischen Autokonzern zu riskieren. Es entspricht genau dieser Logik, wenn Konzernchef Jürgen Schrempp seinen Aktionären am 27. Mai 1998 über die Etappen seiner Geschäftspolitik berichtete: »Wir haben in einer ersten strategischen Phase unser Portfolio fokussiert. Wir haben dann die Konzernstruktur neu ausgerichtet. Jetzt geht es darum, global profitabel zu wachsen.«

Innovative Produkte und Abläufe

Doch Schrempp fügte sogleich hinzu: »Nicht der Weltmeister im Kostensenken ist derjenige, der im Wettbewerb langfristig erfolgreich sein wird. Nur derjenige wird gewinnen, dem es gelingt, mit innovativen Produkten, Prozessen und Strategien neue Segmente und Märkte zu erschließen sowie ein ausgewogenes Verhältnis von Gewinn und Wachstum zu erzielen.« Undenkbar, dass *Daimler-Benz* ohne eine massive Verbesserung seiner Produktivität 1996 seinen Roadster *SLK* so erfolgreich ins Rennen geschickt hätte. Vor zehn Jahren wäre aus dem schmucken Wagen mit einem Preis, der damals wohl bei kaum weniger als 100 000 Mark gelegen hätte, sicherlich nicht mehr als ein interessantes Nischenprodukt geworden. Nachdem im Herbst 1996 das Modell aber zum Basispreis von knapp

53 000 Mark (Kompressor-Version: knapp 61 000 Mark) auf den Markt gebracht werden konnte, mussten Interessenten mit langen Wartezeiten vertröstet werden. Hätte *VW* seinen *New Beetle* in den USA vor zehn Jahren vorgestellt, wäre er wahrscheinlich ein Flop geworden. Denn vor der Restrukturierung des Konzerns und der Einführung der Kosten sparenden Plattformstrategie (gleiche Komponenten für verschiedene Modelle) wäre er für seine Käuferschicht viel zu teuer geworden. Erst jetzt passt das in Mexiko auf Golf-Basis kostengünstig montierte Käfer-Remake mit einem Verkaufspreis zwischen 15 000 und 16 000 Dollar in den Markt und ist inzwischen in den USA zu einer Art Kultauto geworden.

Nicht allein für die Automobilindustrie bedeutete der in der letzten Rezession sichtbar gewordene Verlust an Wettbewerbsfähigkeit einen heilsamen Schock. Unternehmen quer durch alle Branchen brachten ihre Strukturen in Ordnung. Die Öffentlichkeit nahm davon meist nur Personaleinsparungen wahr. Wenig drang dagegen davon nach außen, was an teilweise dramatischen Anpassungen, etwa durch Einsparung von Hierarchieebenen oder die Abkehr von veralteten Produktionsprozessen, die Produktivität kräftig in die Höhe trieb. So gelang es der *Dasa*, die unter ihrem Dach rund drei Viertel der deutschen Luft- und Raumfahrtindustrie vereinigt, mit ihrer *Wettbewerbsinitiative* zwischen 1995 und 1998 rund 30 Prozent an Kosten zu senken. Sie schuf damit die Voraussetzungen, um selbst bei einem extrem niedrigen Dollarkurs von 1,35 Mark noch Gewinne erwirtschaften zu können. Der starke Wertverlust der amerikanischen Währung (in der Flugzeuge weltweit kontrahiert werden) hatte den Verlust an Konkurrenzfähigkeit des Unternehmens schonungslos offen gelegt. Gerade noch rechtzeitig konnte das *Dasa*-Management mit neuer Kraft in die vor allem durch den weltweiten Orderboom der Fluggesellschaften beim *Airbus* ausgelöste Wachstumsphase starten.

Schrittmacher Informations- und Kommunikationstechnologie

Zu genauerer Ursachenforschung Anlass geben muss die Tatsache, dass die Europäer und mit ihnen die Deutschen auf einem Gebiet be-

sonders stark an Boden verloren haben, auf dem das Innovations-
tempo extrem hoch und der Wettbewerbsdruck entsprechend hart ist:
in der Informations- und Kommunikationtechnologie. Wo Produkte
schon nach kurzer Zeit wieder veraltet sind, wo die Spitzenreiter ihre
gewonnenen Kostenvorteile sofort in Form von Preissenkungen an ihre Kunden weitergeben, lässt sich ein Produktivitätsrückstand nur
schwer wieder aufholen. Wer zwei oder drei Jahre stillsteht, hat in diesem Spiel ohne Grenzen bereits verloren. Das einstige Vorzeigeunternehmen *Nixdorf*, mit seiner mittleren Datentechnik lange Zeit einsa-
mer Hoffnungsträger der deutschen Computerbranche, verlor 1990
seine Unabhängigkeit, weil es den PC-Trend zu spät erkannte und
nicht mehr rechtzeitig umsteuern konnte. In letzter Minute übernahm
Siemens seinen Paderborner Konkurrenten. *Compaq*, einer der heutigen PC-Champions, schaffte 1991/92 den Turnaround gerade noch
einmal. Der an die Stelle des gefeuerten Firmengründers Rod Canion
berufene deutsche Chief Executive Eckhard Pfeiffer riss das Ruder
entschlossen herum und setzte statt auf das bis dahin bediente höhere
Preissegment mit Hilfe eines rigorosen Kostensenkungsprogramms
auf die untere Preisklasse. Schon 1995 konnte *Compaq* seinen Rivalen *IBM* als größter PC-Hersteller der Welt überrunden. 1997/8
schluckte das Unternehmen die Firmen *Tandem Computer* und *Digital Equipment* und avancierte damit zum zweitgrößten Computer-
hersteller der Welt. Ob diese Akquisitionsstrategie aufgehen wird, ist
jedoch noch offen, denkt man nur an den immensen Restrukturie-
rungs- und Integrationsaufwand. Immerhin mussten Pfeiffer und
große Teile des Managements 1999 ihren Hut nehmen – die Ergebnisse waren weit hinter den Erwartungen des Kapitalmarktes zurück-
geblieben.

Dass selbst die stolze *IBM* 1993 in eine tiefe Krise geriet, über
acht Milliarden Dollar Verlust einfuhr, ihren langjährigen Chef John
Aker in Pension schickte und durch dessen Nachfolger Louis Gerst-
ner saniert werden musste, zeigt, dass in der Informations- und
Kommunikations-Industrie nicht einmal die Besten ein Abonnement
auf ewige Spitzenleistungen haben. Die Sieger von heute können ohne weiteres die Verlierer von morgen sein, wie ein Blick auf die Entwicklung der Computerbranche der letzten zehn Jahre zeigt: Von
den Top Ten von 1990 sind nur noch *IBM* und *Hewlett-Packard*

übrig geblieben. Wo jedoch etablierte Unternehmen Schwächen zeigen, entstehen automatisch Chancen für neue, aggressive Herausforderer. Sicherlich sind die Spielregeln auf diesem vom Tempo des technischen Fortschritts besonders stark unter Dampf gehaltenen Markt nicht unbedingt mit den Verhältnissen auf Gebieten mit längeren Produktzyklen zu vergleichen. Man sollte sich jedoch nicht täuschen: Je weiter durch Akquisitionen und Fusionen die Konzentration auf wenige Global Player voranschreitet, je mehr bisher regulierte Bereiche, wie die Telekommunikation oder die Energiewirtschaft in den rauen Wind des Wettbewerbs entlassen werden, desto mehr werden sich auch außerhalb der Informations- und Kommunikations-Technologie die Unternehmen den neuen Gesetzen des Marktes unterwerfen müssen.

Erfolgsstrategien zum Aufholen

Wie muss eine Erfolg versprechende Strategie der deutschen Industrie in diesem Spiel aussehen? Auf keinen Fall darf sie sich aus den Volumenmärkten in scheinbar sichere Produktnischen im vermeintlich profitablen High-end-Sektor zurückziehen. Dies wäre mit Sicherheit tödlich. Denn die unausweichliche Folge wäre, dass Unternehmen mit dieser Strategie in die Zange sinkender Umsätze und steigender Komplexitätskosten gerieten. In die Irre führt auch der häufig unternommene Versuch, Umsatzverluste im Kerngeschäft durch eine übermäßige Verbreiterung der Produktpalette zu kompensieren. Ein so agierendes Unternehmen verzettelt sich und muss diese Strategie mit möglicherweise gravierenden Kostenproblemen bezahlen. Viele wählen diesen Weg deshalb, weil sie glauben, vom teuren Standort Deutschland aus in der Massenproduktion nicht mehr mithalten zu können. Dabei übersehen sie, dass ihre Nachteile weniger in den von ihnen direkt nicht beeinflussbaren Standortkosten als in eigenen Schwächen liegen.

Schon eine erste Analyse eines Problemunternehmens führt meist zu dem Ergebnis, dass die Kostenlücke bis zur Hälfte auf ein nicht fertigungsgerechtes Design und überzogene Komplexität zurückzuführen ist. Die mangelhafte Abstimmung zwischen Entwicklern und Fertigungsleuten und auch die von technikverliebten Ingenieuren an den Marktbedingungen vorbei erdachten, unnötig aufwändigen Produkte, führen zu einer größeren Fehleranfälligkeit und im Ergebnis zu überhöhten Kosten. Ein Viertel des Rückstandes entfällt meist auf ineffiziente Abläufe in der Herstellung, also ebenfalls auf interne Mängel. Nur das letzte Viertel, durchweg zwischen fünf und zehn Prozentpunkte der Kostenlücke, entfallen auf höhere Faktorkosten, in erster Linie Lohn- und Lohnnebenkosten. Diesen verbleibenden Nachteil auszugleichen gelingt guten Unternehmen meist durch überzeugende Produktvorteile, etwa attraktives Design, kundenfreundlichen Service oder die Kraft der eigenen Marke.

Dass man aus eigener Kraft in einem hart umkämpften Massenmarkt auch von Deutschland aus durchaus zu den Besten der Branche aufschließen kann, demonstrierte *Siemens* in seinem Telefonwerk in Bocholt schon Anfang der neunziger Jahre. Innerhalb von drei Jahren wurde aus einer in ihrer Existenz akut gefährdeten Fabrik mit einer im internationalen Vergleich völlig veralteten, an den Bedürfnissen einer regulierten Branche ausgerichteten Produktpalette und einem auf die siebziger Jahre zurückgehenden Produktionsverfahren eine absolut wettbewerbsfähige Produktionsanlage mit Spitzenprodukten wie dem *Gigaset*. Einer der Beteiligten sprach mit aller Deutlichkeit aus, was das »Wunder von Bocholt« bewirkt hatte: »Kein Turnaround funktioniert ohne Innovation. In Bocholt waren mehrere, vollkommen neue, sich an Kundenbedürfnissen orientierende Produktlinien – vom *Signo* bis zum schnurlosen *DECT*-Telefon – und konsequent optimierte Produktionsverfahren kritisch für den nachhaltigen Erfolg.«

Den Vorsprung ausbauen

Zum Verschnaufen bleibt in so hochkompetitiven Märkten jedoch keine Zeit. Nur derjenige bleibt auf Dauer vorn, der permanent Produkte und Prozesse in Frage stellt, ständig restrukturiert und damit in der Lage ist aggressiv zu wachsen. Das abwechslungsreiche Schauspiel von Überhol- und Aufholmanövern wirft die Frage nach dem strategischen Sinn solcher Kraftakte auf. Gewiss ist es beruhigend zu sehen, dass es mit der Methode des Benchmarking, des Sichmessens am jeweils Besten einer Branche, möglich ist, Rückstände durch gezielte Veränderungen von Produkten, Strukturen und Abläufen zu eliminieren. Einen dauerhaften Vorsprung gewinnt ein Anbieter auf diese Weise jedoch nur selten. Denn da sich alle miteinander konkurrierenden Unternehmen ständig beobachten und aneinander anzugleichen versuchen, muss es tendenziell zu einer immer stärkeren Nivellierung kommen. Zu Verbesserungen kommt es dabei nahezu ausschließlich im Rahmen der bekannten Technologie. Selbst noch so konsequent betriebenes Benchmarking kann daher nicht das wirkliche Verbesserungspotenzial, das in einem innovativen Produkt steckt, aktivieren. Es taugt allenfalls zum Aufholen, nicht jedoch zum Überholen.

Diese Einsicht zu missachten, ist in einem Hochlohnland wie Deutschland besonders gefährlich. Denn mit der Zeit werden sich in

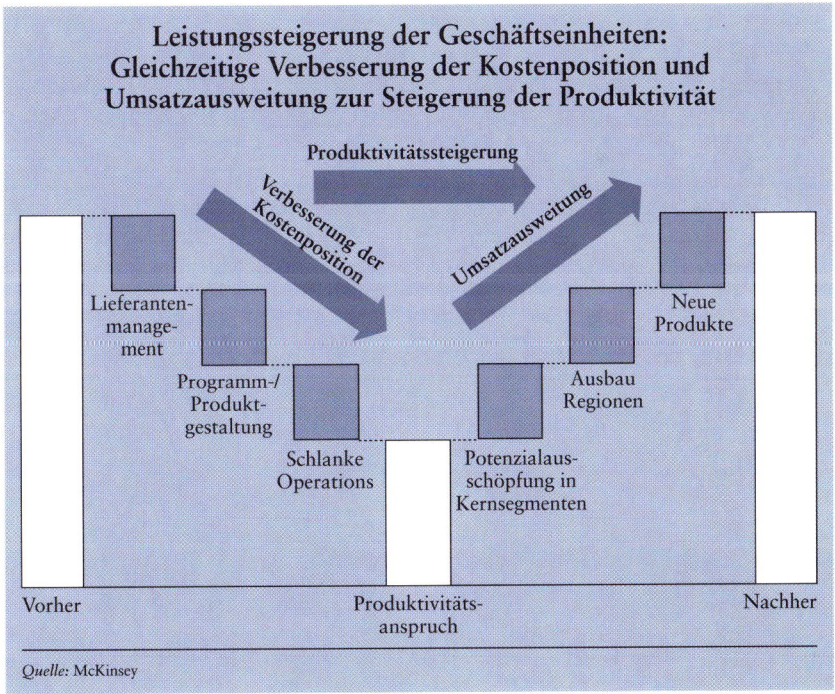

Leistungssteigerung der Geschäftseinheiten:
Gleichzeitige Verbesserung der Kostenposition und
Umsatzausweitung zur Steigerung der Produktivität

Produktivitätssteigerung

Verbesserung der Kostenposition

Umsatzausweitung

Lieferantenmanagement

Programm-/Produktgestaltung

Schlanke Operations

Potenzialausschöpfung in Kernsegmenten

Ausbau Regionen

Neue Produkte

Vorher

Produktivitätsanspruch

Nachher

Quelle: McKinsey

einem solchen Prozess nicht nur die Produktprofile, sondern die Produkte selber immer ähnlicher. Da der Kunde zwischen den Angeboten der einzelnen Hersteller kaum noch signifikante Unterschiede wahrnehmen kann, wird der Wettbewerb zwangsläufig immer stärker über den Preis ausgetragen. Dies führt jedoch automatisch zu einem permanenten Druck auf die Margen. Besonders drastisch lässt sich dieses Phänomen am Preisverfall der meisten Elektronikartikel studieren. Weil deutsche Anbieter ihre vergleichsweise hohen Personalkosten nicht in den Preisen weitergeben können, wandern Arbeitsplätze in Niedriglohnländer aus oder gehen ganz verloren. Gleichzeitig lockt der leichte Zugang zu der dem betreffenden Produkt zugrunde liegenden Technologie neue Wettbewerber, vor allem natürlich in Schwellen- und Entwicklungsländern, auf den Plan – für jedes etablierte Unternehmen eine höchst unangenehme Situation.

Neues Denken

Aus der *Faktorkostenfalle* führt nur ein völlig neues, innovatives Denken heraus. Es konzentriert sich auf die Frage, welcher Abstand zwischen den besten Benchmarks und den *natürlichen Grenzen* noch besteht. In der Ausnutzung des theoretisch Möglichen liegt für jeden Anbieter die Chance, sich vor der Konkurrenz einen Vorsprung zu sichern, der nicht so schnell einholbar ist. Es geht bei dieser Methode nicht mehr nur um die bekannten permanenten kleinen Verbesserungsschritte nach Art des *Kaizen-Prinzips*. Die Orientierung an natürlichen Grenzen beschreibt vielmehr einen revolutionären Ansatz, bei dem nahezu alles Bestehende auf den Prüfstand kommt. Es muss zu einem völligen Neuentwurf kommen. Die Orientierung an natürlichen Grenzen verlangt Mut und Innovationsfähigkeit, weil sie nahezu alles in Frage stellt, was bislang galt. Aber die Mühe lohnt sich. Auch in scheinbar ausgereizten Technologien stecken noch eine Menge Reserven.

Den praktischen Nutzen der ehrgeizigen Methode testeten *McKinsey* und das Institut für Produktionstechnik und spanende Werkzeugmaschinen der Technischen Universität Darmstadt 1997 an einem Bearbeitungszentrum, einer mit mehreren Funktionen ausgestatteten Werkzeugmaschine. Nach der alten goldenen Ingenieurs-regel, dass die beste Maschine diejenige mit den wenigsten beweglichen Teilen ist, reduzierten sie die Anlage zunächst auf ihre unbedingt notwendigen Kernelemente. Getreu der Theorie, dass alles, was sich nicht gegeneinander bewegt, aus einem Stück bestehen kann, kamen die Konstrukteure auf nur noch 31 verschiedene Teile. Um die durch eine so radikale Reduktion auftretenden Fertigungsprobleme und zusätzlichen Kosten zu vermeiden, erhöhten sie anschließend die Teilezahl wieder auf ein technisch-wirtschaftliches Optimum von rund hundert Unterschieds-Teilen – was aber immer noch einem Drittel herkömmlicher Maschinen entsprach. Die Neukonstruktion machte es möglich, die Herstellkosten um 65 Prozent zu senken. Zu einem dadurch wirtschaftlich kalkulierbaren Preis von 80 000 Mark wäre das auf durchschnittliche Ansprüche ausgelegte Bearbeitungszentrum sogar auf den hart umkämpften Massenmärkten Asiens und Amerikas wettbewerbsfähig.

Warum soll, auch wenn es utopisch klingen mag, Ähnliches nicht auch in der Automobilindustrie möglich sein? Knapp 13 000 Mark kostet heute der billigste Kleinwagen, ein Koreaner, auf dem deutschen Markt. Theoretisch ist ein solches Auto mit ausreichender Motorisierung und bescheidenem Komfort schon für 2 500 Mark vorstellbar, ginge man an die natürlichen Grenzen heran. Sicherlich könnte ein solches Modell nicht die üblichen Vertriebskosten tragen. Aber es müsste ja nicht mit teuren TV-Spots beworben, in bester Innenstadtlage ausgestellt und für einige hundert Mark zum Kunden transportiert werden. Warum könnte dieses Fahrzeug nicht über Internet angeboten, vom Kunden per E-Mail bestellt und von ihm am Werkstor in Empfang genommen werden? Und vielleicht ist so ein Konzept auch nicht zuerst in Deutschland, sondern in einem Schwellenland erfolgreich.

Mut zur Konzentration

Gerade die Tugend, Produkte und Prozesse permanent in Frage zu stellen, ständig zu restrukturieren und innovative Wege zu wagen, um damit eine aggressive Wachstumspolitik zu verfolgen, lassen deutsche Unternehmen allzu häufig vermissen. Gering ausgeprägt ist auch ihre Neigung, sich auf ein eng begrenztes, aber zukunftsträchtiges Wachstumsgebiet zu konzentrieren und hier eine internationale Führungsrolle anzustreben. Mit einer an hoch gesteckten Zielen ausgerichteten Siegerstrategie stieß beispielsweise der finnische *Nokia*-Konzern im letzten Jahrzehnt in die Spitzengruppe der Telekommunikationsbranche vor. Lange Zeit eher ein etwas langweiliger Gemischtwarenladen – zum Produktprogramm gehörten unter anderem Hygienepapier, Gummischuhe und Kabel –, setzt das Management seit den achtziger Jahren konsequent auf das boomende Telekommunikationsgeschäft, von dem der Konzern inzwischen zu über 90 Prozent lebt. So war *Nokia* 1999 weltgrößter Hersteller von Mobilfunkgeräten.

Die defensive Politik des internen Risikoausgleichs zu verlassen und auf eine Strategie à la *Nokia* überzugehen verlangt Mut. Denn eines ist klar: Wer auf diesem Wege stolpert, kommt nur schwer wieder auf die Beine. Sprudelnde Ertragsquellen aus anderen Sparten stehen nicht zur Verfügung. Wohl keinem unter Deutschlands Konzernführern dürfte dieses Risiko so bewusst sein wie Jürgen Dormann. Mit dem Verkauf der traditionellen Chemiebasis und der Konzentration aller Kräfte auf den hart umkämpften Markt der *Life Sciences* (Pharma, Tierernährung, Pflanzenschutz) richtete der *Hoechst*-Chef den Konzern seit 1994 völlig neu aus. Auch wenn das Unternehmen nach der Fusion mit *Rhône-Poulenc* zur neuen *Aventis*-Gruppe, gemessen am Umsatz, der größte Pharmahersteller der Welt ist, wird auf Dauer aber nur die Innovationskraft des neuen Riesen, sprich die Anzahl durchschlagender Volltreffer aus einer gut gefüllten Forschungs-Pipeline, über Erfolg oder Misserfolg der neuen Strategie entscheiden.

Dass die Meisterschaft in der Beschränkung liegt, gilt aber nicht nur für die Großindustrie, sondern ebenso für den Mittelstand. Die Firma *Schmitz Cargobull AG* im westfälischen Horstmar, umsatzstärkster deutscher Hersteller von Sattelaufliegern, war 1994 in eine ernsthafte Krise geraten. Um seine in der Rezession unterbeschäftigten Kapazitäten auszulasten hatte das Unternehmen zunehmend Spezialaufträge und Sonderfahrzeuge wie zwangsgelenkte Sattelauflieger für Stahltransporte hereingenommen. Folge des mit der Zeit immer mehr in die Breite gehenden Produktprogramms: ausufernde Kosten, die schließlich dazu führten, dass die Firma selbst in ihren Volumenmärkten nicht mehr wettbewerbsfähig war. Noch rechtzeitig stoppte das Unternehmen die verhängnisvolle Talfahrt, indem es seine Produktpalette konsequent auf das wachsende Segment der Sattelauflieger konzentrierte und die Teile- und Baugruppenvielfalt drastisch reduzierte: Wachstum durch Verzicht wurde zur gelebten Parole und der Erfolg der Kurskorrektur war durchschlagend. Zwischen 1994 und 1998 konnte die Zahl der jährlich produzierten und abgesetzten Fahrzeuge bei unveränderter Kapazität jedes Jahr um mehr als 30 Prozent gesteigert, das Ergebnis sogar verdreifacht werden. Gleichauf mit dem französischen Konkurrenten *General Trailer* war *Schmitz Cargobull* die Nummer eins in Europa. Ähnliche Erfahrungen machten auch andere Mittelständler, wie *Trumpf* (Werkzeugmaschinen), *Stihl* (Motorsägen) und *Kärcher* (Hochdruckreiniger).

Wachstum über drei Horizonte

Ein gesundes Kerngeschäft ist die Voraussetzung jeder erfolgreichen Wachstumsstrategie. Gegen diese eiserne Regel zu verstoßen hat meist schwerwiegende Folgen. So wie das Zusammengehen zweier Kranker noch keinen Gesunden ergibt, so schafft sich derjenige, der aus der Schwäche heraus expandiert und seinen Schwierigkeiten auf diese Weise zu entfliehen sucht, am Ende doppelt so große Probleme. Ein auf wettbewerbsfähigen Strukturen aufbauendes dauerhaft profitables Wachstum wiederum ist, wie eine von *McKinsey* durchgeführte Untersuchung von weltweit 3 000 Großunternehmen ergab, durch eine an drei Horizonten orientierte Innovationspolitik erreichbar. Jenseits des aktuellen Kerngeschäfts müssen dabei die noch im Aufbau befindlichen Aktivitäten von morgen ebenso entwickelt werden wie bereits klar umrissene Optionen von übermorgen. Nur den besten Unternehmen gelingt eine langfristig stabile Innovationspolitik mit der Folge überdurchschnittlicher Wachstumsraten und hoher Kapitalrendite. Ein großer Teil der analysierten Firmen vernachlässigte im trügerischen Vertrauen auf die ungebrochene Zugkraft ihrer Produkte den rechtzeitigen Aufbau neuer Geschäftsfelder oder verzettelte sich umgekehrt auf Kosten seines gegenwärtigen Kerngeschäfts durch die Beschäftigung mit allzu vielen Zukunftsprojekten.

Ein Beispiel dafür, wie ein Unternehmen erfolgreich seine Zukunft plant, liefert *Bertelsmann*. Basis des Unternehmens war nach dem Zweiten Weltkrieg das Buchclub-Geschäft. In einer Zeit, in der die Menschen wenig Geld hatten, um sich teure Bücher zu kaufen, war dies eine echte Innovation, ähnlich wie die von *Rowohlt* mit seiner *rororo*-Reihe der ersten Taschenbücher einige Jahre später. Doch hat die Buchclub-Idee ihren Zenit inzwischen überschritten. Das Produkt liegt im letzten Drittel seines Lebenszyklus und ist, wie Bertelsmann-Aufsichtsratschef Mark Wössner gesteht, ein »mühsames Kerngeschäft« geworden. Mit der Unterhaltungssparte – von Musik und Film über Fernsehen und Hörfunk – steht nach einer Aufbauzeit von etwa 15 Jahren jedoch nunmehr ein Kerngebiet von gleicher Größe wie das Buchgeschäft als Garant für ein weiteres Wachstum zur Verfügung. Und auch für die dritte Phase hat der zweitgrößte Medienkonzern der Welt 1998 Pflöcke eingeschlagen: Mit dem Einstieg ins Internet-Geschäft hat der Konzern ein neues, allerdings auch von zahlreichen – vor allem amerikanischen – Konkurrenten entdecktes Wachstumsfeld angepeilt.

Alle langfristig erfolgreichen Unternehmen werden von einem starken Innovationsmotor angetrieben. Sie stellen hohe Anforderungen an sich und ihre Mitarbeiter. Die entscheidende Frage lautet daher: Wie hoch dürfen anspruchsvolle Wachstumsziele sein? In dem durch den Börsenwert bestimmten Wert eines Unternehmens drücken sich teilweise in extremer Weise langfristige Wachstumserwartungen aus. *Bell Atlantic*, die führende regionale Telefongesellschaft der amerikanischen Ostküste, hatte beispielsweise im März 1999 ein Kurs-/Gewinn-Verhältnis von 28. Dies bedeutet, dass die *Bell*-Aktionäre in den kommenden vier Jahren einen Gewinnanstieg von acht Prozent und danach von durchschnittlich vier Prozent erwarten. Mit anderen Worten: Über 82 Prozent des Shareholder Value sind vom langfristigen Gewinnpotenzial getragen, also von künftigen Ideen und Konzepten, die das Unternehmen erst noch erarbeiten muss. Noch wesentlich dramatischer sieht die »Zukunftskomponente« im

Unternehmenswert bei Firmen wie dem englischen Mobilfunkanbieter *Vodafone* oder Internet-Spezialisten wie den Amerikanern *AOL* und *Yahoo!* aus, deren langfristige Gewinnerwartungen zwischen 92 und 99 Prozent des Shareholder Value ausmachen. Die Frage, die sich für jedes dieser Unternehmen stellt, lautet: Was steckt in seiner viel zitierten Innovations-Pipeline, um diese Wachstumserwartungen erfüllen zu können? Wie viele Ideen, neue Produkte und ganz neue Geschäfte oder gar Geschäftsfelder? Die Trefferquoten gehen von Branche zu Branche weit auseinander. So sind beispielsweise in der Pharmaindustrie zehnmal so viele F&E-Projekte für ein erfolgreiches neues Medikament (Faustformel: 1000:1) wie in Elektronikunternehmen (100:1) erforderlich. In der Telekommunikation, in der Medienbranche, bei Software (10:1) und im Handel – zum Beispiel durch neue Formate – ist der Druck auf das Management ähnlich groß.

Vor diesem Hintergrund muss sich jedes Unternehmen selbstkritisch prüfen, ob es über sein gegenwärtiges Kerngeschäft hinaus genügend Produktkonzepte für die Horizonte zwei und drei besitzt. Davon hängt nicht nur die Entwicklung des jeweiligen Unternehmenswertes ab, sondern ein Nicht-Vermögen kann, speziell in hochkompetitiven Märkten mit starken technologischen Veränderungen, einen Anbieter im schlimmsten Fall aus dem Rennen werfen.

Weltklasse im Kerngeschäft als Voraussetzung für Innovation

1. Stellen Sie sich dem Leistungsvergleich. Langfristig kann sich niemand in Nischensegmenten ausruhen und der Notwendigkeit zur Restrukturierung entziehen.

2. Messen Sie sich an den Besten. Erkennen Sie die Produktivitätslücke durch systematische Produktvergleiche und Benchmarking und starten Sie Aufholprogramme.

3. Setzen Sie Maßstäbe. Richten Sie Produkt- und Prozessdesign auf Kernkosten, Kernzeiten, Kernqualitäten und Kernkomplexität aus.

Auf Wachtum setzen und systematisch alle Hebel nutzen

4. Denken Sie global. Sichern Sie Wachtum durch stärkere Penetration bestehender Märkte und Bereitschaft zu Globalisierung.

5. Planen Sie Wachstumsoptionen. Nur das gleichzeitige Management von Wachtumschancen über die drei Reifegrade – Kerngeschäft, neue Wachtumsgeschäfte und Zukunftsoptionen – schafft ein ausgeglichenes Portfolio.

6. Wettbewerbsvorteile sind temporär. Selbst bei Kerngeschäften mit Weltklasse-Performance entstehen nachhaltige Vorteile nur durch permanente Innovationen.

7. Schaffen Sie die organisatorischen Voraussetzungen. Kommunizieren Sie Fokus und Ziel Ihrer Strategie klar.

Alles auf eine Karte

Das Abenteuer Aventis

Bridgewater ist ein Städtchen von dreißigtausend Einwohnern etwa auf halbem Weg zwischen Princeton und New York. In der idyllischen Landschaft New Jerseys, wo die Konzentration an Pharmaherstellern und ihren Forschungseinrichtungen größer als in irgendeiner anderen Region auf der Welt ist, hat die Firma *Hoechst Marion Roussel (HMR)* ihre weltweite Schaltzentrale eingerichtet. Hier sind alle Funktionen an einem Ort vereinigt, die für die Entwicklung, Zulassung und Vermarktung eines globalen Produkts entscheidend sind. Auf den Büro-Campus des »*Global Drug Development Centers*« strömen jeden Morgen über 500 Mitarbeiter – zumeist Amerikaner, Deutsche, Franzosen. Von hier aus werden für die in den Forschungslabors der Gruppe entwickelten Medikamente die großen klinischen Prüfungen koordiniert, die sich daran anschließenden Zulassungsverfahren sowie die Markteinführung weltweit vorbereitet.

Die 1999 vollzogene Fusion zwischen dem deutschen Unternehmen *Hoechst Marion Roussel* und der französischen Pharmafirma *Rhône-Poulenc Rorer* zur *Aventis*-Gruppe war der vorerst letzte Akt eines Konzernumbaus, wie er in seiner Radikalität seinesgleichen sucht – jedenfalls in der deutschen Großindustrie. Innerhalb von nur fünf Jahren wurde aus der *Hoechst AG*, einem der drei führenden Chemiekonzerne des Landes, ein auf die Gebiete Pharma und Pflanzenschutz konzentrierter *Life Science*-Anbieter. Ein solches Projekt wäre in einem ansonsten ruhigen Umfeld schon ehrgeizig und riskant genug gewesen. Die Metamorphose eines 136 Jahre alten Traditionskonzerns spielt sich jedoch auf einem Markt ab, der gegenwärtig und vermutlich noch auf absehbare Zeit durch eine starke Unternehmens-Konzentration gekennzeichnet ist. Als wäre dies noch nicht genug, muss *Hoechst* bei dieser Rosskur gleichzeitig auch noch erhebliche Rückstände bei Produktivität und Innovationskraft aufholen.

Als Jürgen Dormann am 26. April 1994 den Vorstandsvorsitz übernahm, erzielte *Hoechst* im Geschäftsfeld »Gesundheit« 24 Prozent seines Konzernumsatzes. Der Löwenanteil entfiel auf Chemikalien (27 Prozent), Fasern (15 Prozent) sowie Kunststoffe, Folien und Lacke (14 Prozent). Schon kurz nach seinem Amtsantritt wurde erkennbar, dass der erste Nicht-Chemiker an der Konzernspitze eine grundlegende Neuorientierung plante. Was 1995 mit dem Kauf des US-Konkurrenten *Marion Merrell Dow* für 7,1 Milliarden Dollar zunächst nur als wichtiger Schritt auf dem Wege zu einer Konzentration auf wenige Kerngeschäfte aussah, sollte sich schon bald als Beginn einer Totaloperation erweisen.

Dem vormaligen Finanzchef Dormann war nur allzu bewusst, dass sich der Konzern auf einer abschüssigen Bahn bewegte. Während der durch preisaggressive Konkurrenten vor allem aus Asien und Osteuropa verschärfte Wettbewerb bei Kunststoffen, Fasern und anderen zyklischen Massenprodukten die Margen immer stärker unter Druck setzte, verlor *Hoechst* im Hightech-Segment Pharma mit seinen vergleichsweise guten Renditen permanent an Boden. Aus dieser Falle konnte sich das Unternehmen nur durch eine klare Richtungsentscheidung befreien. Während es zunächst noch so schien, als wollten die Hoechster neben der Gesundheitssparte ihr um Randaktivitäten bereinigtes Chemiegeschäft fortführen, überraschten sie Mitte 1997 Mitarbeiter und Öffentlichkeit mit der Ankündigung, sich von ihren chemischen Aktivitäten vollständig zu trennen und ganz auf die Wachstumsbranche *Life Sciences* zu konzentrieren.

Für einen stets von Chemikern geführten Chemiekonzern bedeutete dies einen äußerst mutigen Schritt. Dabei war der Entschluss, sich von über zwei Dritteln der industriellen Basis zurückzuziehen, für sich allein schon ungewöhnlich genug – zumal in einer für die Chemie zu dieser Zeit äußerst günstigen Konjunkturphase. Noch gewagter musste es aber erscheinen, stattdessen voll auf eine Sparte zu setzen, in der die Schwächen des Unternehmens im Vergleich zu den Besten der Branche offen zutage lagen. Noch Anfang der achtziger Jahre war *Hoechst* der – am Umsatz gemessen – größte Hersteller von Arzneimitteln auf der Welt. Ohne die Übernahme von *Marion Merrell Dow* und der restlichen Anteile der französischen Beteiligungsfirma *Roussel Uclaf* (1997) würde der Konzern mittlerweile nicht einmal mehr zur Gruppe der »Top 20« gehören. Gegen die herrschende Lehre, seine Aktivitäten auf jene Bereiche zu konzentrieren, wo man weltweit zur Spitze gehört, setzten die Hoechster auf einen Markt, auf dem sie unter »ferner liefen« rangierten.

Dieser Abstieg war zum Teil Folge der anhaltenden Konzentration – in kaum einer anderen Branche wurde in den vergangenen Jahren so viel akquiriert und fusioniert. Das Verschwinden der Deutschen aus der Spitzengruppe ist aber auch das Ergebnis eigener Fehler und Versäumnisse.

Auf der Bilanzpressekonferenz der *Hoechst Marion Roussel AG* 1998 legte ihr Vorstandsvorsitzender Richard Markham den Finger schonungslos auf die Wunde: »Im Vergleich mit unseren Wettbewerbern ist unser Sortiment überaltert – und es enthält mehr Produkte, deren Patentschutz abgelaufen ist. Unser Sortiment ist zudem fragmentiert. Nur eines unserer Produkte trägt mehr als zehn Prozent zum gesamten Umsatz bei. Die zehn wichtigsten Produkte machen nur 40 Prozent des Umsatzes aus. Bei unseren wichtigsten Wettbewerbern erreicht dieser Anteil bis zu 80 Prozent. Nur ein kleiner Teil unserer Umsatzerlöse stammt aus dem Verkauf von global vermarkteten Produkten. Die meisten unserer Produkte werden nur in wenigen Ländern oder Regionen vertrieben.«

Der von *Marion Merrell Dow* an die Spitze der gesamten Pharma-Aktivitäten berufene Amerikaner konnte sich nicht den Hinweis verkneifen, dass der Börsenwert so exzellenter Pharmahersteller wie der US-Firmen *Merck* und *Pfizer* um ein Mehrfaches über den 40 bis 45 Milliarden Mark des *Hoechst*-Konzerns inklusive seines Chemiegeschäfts liege – ein deutlicher Beleg für einen erheblichen Vorsprung bei Produktivität und Rendite.

Dass sich international operierende Großunternehmen von Teilen ihrer traditionellen Basis trennen, um sich ganz auf einen bereits bestehenden oder völlig neuen Geschäftsbereich zu konzentrieren, kommt immer wieder einmal vor – wenngleich nicht gerade oft in Deutschland. In den USA beispielsweise kündigte der Chemiekonzern *Monsanto* 1996 an, sich von einem Großteil seiner bisherigen Produktbereiche zu verabschieden und sich stattdessen ausschließlich in der landwirtschaftlichen Biotechnologie sowie auf den Gebieten Nahrungsmittel und Pharmazeutik zu betätigen.

Ähnlich konsequent richtete der durch die Potenzpille *Viagra* weltweit bekannte New Yorker Pharmakonzern *Pfizer* sein Produktportfolio auf innovative Arzneimittel aus. Das 1849 von dem nach Amerika ausgewanderten Schwaben Charles Pfizer als Chemiefabrik gegründete Unternehmen, unter anderem einst weltweit führender Hersteller von Zitronensäure, liquidierte oder verkaufte zwischen 1988 und 1993 die letzten 14 nicht zum Pharmabereich gehörenden Geschäftsbereiche.

Unter seinem heutigen Chef William C. Steere jr., der massiv in Forschung und Marketing investierte, entwickelte sich *Pfizer* zum Star der Branche. Noch vor 15 Jahren wurde die Firma etwas mitleidig als Übernahmekandidat gehandelt – inzwischen hat der vom einfachen Verkaufsrepräsentanten zur Führungsspitze aufgestiegene Stanford-Biologe öffentlich das Ziel vorgegeben, bis zum Jahre 2001 der umsatzstärkste Pharmaproduzent der Welt zu werden. Die nach einhelliger Branchenansicht bestens gefüllte Forschungs-Pipeline lässt diese Perspektive als durchaus realistisch erscheinen.

Im Unterschied zu *Hoechst* schaffte *Pfizer* seinen Aufstieg in die obersten Ränge der Pharma-Weltliga ohne spektakuläre Firmenkäufe oder Fusionen. Darin liegt sicherlich ein Vorteil, erspart es dem Management schließlich die bei Zusammenschlüssen oft unterschätzte Aufgabe, unterschiedliche Firmen mit gewachsenen individuellen Kulturen zu einer Einheit zu verschmelzen – und dies, wie im Falle *Hoechst*, auch noch über nationale Grenzen hinweg. Die Zeit, sich aus eigenem Wachstum »aus dem Keller« zu befreien und einer der führenden internationalen Anbieter zu werden, hätte *Hoechst* jedoch kaum gehabt. Dazu fehlte dem Konzern allein auf dem sowohl von der Größe und dem Ertragsniveau als auch von seinem wissenschaftlich-technologischen Umfeld wichtigsten Pharmamarkt, den USA, (Anteil am Weltumsatz: 40 Prozent) mit seinerzeit rund einem Prozent Marktanteil die erforderliche Schwungmasse.

Wer wie *Hoechst* nicht nur ein Nischenspieler sein will, sondern den Anspruch erhebt, auf den wichtigsten Therapiegebieten mit innovativen verschreibungspflichtigen Medikamenten vertreten zu sein, braucht allein wegen der hierzu notwendigen Forschungsaufwendungen eine bestimmte »kritische Größe«. Wer diese Voraussetzung nicht erfüllt, hat im Rennen um einen der vorderen Plätze in diesem globalen Geschäft keine Chance. Das liegt vor allem an der ungünstigen Trefferquote, durch die sich die Pharmabranche von fast allen anderen naturwissenschaftlich geprägten Industrien unterscheidet. Bringt etwa ein Automobilhersteller in einer seiner Baureihen ein neues Modell auf den Markt, so ist das Risiko, dass es ein totaler Flop wird, einigermaßen beherrschbar. Ein über zehn oder zwölf Jahre entwickeltes Medikament hingegen kann, nachdem es bereits mehrere hundert Millionen Mark an Forschungs- und Entwicklungsgeld verschlungen hat, noch kurz vor der Zulassung »sterben«, weil die erzielte Wirksamkeit nicht ausreicht oder gesundheitsgefährdende Nebenwirkungen auftreten.

Selbst die besten Hersteller müssen, wie zahlreiche Beispiele belegen, damit rechnen, dass immer wieder einmal eines ihrer gerade erst mit großen Hoffnungen eingeführten Präparate ins Gerede kommt und vom Markt genommen werden muss. Ein erfolgreich eingeführtes Medikament »trägt« inzwischen Kosten für F&E von 500 Millionen Dollar – Tendenz weiter steigend.

Die Spielregeln dieses Marktes zwingen somit jeden der auf einen der vorderen Plätze fixierten Anbieter zur Erfüllung ganz bestimmter Voraussetzungen. Bei einem branchenüblichen Anteil der Forschungs- und Entwicklungskosten von 15 bis 17 Prozent vom Umsatz muss er, um auf den einzelnen Therapiegebieten genügend neue Wirkstoffe durch seine Produkt-Pipeline schleusen zu können, mindestens zehn bis fünfzehn Milliarden Mark umsetzen. Nur dann lassen sich die 1,5 bis 2 Milliarden Mark aufbringen, die Forschung und klinische Prüfung pro Jahr verschlingen. Entscheidend ist, dass er über genügend Präparate verfügt, die noch unter Patentschutz stehen und damit eine solide Rendite garantieren. Nach Ende der Patentlaufzeit dauert es vor allem bei umsatzstarken Arzneimitteln im Allgemeinen nicht lange, bis der erste Generikahersteller mit einem wesentlich billigeren Nachahmerprodukt zur Stelle ist. Es ist keinesfalls selten, dass der Originalhersteller bei einem solchen Präparat innerhalb eines Jahres einen Gewinneinbruch um 80 Prozent erleidet.

Dass diese Gesetzmäßigkeiten wie eine *Innovationspeitsche* wirken, liegt auf der Hand. Dabei spielt der Wettbewerbsfaktor »Zeit« nicht nur wegen einer möglichst langen Nutzung des Patentschutzes eine immer größere Rolle. Da nahezu alle führenden Pharmahersteller der Welt an Therapien gegen dieselben stark verbreiteten Krankheiten arbeiten, kommt es darauf an, möglichst als Erster oder zumindest als Zweiter mit einem neuen Medikament auf dem Markt zu sein. Schon der Dritte verdient mit seinem Präparat, wenn es gegenüber den anderen nicht signifikante Vorteile aufweist, in vielen Fällen nur noch einen Bruchteil dessen, was der Erste in seine Scheuer fährt. Der Vierte oder Fünfte geht völlig leer aus.

»Der Arzt, der seine Patienten gerade auf ein bestimmtes Präparat eingestellt und damit seine Erfahrungen gesammelt hat, fragt sich, warum er es wieder wechseln soll«, beschreibt Günther Wess, Forschungschef der *Hoechst Marion Roussel Deutschland GmbH*, das Dilemma der Verfolger. Vor allem zwingt der schärfer gewordene Konkurrenzkampf alle Anbieter, neue Medikamente nahezu zeitgleich in den Hauptmärkten USA, Europa und Japan einzuführen. Nur dann nämlich haben sie die Chance, mit Produktneuheiten in kurzer Zeit auf Jahresumsätze von einer Milliarde Mark und mehr zu kommen.

Der Zwang zu einem synchronen Vorgehen hat dazu geführt, dass sich auch Europas Hersteller immer stärker an der amerikanischen Zulassungsbehörde *Food and Drug Administration (FDA)* orientieren. Wie *Wall Street* bei den Börsen oder die *Fed* bei den Notenbanken, so besitzt auch die *FDA* eine Art Leitfunktion. Ihre Anforderungen an Qualität und klinische Prüfung gelten als die weltweit strengsten. Wer die FDA-Hürde genommen hat, braucht sich im Allgemeinen keine Sorgen zu machen, mit der Zulassung in einem anderen Land zu scheitern. Obendrein gilt sie als sehr kooperativ, was für Pharmahersteller vor allem bei der Ausarbeitung von Plänen für die klinische Prüfung neuer Medikamente von Vorteil sein kann. Für *Hoechst* war dies einer der Gründe, sein bis zur weltweiten Steuerung der Zulassungsverfahren verantwortliches Innovationszentrum in Bridgewater zu stationieren.

Für die Hoechster kam es bei ihrer neuen Strategie nicht allein darauf an, neue Medikamente mit großem Umsatzpotenzial herauszubringen. Parallel dazu mussten sie den ineffizienten Wertschöpfungsprozess, angefangen von der Suche nach neuen *Targets* (Wirkmechanismen im menschlichen Körper für einen therapeutischen Ansatz) und einer dazu passenden neuen Leitsubstanz bis hin zur Vermarktung des daraus entwickelten Medikaments optimieren. Traditionell vollzog sich dieser Vorgang in einer Kette einzelner aufeinander folgender Schritte. Die Folge war, dass viele Ideen, die die an der langen Leine geführten Forscher ihren Entwicklern präsentierten, irgendwo auf dem Wege zu einem neuen Arzneimittel stecken blieben.

Eine der Hauptschwächen von *Hoechst* war, dass viele Erfolg versprechende Ansätze für neue Medikamente in einem bereits fortgeschrittenen Stadium nicht mehr weiterverfolgt wurden. Bis zur Markteinführung eines innovativen Medikaments gingen, wie in anderen Unternehmen auch, zehn bis fünfzehn Jahre ins Land. Einen solchen Luxus kann sich heute kein Pharmahersteller mehr leisten. Auf sechs bis maximal neun Jahre wollen Richard Markham und sein Forschungschef Frank Douglas deshalb die Dauer bis zur Markteinführung reduzieren.

Zur Erreichung dieses Ziels treibt *HMR* seine Produktinnovationen auf einer sich überlappenden Prozesskette voran, in der verschiedene Funktionen simultan in interdisziplinär besetzten Projekt-Teams wahrgenommen werden. »Um Barrieren wegzuräumen« (Richard Markham) vereinigten die Hoechster Pharmamanager die bis 1997 getrennten Bereiche Forschung und Entwicklung in einer gemeinsamen Einheit *Arzneimittel-Innovation und Zulassung*. Bereits in den Forschungsteams, die ein Projekt betreuen, arbeiten Kollegen aus der Produktion und dem Pharma-Marketing mit.

Mit hoher Priorität versehene Präparate werden von Bridgewater aus von so genannten *Fast Cycle Teams* im Eiltempo über die Hürden gebracht. Die mit besonderen Vollmachten und finanziellen Ressourcen ausgestatteten Gruppen treten immer dann in Aktion, wenn ein Medikament aus bestimmten strategischen Gründen ohne Zeitverzögerung in den Markt soll.

Vorfahrt erhielt beispielsweise das Herzmittel Cariporid, weil die Darmstädter Firma *Merck* den Vorsprung der Hoechster mit einem Konkurrenzprodukt aufzuholen drohte. Ihr neues lang wirkendes *Insulin Glargin* gegen Diabetes schickten die *HMR*-Marketingmanager auf die Überholspur, um möglichst schnell aus ihrer bisherigen Rolle als regionaler Anbieter mit einem Weltmarktanteil von nur acht Prozent in die Position eines »Globalisten« vorzustoßen und damit den beiden führenden Herstellern *Novo Nordisk* und *Eli Lilly* (jeweils über 40 Prozent Marktanteil) Konkurrenz zu machen.

So viel Produktivitätsreserven in der Veredelung eines innovativen Wirkstoffs zu einem Medikament auch noch stecken mögen – entschieden wird der Ausleseprozess in der Pharmaindustrie in der Forschung. Die Frage ist, ob die Innovationskraft ausreicht, um die Produkt-Pipeline kontinuierlich so gut zu füllen, dass am Ende die für das angestrebte Wachstum notwendigen neuen Medikamente herauskommen. »Der eigentliche Unterschied zwischen erfolgreichen und erfolglosen Firmen könnte in der Qualität und der Zahl der neuartigen Produkte liegen, die pro Jahr für die Entwicklung bereitgestellt werden«, schreibt Jürgen Drews, bis 1997 Leiter der Globalen Forschung des Schweizer Pharmakonzerns *Hoffmann-La Roche*, in seinem Buch *Die verspielte Zukunft*.

In der Tat sinkt die Zahl der von den führenden Anbietern herausgebrachten innovativen Medikamente seit Jahren permanent. Die Wahrscheinlichkeit, dass sich dieser Trend in den nächsten Jahren deutlich umkehrt, ist gering. Die Zahl der erfolgreichen Pharmafirmen wird daher, wie Drews voraussagt, weiter sinken. Das bedeutet jedoch nicht, dass es nicht einige wenige schaffen, Jahr für Jahr fünf bis sechs neue Arzneimittel erfolgreich in den Markt zu bringen, während sie heute bereits mit einem bis zwei an die Grenzen ihrer Forschungs- und Entwicklungskapazität stoßen.

Für die neue *Aventis*-Gruppe, die nach den Worten Richard Markhams »am Vorabend des 21. Jahrhunderts« auf die »Kernstrategie Innovation« setzt, bedeutet diese Herausforderung einen radikalen Bruch mit althergebrachten Praktiken. Das alte Motto »Forschung machen und dann wird sich schon etwas ergeben« (Forschungsmanager Günter Wess) ist passee; »Erkenntnisse aus Forschung und Wissenschaft aufzunehmen und in Produkte umzuwandeln« lautet heute der Auftrag an das Innovations-Management oder, mit den Worten von *HMR*-Forschungschef Frank Douglas, »Forschung mit dem Ziel im Kopf«. Die Forschungsleiter werden in erster Linie daran gemessen, inwieweit es ihnen gelingt, für den nötigen schöpferischen Nachschub an produkttauglichen Ideen zu sorgen – gleichgültig ob sie in den eigenen Labors entwickelt wurden oder von außen, vor allem von kreativen Biotech-Firmen, kommen. Alle führenden Pharmahersteller wissen um den begrenzten Nachschub aus ihren eigenen Forschungsabteilungen und stützen sich daher immer mehr auf Kooperationen mit innovativen Partnern. Diesen fehlen das Geld und das nötige Know-how, um die Entwicklung und Vermarktung der von ihnen identifizierten Substanzen selber in die Hand zu nehmen.

Fast 20 Prozent ihres Forschungsbudgets verwenden die *HMR*-Manager bereits auf strategische Allianzen mit jungen Unternehmen aus der Biotech-Szene und es könnten bald mehr werden. Schon ist in Kreisen der Biotech-Szene die Prognose zu hören, dass sich die Pharmafirmen früher oder später auf ihre Kernkompetenzen Klinische Prüfungen, Zulassung, Produktion und Marketing konzentrieren und den Selektionsprozess Erfolg versprechender Substanzen unabhängigen Spezialisten überlassen.

Denn aus der Gründerszene kommen eine Reihe bahnbrechender Technologien, mit deren Hilfe die etablierten Pharmahersteller ihre Innovationslücke schließen könnten. Die erst Anfang der neunziger Jahre entwickelte *kombinatorische Chemie* erlaubt es, in kürzester Zeit zahllose Molekül-Varianten zu synthetisieren. Mithilfe des so genannten *Hochdurchsatz-Screenings* prüfen in vollautomatischen

Testverfahren Roboter heute bereits an einem einzigen Tag zehntausend und mehr Substanzen auf ihre pharmakologische Wirkung. Noch nachhaltiger dürfte die Entschlüsselung des menschlichen Genoms mit vielleicht 100 000 Genen die Pharmaforschung revolutionieren. Die Bestimmung von Zielorten in der Erbinformation des Menschen, die neue Ansätze für die Behandlung von Krankheiten bieten, wird die Zahl der bisher erforschten Targets um ein Vielfaches übertreffen. In einem Joint-Venture mit der amerikanischen Biotech-Firma *ARIAD Pharmaceuticals* eröffneten die Hoechster bereits 1997 ein Genom-Center in Cambridge/Massachusetts und in Eigenregie ein weiteres Zentrum am Biotech-Standort München/Martinsried.

Kann *Hoechst*, »dieser etwas verkrustete, introvertierte Laden« (so Jürgen Dormann 1997 in einem »Spiegel«-Interview), schaffen, was ihm sein Vorstandsvorsitzender als Ziel vorgegeben hat? Als wäre die »Runderneuerung« nicht schon schwer genug, muss *Hoechst Marion Roussel*, nachdem seine drei Einzelteile gerade erst einigermaßen zusammengewachsen sind, in den kommenden Jahren auch noch die Fusion mit *Rhône-Poulenc Rorer* organisatorisch, vor allem jedoch auch kulturell verkraften. Die objektiven Voraussetzungen, sich nachhaltig in der Spitzengruppe der Weltpharmaindustrie zu etablieren, sind gut: Den addierten Umsätzen von *HMR* und *Rhône-Poulenc Rorer* nach hätte die neue *Aventis* 1998 hinter dem US-Primus *Merck* Platz zwei belegt, ihrem Budget für Forschung und Entwicklung nach sogar den ersten Rang.

Doch Innovationen stellen sich nicht auf Knopfdruck ein. Die Ursprünge für den bemerkenswerten Aufstieg von *Pfizer* zum viel bewunderten Branchenstar liegen weit zurück in den achtziger Jahren, als das Unternehmen seine erfolgreiche Forschungsoffensive startete. Noch ist die Hoechster Pipeline von einer prall gefüllten »Wundertüte« weit entfernt. Nicht zu vergessen: Die neue Formation bildet sich »am Anfang eines weltweit ablaufenden Ausleseprozesses, an dessen Ende etwa ein Dutzend global operierender Konzerne den Markt anführen werden«, so die Einschätzung von Robert Geursen, dem Leiter der Abteilung *Health Care Policy* bei *HMR*. Ob das Abenteuer *Aventis*, eines der sicherlich spektakulärsten Erneuerungs-Projekte der deutschen Großindustrie, in dieser Phase dramatischer Marktveränderungen letztlich zu einem Erfolg führt, wird man deshalb wohl erst in fünf bis zehn Jahren wissen.

Kapitel 6

Zu wenig Grün aus alten Stämmen

Wie man mehr Kreativität in großen Unternehmen freisetzt

»Wenn *Siemens* wüsste, was *Siemens* weiß!« Jeder Mitarbeiter hat diesen Stoßseufzer schon einmal gehört, wobei sich der Firmenname beliebig austauschen ließe. Das Phänomen ist fast überall dasselbe – je größer Unternehmen sind, desto verbreiteter ist es. Da entwickeln kreative Tüftler an irgendeiner Stelle der Firma interessante Geschäftsideen, eine viel versprechende Technologie oder gar ein neues Produkt. Und dann? Meist bleibt der kluge Einfall im Kopf des Betreffenden oder er landet in der Schublade seines Vorgesetzten. Niemand erfährt etwas davon, dass an irgendeiner Stelle des Unternehmens ein vielleicht genialer Gedanke geboren wurde – wen wunderts, dass keiner etwas daraus macht.

Jedes Topmanagement weiß um dieses brachliegende Potenzial. Lange Zeit – die Unternehmen waren verwöhnt durch hohe Wachstumsraten in ihren Kerngeschäften – beunruhigte dies niemanden sonderlich. Doch nachdem der Wettbewerbsdruck zunahm und die meisten Unternehmen massive Kostensparprogramme hinter sich gebracht haben, besinnen sie sich vielfach wieder auf die eigentlichen Wurzeln ihres langfristigen Erfolgs und diese liegen nun einmal vor allem in ihrer Innovationskraft. Dass es aus alten Stämmen recht spärlich grünt und das wirklich Neue stattdessen immer mehr von jungen Unternehmen kommt, muss sie nachdenklich stimmen. In Zeiten des Shareholder-Value-Denkens werden sie mit der Tatsache konfrontiert, dass Analysten und institutionelle Anleger immer gezielter auf die Entwicklungs-Pipeline blicken, nicht nur in der Pharmaindustrie, wo dieser Begriff auch jedem Börsianer flüssig über die Lippen kommt.

Inzwischen richtet sich die Börsenbewertung vor allem in technologiegetriebenen Branchen sehr viel stärker nach ihren langfristigen (mehr als fünf Jahre) Wachstumserwartungen als nach ihren kurzfristigen Gewinnprognosen. Im Telekom-Geschäft beispielsweise liegt dieser Anteil heute bei ca. 90 Prozent, bei einigen Internet- und Biotechnologie-Firmen sogar bei annähernd hundert Prozent. *Cisco*, ein 1984 im Silicon Valley von ein paar Informatikern der Stanford University gegründeter Anbieter modernster Datennetztechnologien, rangiert an der Wall Street in der Rangskala der teuersten Unternehmen mittlerweile – noch vor so renommierten Großkonzernen wie *Boeing* und *General Motors* – an Nummer drei. Im Extremfall können Newcomer wie etwa *Amazon.com*, *Yahoo!* oder *VerticalNet* Schwindel erregende Wertsteigerungen bis zu mehreren Milliarden Mark erzielen, ohne bisher auch nur einen einzigen Pfennig Gewinn ausgewiesen zu haben. Aus gutem Grund kreisen deshalb die Gedanken in den Führungsetagen auch eher bodenständiger Unternehmen um die Frage, wie man es schaffen könnte, dem Neuen den Weg zum Erfolg zu ebnen.

Innovationsoffensiven

Um für jeden sichtbar zu signalisieren, an welcher Stelle sich die Zukunft entscheidet, haben namhafte Konzerne regelrechte Innovationsoffensiven gestartet. Mit einer internen Kampagne sucht beispielsweise der amerikanische Pharmahersteller *Johnson & Johnson* seine 80 000 Mitarbeiter zu mobilisieren. Ein aus Experten gebildetes *Committee on Science and Technology* hält ständigen Kontakt zu führenden Universitäten und Denkfabriken, um neue Trends und Technologien frühzeitig aufzuspüren und sie an passender Stelle im Unternehmen einzusetzen. Der amerikanische Klebe- und Folienkonzern *3M*, der nach eigenem Bekunden gerne die innovativste Firma werden möchte, verleiht jedes Jahr zwischen 40 bis 75 *Golden Step Awards* an Mitarbeiterteams, die ein neues Produkt mit mindestens acht Millionen Dollar Umsatz hervorgebracht haben.

In vielen Großunternehmen, auch in Deutschland, stecken die Ver-

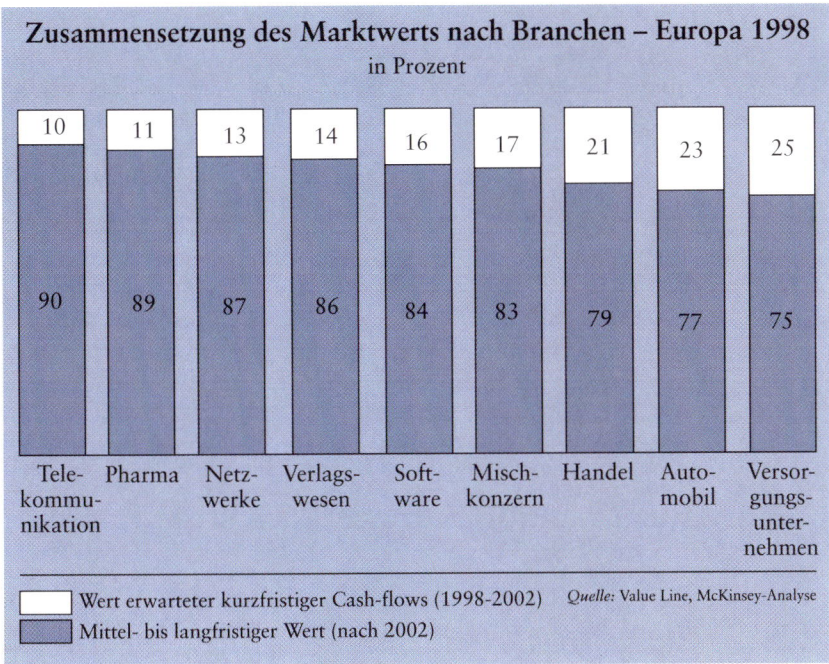

Zusammensetzung des Marktwerts nach Branchen – Europa 1998
in Prozent

10	11	13	14	16	17	21	23	25
90	89	87	86	84	83	79	77	75
Tele-kommu-nikation	Pharma	Netz-werke	Verlags-wesen	Soft-ware	Misch-konzern	Handel	Auto-mobil	Versor-gungs-unter-nehmen

☐ Wert erwarteter kurzfristiger Cash-flows (1998-2002) *Quelle:* Value Line, McKinsey-Analyse
▨ Mittel- bis langfristiger Wert (nach 2002)

suche, ein innovatives Klima zu schaffen, allerdings noch in den Kinderschuhen. Ihre Innovationsschwäche hat ihren Grund vor allem in einer mangelhaften Sensorik gegenüber Veränderungen in ihrem Umfeld. Meist ganz auf sich selbst konzentriert, sind sie davon überzeugt, dass sie im eigenen Hause über genügend Know-how und Erfahrungen verfügen, um sich zu jeder Zeit ihrer Überlegenheit sicher sein zu können. Dabei sind sie, selbst wenn sie einmal innovative Ideen hervorbringen, vielfach nicht in der Lage, diese rechtzeitig und erfolgreich im Markt umzusetzen. Dabei ist unter Innovation nicht eine Fortentwicklung bestehender Produkte, wie die Herstellung der nächsten Generation von Speicherchips oder die Entwicklung eines Nachfolger-Modells für eine etablierte Automobilbaureihe, zu verstehen. Gemeint sind vielmehr substanzielle Neuerungen mit gravierenden Auswirkungen auf die Wettbewerbsverhältnisse des jeweiligen Marktes.

Die im Vergleich dazu beeindruckende Kreativität und Schnelligkeit junger Firmen vor allem bei der Durchsetzung völlig neuer Verfahren und Produkte hat die Innovationsprobleme etablierter Unternehmen besonders augenfällig werden lassen. Durch die Innovationskraft der kreativen Davids besinnen sich die in die Defensive geratenen Goliaths ihres größten Wettbewerbsvorteils, ihrer »Kasse«. Um auf den bereits abgefahrenen Zug doch noch rechtzeitig aufzuspringen, ist ihnen vielfach kein Preis zu hoch, wenn sie die Chance sehen, sich an einem der agilen Start-ups zu beteiligen oder ihn sogar ganz zu schlucken. Leider ist der unüberlegte Einsatz hoher finanzieller Mittel in den Aufbau neuer Geschäftsfelder in vielen Fällen aber gerade die eigentliche Ursache für ihr Scheitern. Die Erfolgsbedingungen beim Vorstoß auf absolutes Neuland sind nämlich andere als im vertrauten Kerngeschäft.

Start-ups als Vorbild

Wer im Unternehmen wirklich grundlegende Neuerungen zur Marktreife bringen will, sollte dies daher unbedingt in unabhängigen, nach eigenen Regelmechanismen arbeitenden organisatorischen Einheiten tun. Im Prinzip geht es darum, die Steuerungsmechanismen eines auf der *grünen Wiese* erfolgreichen Start-up-Unternehmens in die *Altkultur* einer bereits gefestigten Organisation zu implantieren. Dies verlangt vom Management viel Sensibilität. Denn das Urvertrauen auf die im Stammgeschäft im eigenen Hause aufgrund gewachsener Kompetenzen errungene Überlegenheit trägt vor allem in sich schnell verändernden Industrien nicht sehr weit. Um das neue Venture erfolgreich zu managen bedarf es vielmehr einer permanenten Evaluierung des eingeschlagenen Weges und damit einer ständigen Bestätigung durch den Markt. Über Erfolg oder Misserfolg entscheiden immer mehr Schnelligkeit sowie die Fähigkeit, innovative Ideen für anspruchsvolle Kundenwünsche zu entwickeln und daraus möglichst schnell attraktive Produkte und Dienstleistungen zu machen.

Wie schwer vielen Unternehmen die Umstellung auf die Spielregeln der innovativen Gründerszene fällt, lässt sich daran ablesen, dass sie bei fundamentalen Innovationen in den seltensten Fällen schon am Beginn einer neuen Entwicklung mit dabei sind. Vielmehr lässt sich immer wieder beobachten, dass sie so lange zögern, bis sich ein anderer, meist kleinerer Sprinter als Marktführer etabliert hat. Junge Beispiele hierfür sind der amerikanische Anbieter für Telekommunikationstechnik *Cisco*, der sich mit einer neuen Router-Technologie im Wettbewerb mit großen, etablierten Spielern wie *Nortel*, *Siemens* oder *Alcatel* erfolgreich durchsetzen konnte, oder die Firma *Netscape*, deren Internet-Browser der Markteinführung des *Microsoft Explorer* zuvorkam und sich in den ersten Jahren einen deutlichen Marktanteilsvorsprung sichern konnte. Letzten Endes gelingt es großen Unternehmen folglich erst mit einer Verspätung von drei bis vier Jahren, in das Marktgeschehen einzugreifen. Das hohe Veränderungstempo auf vielen Märkten macht es ihnen dann oft unmöglich, den durch ihr langes Zögern erlittenen Rückstand noch einmal aufzuholen.

Der Corporate-Businessplan-Wettbewerb

Neue Geschäftsideen fallen nicht wie Sterntaler vom Himmel. Sie wollen systematisch erarbeitet oder – durch Kooperationen oder Akquisitionen – erworben werden. Dazu muss jedes Unternehmen geeignete Verfahren und Prozesse entwickeln. Um im eigenen Haus unter der Oberfläche verborgene Ideen ans Tageslicht zu bringen und gleichzeitig die Organisation für Innovationen zu mobilisieren, empfiehlt sich die Ausschreibung eines Corporate-Businessplan-Wettbewerbs. Dabei erhalten Mitarbeiter die Möglichkeit, ihre Vorschläge zu präsentieren und unter fachlicher Anleitung zu konkreten Projekten fortzuentwickeln. Üblicherweise erstreckt sich der Wettbewerb in drei Phasen über eine Zeit von insgesamt sechs Monaten. In der ersten Phase formuliert der betreffende Mitarbeiter seine Geschäftsidee und leitet daraus konkrete kommerzielle Überlegungen ab. In der zweiten Runde verfeinert sich dieser Vorschlag bereits zum Entwurf eines Businessplans. In der Endphase schließlich gilt es, aus diesem Entwurf eine detaillierte entscheidungsreife Projektvorlage zu machen. Viele Unternehmen waren überrascht, wie viel bis dahin verborgene unternehmerische Fantasie durch einen Businessplan-Wettbewerb plötzlich sichtbar wurde. Ein amerikanischer

Pharmakonzern förderte auf diese Weise rund tausend Ideen zutage, aus denen die Juroren am Ende 56 entwicklungsfähige Vorhaben herausfilterten. Ein schwedischer Telekommunikations-Konzern entschied sich, zwölf und *Siemens* in seiner Halbleitersparte *Infineon* fünf Geschäftsideen zu prämieren und jeweils mit einer Startfinanzierung auszustatten.

Vom Kunden lernen

Natürlich handelt es sich bei neuen Geschäftsideen oft um Planspiele, die noch auf keinen verlässlichen Marktinformationen basieren. Deshalb kommt es als Erstes darauf an, herauszufinden, welchen konkreten Kundennutzen die betreffende Neuerung stiftet. Aus seiner traditionellen Erfahrungswelt heraus tut sich das Unternehmen schwer, diese Frage zu beantworten. So launchte der amerikanische Software-Entwickler *Novell* beispielsweise ein neues Produkt namens Novell Nest in dem für das Unternehmen völlig neuen Marktsegment der »Home automation«. Die Software sollte das Ein- und Abschalten elektronischer Haushaltsgeräte – von der Heizung über die Alarmanlage bis hin zum Toaster – ermöglichen. *Novell* blieb der Markterfolg jedoch versagt. Gründe für das Scheitern waren das mangelnde Verständnis des Kundennutzens und der praktischen Umsetzung der neuen Technologie im Eigenheim. *Novell's* Entwickler waren zwar sehr erfahren im Bereich der Business- und Networksoftware, nicht jedoch in diesem neuen Kundensegment. Ihnen fehlte es an der Urteilskraft über die Bedürfnisse des angepeilten Kundensegments.

Ein Musterbeispiel für geschicktes Vorgehen lieferte *Honda* bei der Eroberung des amerikanischen Automobilmarktes. Obwohl es sich dabei um keine radikale Abkehr von ihrer bisherigen Geschäftspolitik handelte, bedeutete für die Japaner der Weg aus ihrem damals noch weitgehend abgeschotteten Heimatmarkt vor die Haustür ihrer übermächtigen US-Konkurrenten ein hohes Risiko. Um möglichst hautnah die Besonderheiten seines neuen Marktes zu studieren, begnügte sich *Honda* im Unterschied zu anderen ausländischen Herstellern nicht mit einer Kooperation über lokale Händler, sondern startete 1959 direkt mit einer eigenen Niederlassung in Los Angeles, die sich intensiv mit den Gewohnheiten und Wünschen amerikanischer Autokäufer vertraut machte. Die *Honda*-Manager gingen so weit, dass sie Entwicklungsingenieure als Späher auf großen Parkplätzen von Freizeitcentern postierten. Dort beobachteten sie unter anderem, dass ihre potenziellen Kunden gerne die Heckklappe zu einem Picknick im Freien hochklappten. Das brachte sie auf die Idee, im Kofferraum ihrer Modelle einen praktischen Glashalter einzubauen und eine Abdeckung alternativ zu einem ausschwenkbaren kleinen Tisch mit einer schmucken Metallplatte als Oberfläche umzurüsten – eine Idee, die bei der Konkurrenz schnell Nachahmung fand und inzwischen fast zum Standard gehört.

Eine Kundenorientierung, wie sie in diesem Verhalten zum Ausdruck kommt, bedarf einer langen und intensiven Überzeugungsarbeit quer durch das gesamte Unternehmen. So wichtig Strategie und Organisation auch sein mögen, ohne die weichen Faktoren lässt sich eine ausgeprägte innovationsorientierte Unternehmenskultur vor allem in international operierenden Konzernen kaum erreichen. Insoweit ist Innovation auch Chefsache und muss intern permanent kommuniziert werden. Nur dann fühlen sich die Mitarbeiter dazu aufgerufen, sich ihren Kopf darüber zu zerbrechen, worum es jenseits der Tagesgeschäfte geht. »Höre jedem zu, der eine originelle Idee hat, auch wenn sie zunächst absurd klingen mag«, lautet die vom *3M*-Management an alle Führungskräfte ausgegebene Devise.

Die richtigen Talente finden

Ein unter allen Mitarbeitern vorhandenes Bewusstsein für die Aufgabe, die Innovations-Pipeline permanent mit neuen Geschäftsideen zu füllen, ist umso wichtiger, als das Unternehmen für das Management zukunftsweisender Projekte auf besonders fähige und motivierte Leute aus seinen Reihen angewiesen ist. Ohne ein Team, in dem die wichtigsten Funktionen – Produktentwicklung, Fertigung, Finanzierung, Marketing – kompetent vertreten sind, wird aus der besten Idee kaum etwas. Dass dieses Team gleich am Anfang »stimmt«, ist entscheidender, als dass ein Produkt sofort zielgenau auf die passende Kundengruppe hin konzipiert ist. »Gute Leute können ein Produkt jederzeit anpassen,« hat Arthur Rock, eine Art Godfather der amerikanischen Venture-Capital-Szene, seine Erfahrungen auf den Punkt gebracht, »fast jeder Fehler, den ich begangen habe, bestand darin, auf die falschen Leute gesetzt zu haben, nicht auf die falschen Ideen.«

In vielen Unternehmen herrscht ein grundsätzliches Missverständnis bei der Auswahl der richtigen Mitarbeiter für diese Aufgabe. Viele Vorstände meinen nämlich, ihre fähigsten Talente für diesen Job erst dann abstellen zu müssen, wenn sicher ist, dass sich aus dem Projekt tatsächlich ein erfolgreiches, bedeutendes Geschäft entwickelt. Diese Einstellung basiert auf einem verhängnisvollen Irrtum. Das innovative Vorhaben braucht vielmehr vom Start weg ein exzellentes und hoch motiviertes Projektteam, weil anderenfalls die Schwelle zum Erfolg gar nicht erreicht wird. Immer wieder ist zu beobachten, dass Unternehmen zwar fähige Manager mit der Umsetzung einer innovativen Idee betrauen, sie aber ohne Zögern wieder abziehen, sobald es an irgendeiner Stelle des Stammgeschäfts brennt. Häufig begegnet man in großen Unternehmen auch dem Argument, man verfüge im eigenen Hause gar nicht über die notwendige Reserve an kreativen Köpfen, um vom Nullpunkt aus etwas völlig Neues aufzubauen. Damit geben die Unternehmen aber zu erkennen, dass sie sich wenig Mühe dabei gegeben haben, die verborgenen Talente in ihrem Unternehmen herauszupicken. Denn daran, dass es sie überall, selbst in großen, zu bürokratischer Erstarrung neigenden Organisationen, gibt, besteht kein Zweifel. Sonst würden Personalberater bei der Suche nach geeigneten Leuten für Führungsaufgaben in einem unabhängigen Start-up-Unternehmen nicht auf Kandidaten etablierter Firmen zurückgreifen. Das *Red Herring Magazine*, Branchenorgan des amerikanischen Venture-Capital-Marktes, kam in einer Untersuchung 1997 zu dem Ergebnis, dass von den führenden zwanzig Top-Entrepreneurs der USA zwei Drittel vor Beginn ihrer Unternehmerkarriere in Großunternehmen gearbeitet hatten.

Als Referenzen sind Eigenschaften wie Teamfähigkeit, Offenheit für Neues und Flexibilität sowie nachgewiesene Leistungen beim Aufbau neuer Geschäfte gesucht. So könnte etwa für sie sprechen, dass sie schon einmal eine neue Marke kreiert, eine Produktvariante erfolgreich in den Markt eingeführt oder vielleicht mit wenigen Mitarbeitern eine überseeische Landesgesellschaft erfolgreich aufgebaut haben. Sie haben gelernt, in einem sehr unsicheren und teilweise ganz unbekannten neuen Markt mit sehr begrenzten Mitteln zu arbeiten und Ziele zu verfolgen, die jenseits geplanter Quartalsergebnisse an langfristigen Wachstumschancen orientiert sind. Ein Manager, der innerhalb einer führenden Biotech-Firma die Verantwortung für den Aufbau eines neuen Geschäftes innehatte, bemerkte dazu: »Die Topmanager jeder unserer Divisionen fühlen sich mit einem Managementteam am wohlsten, dessen Hintergrund dem eigenen sehr ähnlich ist. Was sie jedoch nicht begreifen, ist, dass sie bei der Geschwindigkeit, mit der sich das neue Geschäft entwickelt, und dem Mangel an Ressourcen dieses Geschäft selbst nie managen könnten.« Weniger prädestiniert sind im Allgemeinen in Linienfunktionen des angestammten Kerngeschäfts Manager, die an kurzfristig erreichbare Umsatz- und Ertragsziele gewöhnt sind. Ihre Erfolge erzielen sie in einem internen Umfeld, in dem sie auf hohe personelle und finanzielle Ressourcen zurückgreifen können – nicht eben typische Merkmale für die Ausgangslage eines New-Venture.

Von externen Partnern lernen

Dass nahezu jedes Großunternehmen über Mitarbeiter mit *entrepreneurial spirit* verfügt, heißt allerdings nicht, dass die für die Realisierung einer Geschäftsidee zusammengestellte Führungsmannschaft ausschließlich aus eigenen Leuten bestehen sollte. Im Gegenteil wird ein solches Team wahrscheinlich effektiver arbeiten, wenn es gezielt durch Externe ergänzt wird. Geeignete Mitarbeiter von draußen können beispielsweise die Kontakte zur innovativen Szene, vor allem zu Kunden und potenziellen Partnern, verbessern helfen. Ihre Mitwirkung kann das Unternehmen vor Betriebsblindheit bewahren und garantiert eine verlässlichere Evaluierung der am Markt verfolgten Strategie. Aus diesem Grunde besetzt beispielsweise *Xerox New Enterprises*, die Venture-Capital-Gesellschaft des amerikanischen

Büroausrüsters *Xerox*, alle Chief Executives für neue Geschäftsprojekte mit Bewerbern von außen. Die Zusammenstellung des richtigen Teams gleich am Beginn des neuen Projekts ist für den Erfolg von ausschlaggebender Bedeutung. Rund die Hälfte aller Vorhaben, so eine auf zahlreiche Fälle gestützte Erfahrung, scheitert an der falschen Besetzung.

Ratgeberbox 6
Das Geheimnis einer gefüllten Innovations-Pipeline

Ableitung des richtigen Anspruchsniveaus

1. Nutzen Sie den Markt nur als Indikator. Die langfristige Wachstumserwartung an Ihr Unternehmen sollte das Wachstum Ihrer Industrie deutlich übersteigen.

2. Nicht aus jedem F&E-Projekt wird ein erfolgreiches Produkt, nicht jeder Businessplan wächst zu einem Geschäft. Sie brauchen deshalb mehr Optionen als Sie Wachstum geplant haben – Industrieerfolgsquoten können als Anhaltspunkt dienen.

3. Die Innovations-Pipeline ist Ihr Wachtumsmotor. Das Festlegen des Anspruchsniveaus ist daher Chefsache.

Stimulation der Kreativität im Unternehmen

4. In Ihrem Unternehmen sind wertvolle Ideen verborgen. Mobilisieren Sie sie durch innovative Prozesse. Businessplan-Wettbewerbe helfen dabei, indem sie Hierarchien außer Kraft setzen und die Mitarbeiter anspornen.

5. Ideen werden selten im Elfenbeinturm geboren. Nur die permanente Interaktion mit der Außenwelt stimuliert echte Killerideen – setzen Sie Ideen- und Talentscouts ein.

6. Ideen entstehen nicht zufällig. Der kreative Prozess wird durch die *Suche* von innovativen Ansätzen, die *Kollision*

von Markt- und Technik-Perspektiven, die *Entscheidung* auf Basis eines Businessplans und durch konsequentes *Prototyping* systematisiert.

7. Märkte sind immer innovativer als ein einzelnes Unternehmen. Partizipieren Sie – zum Beispiel durch Corporate-Venture-Capital – am Deal flow und investieren Sie in Start-ups.

8. Verlassen Sie sich nicht nur auf interne Quellen. Akquisitionen bringen brilliante neue Ansätze und stimulieren interne Ideen.

9. Besetzen Sie Ihre besten Ideen mit Topteams und die Führungspositionen mit Unternehmertalenten.

Ich will in fünf Jahren einsteigen und losfahren

DaimlerChryslers »Projekthaus Brennstoffzelle«

Wo, bitte schön, liegt Nabern? Wo ist dieses Dorf zu finden, in dem »kein Dichter geboren, kein Popstar begraben liegt – höchstens der Hund«, wie das *Daimler*-Mitarbeitermagazin *intern* respektlos schrieb. Der kleine Ort unterhalb der Burg Teck am Rande der Schwäbischen Alb wäre wohl nicht einmal den meisten Bewohnern der Region ein Begriff, hätte hier nicht der Luftfahrtpionier Ludwig Bölkow 1956 seinen ersten Fertigungsbetrieb für den Bau der Panzerabwehrrakete *Cobra* errichtet. Noch bis zum Frühjahr 1998 montierte die *DASA*-Tochter *LFK-Lenkflugkörpersysteme GmbH* an gleicher Stelle Teile für die Waffensysteme *Milan*, *Hot* und *Roland*. Inzwischen entsteht an dem zur Kleinstadt Kirchheim/Teck gehörenden Ort der Automobilantrieb der Zukunft, wenn man Ferdinand Panik, dem Leiter des »Projekthauses Brennstoffzelle« der *DaimlerChrysler AG*, glauben darf.

Auch Paniks oberster Vorgesetzter, Konzernchef Jürgen Schrempp, hält sich mit Optimismus nicht zurück. »Die Brennstoffzelle bietet das Potenzial, das attraktivste alternative Antriebssystem der Zukunft zu werden«, schwärmte er bei der Vorstellung des ersten mithilfe der neuen Technologie angetriebenen Modells der *Mercedes-Benz A-Klasse* am 17. März 1999 im Washingtoner *Science Center*. Der in den USA präsentierte Prototyp *NECAR 4* (eine Abkürzung von *New Electric Car*) wird mit Flüssigwasserstoff betankt, aus dem die Brennstoffzelle elektrische Energie für den Antrieb erzeugt. Das komplette Brennstoffzellensystem ist in den Fahrzeugboden integriert. Das neue Versuchsmodell kommt auf eine Geschwindigkeit von 145 km/h und fährt mit einer Tankfüllung immerhin 450 Kilometer. Schon im Jahre 2004 hofft Schremp, das neue Auto vom Band rollen zu lassen. Das Unternehmen wird bis dahin über zwei Milliarden Mark in die Entwicklung der Brennstoffzellen-Technologie investiert haben.

Warum, so fragt man sich, entwickelt der Konzern das Herzstück seines Autos der Zukunft nicht in Untertürkheim oder Sindelfingen, sondern irgendwo in der Provinz an einem ausgedienten Produktionsstandort für Raketenteile? Der Verlagerung des Projekts nach Nabern ging im Frühjahr 1997 die Entscheidung voraus, das strategische Projekt Brennstoffzellenauto mit höchster Priorität zu versehen und mit dem Ziel aus der Forschung in die Entwicklung zu überführen, »das Antriebssystem hinsichtlich Funktionalität im Pkw und marktverträglicher Kosten zu optimieren, damit bis Ende 1999 eine Entscheidung über die Serienentwicklung getroffen werden kann«. Auf der Frankfurter Messe *IAA* desselben Jahres verkündete Pkw-Vorstand Jürgen Hubbert: »Wir wollen die Ersten sein, die ein Serienfahrzeug mit Brennstoffzellenantrieb auf den Markt bringen.«

Im Eiltempo hatten schon die *Daimler*-Forscher die Arbeit an der neuen Technologie vorangetrieben, deren Ursprünge auf die 1985 von *Daimler-Benz* übernommene Firma *Dornier* zurückgehen. Deren Raumfahrtexperten hatten in Friedrichshafen Brennstoffzellen für die Energieversorgung an Bord von Satelliten entwickelt. Das damalige *Daimler*-Vorstandsmitglied für Forschung und Technik, Hartmut Weule, vor und nach seinem sechsjährigen Abstecher in die Industrie Professor für Maschinenbau an der Universität Karlsruhe, fand so viel Gefallen an der Sache, dass er sie 1991 als mögliche neue Antriebsart für das Auto unter seine Fittiche nahm. Seinen Forschern setzte er klare zeitliche Ziele: »In fünf Jahren will ich einsteigen und losfahren!« Um sicherzustellen, dass das Projekt nicht irgendwann als »Forschungsleiche« ein ruhmloses Ende finden würde, versicherte er sich schon frühzeitig der Unterstützung seines zu dieser Zeit für die Pkw-Entwicklung zuständigen Kollegen Helmut Petri.

Innovatoren sind gut beraten, Partnerschaften einzugehen, wenn sie auf diese Weise aufwändige Basisforschung sparen und damit den Weg zur Marktreife ihres Produktes verkürzen können. »Wer sind auf der Welt die Besten und was kann man von ihnen lernen?«, erkundigte sich Weule 1991 bei den *Dornier*-Forschern. Die Antwort kam spontan: »*Ballard!*« Der Geophysiker Geoffrey Ballard hatte das Unternehmen 1979 zusammen mit zwei Partnern als kleinen Garagenbetrieb im kanadischen Vancouver gegründet und sich zunächst auf das Geschäft mit herkömmlichen Batterien spezialisiert. Später wandte sich die Firma der Entwicklung von Brennstoffzellen zu und brachte es unter Führung des von ihren Venture-Capital-Investoren eingesetzten professionellen Managements zum weltweiten Technologieführer auf ihrem Gebiet. Mit dieser Empfehlung zögerte der *Daimler*-Vorstand nicht lange, als sich 1992 die Gelegenheit bot, mit den Kanadiern eine umfassende Forschungskooperation zu vereinbaren, die nach vier Jahren zu einer Zusammenfassung des gesamten Know-how beider Unternehmen im Bereich der Entwicklung und Fertigung von Brennstoffzellen führte. Ihre strategische Allianz krönten sie im Frühjahr 1997 mit einer 25-prozentigen *Daimler*-Beteiligung an *Ballard*.

Zwar hatten die *Daimler*-Manager mit diesem Deal im Rennen um das erste Brennstoffzellenauto ihre *pole position* gestärkt; doch gab es gute Gründe, weiterhin auf das Tempo zu drücken. Denn inzwischen hatten nahezu alle großen Automobilkonzerne der Welt von *General Motors* bis *Toyota* die neue technologische Herausforderung angenommen und ebenfalls rege Aktivitäten entwickelt. »Um das Vorhaben zu beschleunigen«, so Helmut Petri, beschloss der Bereichsvorstand Pkw 1997, die Arbeiten an der Brennstoffzelle in die Entwicklung zu übernehmen und sie in einer »Projekthaus«-Organisation außerhalb der gewohnten Konzernstrukturen weiterzuführen. Auch wenn es im Konzern so offen niemand ausspricht: Der Gedanke, dass der neue Fahrzeugantrieb bei der alten Garde der Untertürkheimer Motorenentwickler möglicherweise als Versuch der »Kannibalisierung« der Verbrennungsmotoren gedeutet und deshalb eher zögerlich weiterverfolgt worden wäre, dürfte den Entschluss, das »strategische Projekt« Brennstoffzelle nach Nabern auszulagern, nicht unwesentlich mitbestimmt haben.

Ein Team von gut zwei Dutzend Experten arbeitet »fast wie ein Start-up auf der grünen Wiese« (Ferdinand Panik) nach klar definierten Zielen. Mit dabei sind in Nabern bereits Produktionsleute und Serienentwickler, was den Prozess zusätzlich beschleunigen soll. Der

»Projekthaus«-Chef, den *intern*-Lesern wegen seiner temperamentvollen Gestik als »Karajan der Brennstoffzelle« vorgestellt, berichtet direkt dem in der *Daimler*-Hierarchie eine Stufe unter dem Konzernvorstand rangierenden *Entwicklungschef Pkw*, der in dieser Funktion Mitglied des *Bereichsvorstandes Pkw* ist. Regelmäßig lassen sich Jürgen Schrempp und seine Kollegen im Gesamtvorstand über den Stand der Arbeiten in Nabern berichten. Wie Ferdinand Panik, der bis 1996 acht Jahre lang als Entwicklungschef Nutzfahrzeuge bei *Mercedes do Brasil* in Sao Paulo und zuvor 17 Jahre in der *Daimler*-Forschung gearbeitet hat, sind die meisten seiner Mitarbeiter in ihrem Metier relativ neu. »Ich habe ganz bewusst ein Team zusammengestellt, in dem auch Leute arbeiten, die zuvor noch nicht an der Brennstoffzelle mitgewirkt hatten«, beschreibt er sein Auswahlprinzip. Das Suchraster entspricht der Aufgabe, mit der seine überwiegend aus Ingenieuren und Betriebswirten bestehende Mannschaft angetreten ist: losgelöst von der rein wissenschaftlich-technischen Fachebene das Projekt auf eigenen Wegen voranzutreiben.

»Wir müssen unser Konzept selber entwickeln, verteidigen und durchsetzen, das ist eine Führungsaufgabe und nicht nur Koordination«, unterstreicht der Projektmanager seine Rolle. Und die verlangt inzwischen viel Geschick. Denn aus dem »Projekthaus Brennstoffzelle« ist mittlerweile – nicht im juristischen Sinne, aber faktisch – eine Art Holding einer Gruppe spezialisierter Einzelfirmen geworden. Die am Standort Nabern auf engstem Raum zusammenwirkenden Unternehmen sind über ihre Gesellschafter finanziell und personell eng miteinander verflochten und dieses Geflecht ist mit dem Eintritt von *Ford* in die Allianz zwischen *Daimler* und *Ballard* Ende 1997 noch verschachtelter geworden. Der nur wenige Monate vor der Fusion der Stuttgarter mit *Chrysler* vereinbarte Deal mit Amerikas zweitgrößtem Automobilhersteller verbesserte schlagartig die Aussicht auf erheblich höhere Stückzahlen beim Serienstart der neuen Technologie.

An der *Ballard Power Systems GmbH*, der deutschen Tochterfirma des gleichnamigen Mutterkonzerns in Vancouver, ist *Ford* (mit 15 Prozent) neben *DaimlerChrysler* (mit 20 Prozent) ebenso beteiligt wie an der *dbb Fuel Cell Engines GmbH*, an der der neue US-Partner 21,8 Prozent, *Ballard* 26,7 Prozent und *DaimlerChrysler* die

Majorität von 51,5 Prozent hält. Während sich die rund 35 Mitarbeiter starke *Ballard*-Truppe um die Entwicklung der Brennstoffzelle im engeren Sinne kümmert, arbeiten die knapp 200 Spezialisten von *dbb*, vor allem Ingenieure, Chemiker, Physiker, Maschinenbauer und Elektrotechniker, am Gesamtsystem der neuen Antriebslösung einschließlich Gaserzeugung und Kraftstoffversorgung. Für den elektrischen Antriebsstrang, also Elektromotor und Antrieb, zeichnet die mehrheitlich von *Ford* beherrschte Firma *Ecostar Electric Drive* mit Sitz in Deaborn/USA verantwortlich.

Von den knapp 300 Beschäftigten, die auf dem Gelände des früheren Rüstungsbetriebs an der Zukunft arbeiten, haben viele einen langen Anfahrtsweg zurückzulegen. Der Standort Nabern macht es möglich, dass nicht nur die aus dem Stammhaus für das Projekt abgestellten Entwickler, sondern auch zahlreiche Fachleute aus dem *Daimler*-Forschungszentrum auf dem Ulmer Eselsberg zwischen Wohnsitz und Arbeitsplatz täglich pendeln. Für die aus Friedrichshafen verpflichteten Spezialisten vereinbarte Ferdinand Panik mit dem Betriebsrat eine Regelung, wonach diese vier Tage die Woche durchgehend in Nabern arbeiten und während dieser Zeit in angemieteten Appartements oder Hotels wohnen – den fünften Tag verbringen sie zu Hause an einem eigens vom Unternehmen für sie eingerichteten Arbeitsplatz mit PC und Internet-Anschluss.

In dem Maße, wie in Nabern selbständige Firmen die Entwicklung der neuen Technologie übernahmen, konnte sich das »Projekthaus Brennstoffzelle« auf seine eigentlichen Aufgaben, wie die Verwaltung der lokalen Infrastruktur, die Pflege der Kontakte zum Mutterhaus, eine systematische Konkurrenzbeobachtung, auf Öffentlichkeitsarbeit, Beziehungen zu Behörden und potenziellen Partnern, etwa zu der als Betreiber eines speziellen Methanol-Tankstellennetzes umworbenen Mineralölindustrie konzentrieren. Vor allem sind die Projektmanager jedoch für die Koordination der Aktivitäten aller an der Brennstoffzellen-Entwicklung Beteiligten verantwortlich. Was nicht bis zum wöchentlichen *Jour Fixe* jeden Dienstag Zeit hat, kann zwischendurch schnell erledigt werden. Für einen Start-up hinderliche Regeln und Vorschriften, an denen im Konzern niemand vorbeikommt, sind hier weitgehend unbekannt. »Die Wege sind sehr kurz, man kann alles direkt besprechen, das erspart uns viel Zeit«, lobt Werner Tillmetz, Geschäftsführer der *Ballard Power Systems GmbH*, die Vorteile der Projekthaus-Organisation.

Tillmetz, als Chemiker einst in der *Dornier*-Forschung tätig, steht wie die meisten seiner Kollegen unter einem extremen Erfolgsdruck. Zwar loben die meisten die lockere, unbürokratische Arbeitsatmosphäre, aber ihnen ist gleichzeitig bewusst, dass sie im Notfall nicht mehr mit der schützenden Hand der großen Mutter rechnen könnten. Immerhin wurden in Nabern rund 200 Mitarbeiter neu eingestellt, von denen nur wenige die Rückfahrkarte in der Tasche haben. »Meine Mitarbeiter und ich können nur überleben, wenn wir erfolgreich sind«, so Werner Tillmetz ohne Illusionen, »wenn wir nicht erfolgreich sind, haben wir keinen Job mehr.« Daran wagt jedoch niemand zu denken, auch bei *Ballard* in Vancouver nicht. Projektchef Panik: »Es gibt keine Public Company, die mehr getrieben wird als *Ballard*, weil das Unternehmen von dieser Technologie lebt.«

Der größte Antreiber aber ist der extrovertierte Dirigent der Naberner Pioniertruppe selber. »Man muss«, so der promovierte Elektroingenieur, »allen Mitarbeitern immer wieder klarmachen, das Jahr 2004 als Zeitpunkt der Kommerzialisierung ist vorgegeben – das ist unser festes Ziel, darauf arbeiten wir hin, dieser Weg ist durch Meilensteine gekennzeichnet und diese Meilensteine halten wir auch ein.« Tatsächlich ist der Countdown bis zum Start bisher reibungslos verlaufen: Nach der Präsentation des noch einem rollenden Labor ähnelnden Versuchsfahrzeugs *NECAR 1*, einem umgebauten *Mercedes*-Transporter, im Jahre 1994 ließen die Schwaben bereits zwei Jahre später den ersten unter Alltagsbedingungen fahrenden Brennstoffzellen-Pkw medienwirksam durch das Brandenburger Tor hindurchrollen, 1997 folgte der erste mit Brennstoffzellen betriebene Stadtbus, ein Jahr später mit dem *NECAR 3* ein Auto der *Mercedes A-Klasse*, das erstmals den benötigten Wasserstoff an Bord selbst erzeugt. Ein so genannter Reformer verwandelt das leicht zu tankende flüssige Methanol beim Tritt auf das Gaspedal in Sekundenschnelle in Wasserstoff. In der Brennstoffzelle entsteht daraus in Verbindung mit Sauerstoff die für den Elektromotor benötigte Energie.

Auch wenn die Naberner Projektmanager mit ihrem im Frühjahr 1999 in Washington zur Schau gestellten Nachfolgemodell *NECAR 4* den nächsten Meilenstein fristgerecht passiert haben, liegt die vielleicht schwerste Wegstrecke noch vor ihnen. Denn über den Einsatz der neuen Technologie wird letztlich erst die Wirtschaftlichkeit des Brennstoffzellenautos entscheiden. »Das Wichtigste ist, die Kosten herunterzukriegen, das werden wir bis zum Jahre 2004 nicht ganz schaffen«, rechnet Ferdinand Panik, »aber auf alle Fälle müssen wir innerhalb kurzer Zeit auf hohe Stückzahlen kommen, sonst landen wir in der Nische.« Ob ihm das Kunststück gelingt, wird sich auch noch an der besonders scharf kalkulierten *A-Klasse* erweisen müssen, in der der neue Antrieb erstmalig zum Einsatz kommen soll – entgegen der üblichen Praxis, technische Neuerungen zunächst in teuren Spitzenmodellen anzubieten. Mit hunderttausend produzierten Brennstoffzellenautos, so das Kalkül, werde man den Durchbruch schaffen. Die Erreichung dieses Ziels dürfte jedoch wesentlich davon abhängen, ob die neuen Modelle in puncto Unterhalt mit traditionell angetriebenen Fahrzeugen mithalten können. Sicher ist das keinesfalls, denn die Entwickler von Verbrennungsmotoren werden sich, darüber gibt sich in Nabern niemand einer Selbsttäuschung hin, mächtig ins Zeug legen, um die in der alten Technologie noch steckenden Reserven in den kommenden Jahren »hervorzukitzeln«.

Was Ferdinand Panik am meisten vermisst, ist eine positivere Grundeinstellung der Deutschen gegenüber technischen Innovationen, besonders wenn sie – wie im Falle der Brennstoffzelle – zu einer langfristig spürbaren Entlastung der Umwelt beitragen könnten. Aber ausgerechnet das Bundesumweltamt gehört, was man in Nabern mit Kopfschütteln registriert, zu den schärfsten Kritikern der neuen Technologie. Die Behörde empfiehlt, das Geld statt in die Entwicklung der Brennstoffzelle in die technische Weiterverbesserung des Verbrennungsmotors, vor allem die Senkung von Schadstoffemissionen, zu investieren. Die Entlastung der Umwelt durch die Brennstoffzelle, so die Behörde, werde durch die vorgelagerte Kette, die Gewinnung von Methanol oder Wasserstoff aus Erdgas unter Einsatz von Energie, wieder ausgeglichen. Dem halten die Verteidiger der neuen Technologie vor allem die Endlichkeit der Ölvorräte entgegen. Methanol, so ihr Argument, habe den Vorteil, dass es auch aus Erdgas, Prozessgasen der chemischen Industrie und sogar aus regenerativen Stoffen bis hin zur Biomasse herzustellen ist. Vor allem ein klares positives Signal aus der Politik, so ist Panik überzeugt, könnte für zusätzlichen Rückenwind sorgen. Ins Schwärmen gerät er dagegen über die Resonanz auf das alternative Antriebskonzept in den USA. Gemeinsam mit amerikanischen Regierungsbehörden gaben *DaimlerChrysler*, *Ford* und *Ballard* im Frühjahr 1999 das Startsignal für einen mehrjährigen Flottenversuch mit Brennstoff-zellen-Pkw und -Bussen in Kalifornien, an dem sich auch die Energiekonzerne *Arco*, *Shell* und *Texaco* beteiligen. In Nabern möchte man sich denn auch noch nicht darauf festlegen, ob das erste serienmäßig hergestellte Brennstoffzellenauto auf deutschen Straßen an den Start gehen wird – »in einem Land der Triade«, heißt es mehrdeutig.

Kapitel 7

Die virtuelle Gründerfirma

Neue Geschäftsideen erfolgreich in Großunternehmen
implantieren

Mitte 1987 war *Apple Computer* der erkorene Liebling der Hightech-Welt. Sein *Macintosh* war in puncto Benutzerfreundlichkeit allen Konkurrenzprodukten um Längen voraus. Dazu kam ein Preis-Leistungsverhältnis, von dem selbst gewohnheitsmäßige Branchenoptimisten noch wenige Jahre zuvor nicht zu träumen gewagt hatten. Beides zusammengenommen berechtigte zu der Feststellung, dass *Apple* die Computer-Revolution ein entscheidendes Stück vorangetrieben hatte. Die Konkurrenten, an ihrer Spitze *IBM*, hatten allesamt das Nachsehen. Auf dem Höhepunkt seines Ansehens startete *Apple* insgeheim ein Projekt, mit dem es noch ehrgeizigere Standards setzen wollte: Anstelle der großen, sperrigen Kästen mit ihren ausladenden Keyboards sollten die neuen Geräte gerade einmal so groß sein, dass sie auf einer Handfläche zu tragen waren. Von ihren Möglichkeiten, so die Vorgabe an die Entwickler in Cupertino, sollten sie völlig neue Maßstäbe erfüllen.

Nachdem das *Apple*-Management sechs Jahre lang insgesamt mehrere hundert Millionen Dollar für das Projekt ausgegeben hatte, stellte es Ende 1993 seinen *Newton* vor – wie es schien, noch im richtigen Augenblick. Denn das Unternehmen hatte gerade einen empfindlichen Quartalsverlust ausweisen müssen und daher allen Grund, die Analysten durch eine positive Botschaft zu versöhnen. Das von großen Hoffnungen begleitete Projekt entpuppte sich jedoch als eklatanter Fehlschlag. *Apple* hatte den Fehler begangen, ausschließlich der eigenen Expertise zu vertrauen und inmitten der Entwicklungsphase auf das erforderliche Feedback des Marktes verzichtet. Heraus kam am Ende ein Produkt, das zu teuer war und den hohen Ansprüchen der Kunden besonders bei der Handschrifterkennung nicht entsprach. Innerhalb von sechs Jahren wurde das Gerät gerade 200 000 mal verkauft und anschließend vom Markt genommen.

Flexibles und kundennahes Konzept

Parallel dazu versuchte sich ab Anfang 1992 die von dem vormaligen *Intel*-Ingenieur Jeff Hawkins gegründete Firma *Palm Computing Corp.* an einem ähnlichen Vorhaben. Doch im Unterschied zu *Apple* investierte die kleine Firma nur ganze drei Millionen Dollar und stützte sich auf Kooperationen mit Partnern, unter anderem mit *Casio* und *Tandy*. Zwar blieb dem 700 Dollar teuren Gerät wie dem *Newton* der erhoffte Erfolg versagt; doch gingen die Palm-Entwickler den Gründen für das mangelnde Interesse an ihrem Computer mit Hilfe von Marktstudien systematisch nach. Dabei fanden sie heraus, dass ihre Kunden etwas ganz anderes wollten: nicht ein Gerät, das ihren gewohnten PC ersetzt, sondern ihn zu einem attraktiven Preis ergänzt. Vor allem eilige Geschäftsreisende sollten das kleine Ding unterwegs als Kalender, Adress- und Notizbuch nutzen. Ihre Sekretärin würde die gespeicherten Daten anschließend mit einem Handgriff nur noch auf den Bürocomputer zu übertragen haben. Die Palm-Ingenieure machten sich erneut an die Arbeit, konzipierten das Gerät neu und hatten prompt Erfolg: Bereits in den ersten drei Jahren wurden von ihrem *Palm Pilot* nicht weniger als drei Millionen Stück abgesetzt.

Finanzierung knapp halten

Was ist die Lehre aus diesem Beispiel? Etablierte Unternehmen – und auch *Apple* gehörte wegen seiner Erfolge zu diesem Zeitpunkt bereits zu den »Arrivierten« – neigen dazu, zu stark auf ihre nahezu unbegrenzten finanziellen Mittel und ihr eigenes Know-how zu vertrauen. Da ihnen genügend Ressourcen zur Verfügung stehen, haben sie wenig Veranlassung, Leute von außen einzustellen, die finanzielle Last der Investitionen durch intelligente Partnerschaften zu teilen und – wohl die schwerwiegendste Unterlassung – frühzeitig Marktsignale zu registrieren und notfalls ihre Produktkonzeption zu korrigieren. Sie laufen dadurch Gefahr, Gefangene ihres eigenen Wunschdenkens zu werden und mit ihrer scheinbar unfehlbaren und hochgeheimen Strategie am Ende Schiffbruch zu erleiden. Als *Apple* 1998 seinen *Newton* vom Markt nahm, hatte das Projekt mehr als 500 Millionen Dollar an Entwicklungskosten verschlungen. Ein mit knappen Finanzen haushaltender Start-up hätte sich einen solchen Luxus niemals leisten können.

Man kann jedem Unternehmen deshalb nur den Rat geben, eine Einheit, die eine innovative Geschäftsidee umsetzen soll, nicht mit zu viel Geld auszustatten, sondern eher knapp zu halten. Vor allem wenn sie sich gegenüber der Konkurrenz im Rückstand fühlen, glauben viele Manager die Schlappe durch einen verstärkten Einsatz von finanziellen Mitteln aufholen zu können. Doch tun sie damit oft genau das Falsche, weil sie sich mit der Ausdehnung des Projekts von ihrer Kernaufgabe ablenken lassen. Ein *New-Venture* erfordert jedoch eine Konzentration aller Kräfte auf ein eng begrenztes Ziel, und dieses Ziel ist die erfolgreiche Durchsetzung des neuen Produktes in dem angepeilten Marktsegment. Dass eine zu gut gefüllte Kasse eher ein Fluch als ein Segen ist, veranschaulicht der Leiter der Produktentwicklung eines erfolgreichen jungen Biotechnologie-Unternehmens:

»Wir hatten unser Vorhaben noch über eine größere Hürde zu bringen, bevor wir an die Börse gehen konnten. Nach der Erfahrung vorangegangener Entwicklungsprogramme hatte ich geschätzt, dass wir zur Erreichung dieses Ziels acht Millionen Dollar benötigen würden. Als unser Venture-Capitalist mir sagte, wir hätten nur zwei Millionen und keinen Dollar mehr, war mein erster Gedanke, dass wir damit erledigt sein würden. Aber wir hatten keine andere Wahl. Am Ende schafften wir es mit zwei Millionen, was jedoch bedeutete, dass unsere Ingenieure ihre Arbeit an verschiedenen neuen Vorhaben abbrechen mussten. Wenn wir die acht Millionen gehabt hätten, hätte ich meine Ingenieure vielleicht niemals dazu bewegen können, ihre Lieblingsprojekte zu stoppen, um den Erfolg unseres Ursprungsprodukts zu sichern. Und der Börsengang hätte nie stattgefunden.«

Stärken von Kooperationspartnern nutzen

Eine Überfinanzierung lässt bei den mit dem Projekt betrauten Mitarbeitern zumindest unterschwellig auch das Gefühl entstehen, dass ihr Unternehmen allein schon stark genug sei, um sein Ziel aus eigener Kraft zu erreichen. Im Unterschied zu einem finanziell an der kurzen Leine geführten unabhängigen Start-up existiert kein wirkliches Risikobewusstsein, weil selbst schwere Irrtümer nicht das Projekt und erst recht nicht die Existenz der ganzen Firma gefährden. Die Fixierung auf sich selbst und die eigene finanzielle Kraft verstellt dem Management vielfach den Blick dafür, dass ein Unternehmen nur selten im eigenen Hause über alle Fähigkeiten verfügt, die für die erfolgreiche Realisierung einer neuen – sprich: abseits des gewohnten Stammgeschäfts liegenden – Idee notwendig sind. Die logische Konsequenz ist, gezielt Partnerschaften, vor allem in den kundennahen Bereichen Marketing und Vertrieb, einzugehen. Richtig praktiziert, führen sie in aller Regel zu qualitativ besseren Lösungen – und dies meist auch noch in kürzerer Zeit.

Schließlich bietet die Überversorgung mit Kapital leider den unwiderstehlichen Anreiz, in Dinge zu investieren, die für ein *New-Venture* keinen wirklichen Wert stiften und ohne die jede Neugründung auf der grünen Wiese mühelos auskommen könnte. In etablierten Unternehmen ist *besser* jedoch vielfach immer noch gleichbedeutend mit *größer*, und wer großen Abteilungen mit möglichst viel Personal vorsteht, ein höheres Budget verantwortet, hat oft ein höheres Standing als sein an der Spitze eines kleinen Teams arbeitender Kollege. Als *General Motors* in den achtziger Jahren sein Projekt *Factory of the Future* startete und dafür eine stolze Summe bereitstellte, beschloss das Management der neuen Einheit als erstes den Bau eines eigenen Headquarters. Mit solchen Entscheidungen wird nicht nur viel Geld verbraucht; sie schaffen gleichzeitig ein Klima, das sich von dem eines erfolgreichen Start-ups wesentlich unterscheidet. Denn je großzügiger das Unternehmen seinen hoffnungsvollen Ableger ausstattet, desto stärker kümmert es sich in aller Regel um sein Wohlergehen und ist mit Hilfe zur Stelle, wenn es in seinen Augen mit dem Erfolg nicht oder nicht so schnell klappt. Dabei entsteht leicht die Gefahr, dass sich das Management des Gesamtunternehmens permanent in die Führung seines Ventures einmischt, und zwar bis in die Tagesgeschäfte. Signifikante Abweichungen von der Produkt- und Marketingstrategie des Hauses werden von vornherein als Zeichen der Schwäche gedeutet. Jeder Vorstand ist gut beraten, die in seinen innovativen Teams entstehende, von Vitalität und bisweilen kreativem Chaos geprägte Kultur nicht dadurch zu gefährden, dass er ständig in die Geschäftspolitik eingreift. Eric Hallmann, Chef der aus der Londoner *Glaxo*-Gruppe hervorgegangenen Pharmafirma *SARCO Inc.*, nennt das Problem offen beim Namen: »Wir verließen *Glaxo*, weil es uns ein komplexes Beziehungsnetz aufzwingen wollte, das unser Venture zerstört hätte.«

Finanzielle Anreize

Je mehr sich Führungskräfte aus dem angestammten Geschäft für das finanziell überaus üppig finanzierte *New-Venture* interessieren, desto mehr wächst schließlich die Gefahr, dass die im übrigen Unternehmen geltenden Vergütungssysteme auch auf die neue Einheit übertragen werden. Diese Systeme gehen üblicherweise von der persönlichen Leistung des einzelnen Mitarbeiters aus, die durch jährliche Gehaltserhöhungen oder Boni honoriert wird. So passend solche individuellen Anreize im laufenden Geschäft sein mögen, so kontraproduktiv wirken sie in einer nach den Regeln eines externen Start-ups zusammenarbeitenden Mannschaft. Hier kommt es nicht auf internen Wettbewerb, sondern in erster Linie auf Teamwork an. Wo einer ein Problem hat, muss der andere das Interesse haben zu helfen, weil der Erfolg jedes Einzelnen vom Erfolg des Ganzen abhängt.

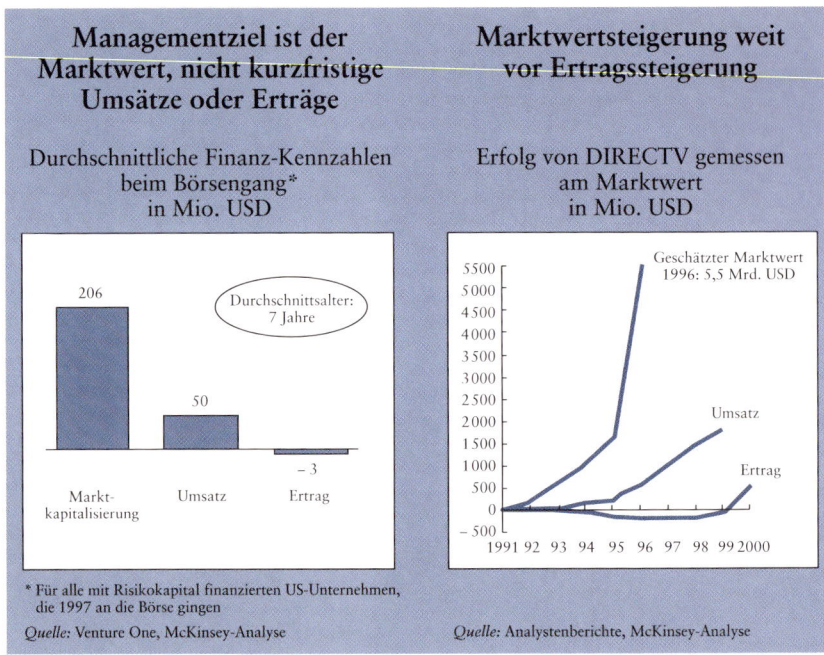

Managementziel ist der Marktwert, nicht kurzfristige Umsätze oder Erträge

Durchschnittliche Finanz-Kennzahlen beim Börsengang*
in Mio. USD

206

Durchschnittsalter: 7 Jahre

50

− 3

Markt-
kapitalisierung   Umsatz   Ertrag

* Für alle mit Risikokapital finanzierten US-Unternehmen,
die 1997 an die Börse gingen

Quelle: Venture One, McKinsey-Analyse

Marktwertsteigerung weit vor Ertragssteigerung

Erfolg von DIRECTV gemessen am Marktwert
in Mio. USD

Geschätzter Marktwert 1996: 5,5 Mrd. USD

5 500
5 000
4 500
4 000
3 500
3 000
2 500
2 000
1 500
1 000
500
0
− 500

Umsatz

Ertrag

1991 92 93 94 95 96 97 98 99 2000

Quelle: Analystenberichte, McKinsey-Analyse

Die finanziellen Anreize für die Teammitglieder müssen sich denn auch im Unterschied zu den traditionellen Sparten mit ihren kurzfristig messbaren Ergebnissen am langfristigen Erfolg der neuen Geschäftseinheit orientieren. Bevor ein Start-up die ersten Erräge erzielt, gehen mindestens fünf Jahre ins Land; bis zum Börsengang dauert es im Durchschnitt fünf bis sieben Jahre. So erfolgreiche Neugründungen wie *Genentech*, *Cisco* oder *Yahoo!* hätten nie Erfolg gehabt, wären sie nach den in »alten« Unternehmen üblichen kurzfristigen Ertragszielen bewertet worden. Es entspricht also durchaus der Logik eines *New-Venture*, dass die an diesem Projekt arbeitenden Führungskräfte zunächst deutlich weniger als ihre Kollegen aus den reifen Geschäftsbereichen verdienen können, aber im Falle des Erfolgs, etwa nach einem geglückten Börsengang, einen umso größeren Anteil am Ergebnis ihrer Arbeit erwarten müssen. Eine solche Vergütungsform hat im Übrigen den nicht unerwünschten Nebeneffekt, dass sich weniger unternehmerisch denkende Führungskräfte zu einem mit einem höheren Risiko verbundenen Job weniger hingezogen fühlen. Um die falschen Bewerber von vornherein abzuschrecken, verlangt beispielsweise *Xerox* von jedem Mitarbeiter, der bei einer der Teams ihrer Venture Gesellschaft *Xerox New Enterprises* anheuert, als Erstes auf sein bisheriges Versorgungspaket zu verzichten. Auch *T-Venture* – die Venture-Capital-Firma der *Deutschen Telekom* – legt großen Wert darauf, dass ihre Manager, die für Geschäfte in der frühen Entwicklungsphase verantwortlich sind, über 50 Prozent der Anteile halten. »Auf diese Weise«, so der Leiter von *T-Venture,* »bleibt die Motivation im Managementteam erhalten«.

Öffnen Sie Türen

Dass Unternehmen gut beraten sind, ihren Venture-Teams so viel Freiraum wie möglich zu lassen, bedeutet nicht, dass sie sich jeder Hilfestellung verweigern sollten. Ganz im Gegenteil bietet ihnen beispielsweise ihr weit gespanntes Netz an Verbindungen die Möglichkeit, ihren Innovatoren die Tür zu interessanten Partnern öffnen zu helfen. Ohne diese Unterstützung würden sich vor allem in der Startphase die noch weitgehend unbekannten Entrepreneure schwer tun, speziell in anderen Großunternehmen hochrangige Kontakte aufzubauen. Außerdem können sie wichtiges Knowhow an verschiedenen Stellen des Unternehmens nutzen, etwa beim Zugang zu Datenbasen, durch Hilfestellung im Rechnungswesen oder durch juristischen Rat bei der Abfassung von Verträgen.

Der Erfolg beim Management der virtuellen Gründerfirma hängt entscheidend davon ab, wie gut die neuen Steuerungsprinzipien mit den Mechanismen des etablierten »Systems« zusammenspielen und wie hilfsbereit etablierte Unternehmenseinheiten dem New-Venture gegenüberstehen. So falsch es ist, alles Existierende neu erfinden zu wollen, so wichtig ist es, an ein paar entscheidenden Stellen absolutes Neuland zu betreten. Manager von virtuellen Gründerfirmen sind gut beraten, mit klarer Überzeugung, aber auch in bescheidener Haltung auf ihre »Mutter« zuzugehen und an den richtigen Stellen um Unterstützung zu bitten.

Finanzierung nach Meilensteinen

Den Aufbau einer innovativen Biotech- oder Internetfirma etwa anhand gängiger Kennziffern zu führen und zu überwachen macht auf dem langen Weg zur Gewinnschwelle wenig Sinn. Als Orientierungspunkte durchgesetzt haben sich im Venture-Capital-Business stattdessen *Meilensteine*. Sie markieren wichtige Zwischenstationen zum Erfolg. Externe Meilensteine, wie sie ein Wagnisfinanzier versteht, sind häufig nicht finanzielle, sondern inhaltliche Zielmarken, die die Vollendung kleinerer, schon am Beginn verbindlich festgelegter Zwischenschritte dokumentieren. Ein solcher Meilenstein kann die Gewinnung eines strategischen Partners, der Eintritt eines Topmanagers mit industriellem Background für die Leitung des operativen Geschäfts oder der erste Auftrag eines Großkunden sein. Jedes dieser Etappenziele ist gleichzeitig der Startpunkt für eine neue Entwicklungsphase des Projekts – oder Abbruchkriterium. Auch hier scheuen sich Großunternehmen viel zu oft und wollen jedes Projekt zum Erfolg machen.

Vernünftigerweise orientiert sich auch die Finanzierung an den durch die Erreichung von Meilensteinen nachgewiesenen Fortschritten bei der Realisierung der Produktidee. In der ersten, üblicherweise zwischen drei und sechs Monaten dauernden Anfangsphase reichen in aller Regel ein bis zwei Millionen Dollar, auf der letzten, ein Jahr oder auch länger dauernden Etappe kann der Finanzbedarf auf zwanzig bis fünfzig Millionen Dollar ansteigen. Dass jeder neue Finanzierungsschritt ein positives Signal von draußen voraussetzt, lenkt die Aufmerksamkeit der Teammitglieder von Anfang an auf die Akzeptanz ihrer Strategie am Markt, das heißt ihrer potenziellen Kunden. Insofern ist dieses System nicht nur zielgenauer, sondern vor allem auch motivierender als das rigide Festhalten an den althergebrachten Budgets. Die Finanzierung nach Meilensteinen hat den großen Vorteil, dass sie berechenbar und nachvollziehbar ist und damit wenig Spielraum für Willkürentscheidungen lässt. Schließlich bietet sie die Gewähr, dass jeweils nur so viel Geld bewilligt wird, wie zur Erreichung des nächsten Streckenabschnitts gerade erforderlich ist. Eine Überkapitalisierung mit allen negativen Folgen lässt sich auf diese Weise leicht vermeiden.

Lern- und Suchprozesse

Wenn die Keimzelle eines aus einer innovativen Idee hervorgegangenen neuen Geschäfts eine Art virtuelles Gründerunternehmen mitten in einer bestehenden Struktur darstellt, dann sollte sich diese Einheit in jeder Beziehung nach ihren eigenen Gesetzmäßigkeiten entwickeln können. Über Erfolg oder Misserfolg entscheidet dabei vor allem, ob das Venture-Team auf dem für ein Start-up typischen Weg des tastenden Lern-und-Suchprozesses den Markt für sein Produkt oder seine Dienstleistung findet. Von den Beteiligten erfordert diese permanente Validation die Fähigkeit, auf neue Erkenntnisse schnell und flexibel zu reagieren, notfalls sogar das Ruder beherzt herumzureißen. Unter erfolgreichen Neugründungen finden sich denn auch viele, die mit einem völlig anderen Geschäftskonzept als demjenigen, mit dem sie an den Start gegangen waren, ans Ziel kamen. Für den Chef einer jungen Softwarefirma aus dem Silicon Valley ist das anfängliche Konzept überhaupt nicht viel mehr als eine »Plattform, von der das Team herausfinden muss, wo es letzten Endes langgeht.« Wie recht er damit hat, zeigt auch die Erfahrung der *Williams Company*. Im Juni 1996 begann das amerikanische Unternehmen mit der Entwicklung seines so genannten Choiceseat-Infotainment-Konzepts. Dahinter stand die Idee, Sitzplätze in Baseballstadien mit Spielstandanzeigen auszustatten. Die spontane Rückmeldung des Baseballteams zu dieser teuren Investition lautete: völlig überflüssig! Das Konzept wurde daraufhin zur Interplay-Homepage weiterentwickelt, was jedoch mit fünf Benutzerebenen zu wenig bedienerfreundlich war. Erst nach weiteren Konzeptänderungen war die endgültige Lösung stabil. Die Homepage bot ihren Besuchern neben Videoanwendungen mit Nahaufnahmen in Echtzeit auch die für die amerikanische Fangemeinde so wichtigen Spielstatistiken und weitere interessante Informationen. Erst nachdem die Interplay-Homepage auf große Akzeptanz ihrer Nutzer gestoßen war, entschloss sich *Williams* schließlich zur Einführung der Choiceseat-Anzeigetafeln: sie wurden in der Spielsaison 1997 als Sportkonzept der *next generation* gefeiert.

Aus der Sicht eines von fest gefügten Strukturen geprägten Managers sind dies – vorsichtig ausgedrückt – ungewöhnliche Praktiken. Bestärkt durch Erfolge und Erfahrungen aus der Vergangenheit, vertraut er fest darauf, das Marktpozenzial neuer Produkte mithilfe interner Markt- und Wettbewerbsanalysen – unterstützt durch Zielgruppeninterviews – selbst am besten abschätzen zu können. Entsprechend gering ist seine Neigung vom vorher bestimmten Kurs abzuweichen.

Welche Folgen die mangelnde Fähigkeit, auf die Signale des Marktes zu hören, haben kann, musste der Hersteller einer neuartigen Autokomponente leidvoll erfahren. Immerhin schickte er seine Entwicklungsingenieure zu potenziellen Kunden, um deren Urteil über das neue System einzuholen. Die bekamen zu hören: »Exzellente Leistung, passt gut in unsere Modellentwicklung, zu teuer!« Hocherfreut über das hohe Lob ihrer Qualitätsarbeit kehrten sie zurück – vergaßen jedoch den dritten, leider entscheidenden Punkt ihrer Botschaft. Die Folgen kann man sich leicht vorstellen. Zu spät wurde der Fehler erkannt. Die Entwicklung kam so nie zum Einsatz.

Wie Konzerne Ventures richtig führen

Das Führen eines Portfolios an neuen Geschäften erfordert besondere Fähigkeiten. Dass allein die Einrichtung eines so genannten *Governance Board* im Organigramm das Problem löse, ist ein verbreiteter Irrglaube. Viele Unternehmen, die mit unterschiedlichen Führungsmodellen experimentierten, kamen zu der Erkenntnis, dass vielmehr Erfahrung und unternehmerisches Urteilsvermögen die wichtigsten Voraussetzungen für die erfolgreiche Führung von neuen Geschäften sind. Welche Qualität von Erfahrung ist hier aber tatsächlich relevant und welche Urteilskraft ist gefordert?

Nach längerer Experimentierphase fanden Vorreiter das richtige Rezept und betrauten Manager, die bereits eigene Erfahrungen beim Aufbau eines neuen Geschäfts gesammelt hatten, mit dieser Führungsaufgabe. Zudem wurde immer klarer, dass im *Governance Board* ein gehöriges Maß an Seniorität und Vertrauen des Vorstands notwendig war, um die neuen Geschäfte durch schwierige Phasen zu führen und wichtige Entscheidungen schnell durchzusetzen. Deutlich wurde auch, dass es eines effektiven

Netzwerkes von erstklassigen Kontakten bedarf, um dem Venture wichtige Türen zu öffnen, insbesondere zur Venture-Capital-Szene.

Offensichtlich sind die Vorgehensweisen und Managementprinzipien der Venture-Capital-Industrie bestens geeignet, um aus neuen Ideen erfolgreich neue Geschäfte und Wachstumsfirmen zu entwickeln. Dass dabei über die Hälfte der Ideen, auf die ursprünglich gesetzt wurde, nicht zum Ziel kommen, gehört genauso zu den Spielregeln wie das Erzielen hoher Unternehmenswerte auf Basis erwarteter zukünftiger Wachstumspotenziale, ohne dass die jungen Unternehmen frühzeitig Vertrauen einflößende Gewinne vorzeigen können.

Diese Erkenntnisse machen sich nun immer mehr Großfirmen zu eigen, um auch im internen Bereich neue Ideen auf Erfolg versprechende Weise zu neuen Geschäften zu züchten. *Corporate-Venturing* ist der Jargonname für diesen Ansatz. Dazu müssen in Unternehmen und teilweise unter Beteiligung externer Venture-Capital-Geber die Wirkungsmechanismen des externen Venture-Capital-Marktes möglichst effizient nachgebildet und angepasst werden.

Für die Auswahl, Unterstützung und Finanzierung von Venture-Teams gelten dabei die gleichen Regeln wie in der »freien« Venture-Capital-Szene. Um die Aufgaben einer externen Venture-Capital-Firma nachzubilden, empfiehlt sich die Einrichtung eines so genannten *Venture-Boards*. Dieses Gremium muss vor allem prüfen, inwieweit die Entwicklung der jeweiligen Geschäftsideen anhand der festgelegten Meilensteine programmgemäß verläuft; folgerichtig liegt bei ihm auch die Entscheidung, wann der neuen Geschäftseinheit neues Kapital zugeführt werden soll. Mit ihrem Wissen und ihrer Erfahrung sollten sie der Führungsmannschaft gleichzeitig aber auch zur Verfügung stehen, wenn Rat und konkrete Hilfe gefragt sind oder wenn es irgendwo brennt.

Hohe Ansprüche an Besetzung von Venture-Boards

Dieses stellt an die Board-Mitglieder hohe Anforderungen. Entsprechend qualifiziert müssen die für eine solche Aufgabe infrage kom-

menden Kandidaten sein. Sie müssen nicht nur ein Netz von Außen-
kontakten mitbringen, sondern auch Routine in der kaufmännischen
Geschäftsführung und eine besondere Expertise in Fragen des Ver-
triebs und Marketing besitzen. Ihre Autorität auch bei schwierigen
Entscheidungen hängt davon ab, inwieweit sie das Vertrauen des
Vorstands haben. Rückendeckung brauchen sie insbesondere dann,
wenn sie eine negative Entwicklung des neuen Geschäfts vor die Entscheidung stellt, das Projekt unnachsichtig abzubrechen – eine durchaus nicht seltene Situation. Deshalb ist es empfehlenswert, in ein Venture-Board auch externe Mitglieder von hohem Ansehen und einem
starken persönlichen Commitment für den Erfolg der ihr anvertrau-
ten Sache zu berufen. Dies können Persönlichkeiten sein, die selber
schon einmal ein Unternehmen aufbauten oder erfahrene Praktiker
aus der Welt des Venture-Capital.

Das Votum des *Venture-Board* ist schließlich gefragt, wenn die
Frage nach der Zukunft des aus einer klugen Idee entstandenen und
erfolgreich an den Markt herangeführten »Ablegers« ansteht. Dies
ist bei normaler Entwicklung nach etwa sieben Jahren zu erwarten.
Dabei gilt es zunächst grundsätzlich zu klären, ob das neue Geschäft
strategisch in das Gesamtkonzept passt. Ist dies der Fall, sollte das
Unternehmen, wenn es Haupteigentümer ist, sich durch die Übernahme von Anteilen Dritter möglichst die beherrschende Führungsrolle sichern und die Sparte in sein Kerngeschäft eingliedern. Liegen
diese Aktivitäten dagegen neben den Zielen des Unternehmens, empfiehlt es sich, diesen Bereich vollständig zu verkaufen – ob an einen
Wettbewerber, über die Börse oder im Rahmen eines Buy-out der
bisherigen Führungs-Crew. Bei begrenztem Interesse kämen als Aus-
stiegsszenarien unter Umständen ein Joint-Venture mit einem anderen Geschäftspartner oder die Position eines Mehrheits- oder Min-
derheitsgesellschafters an einer selbständigen Firma in Betracht.

Strikte Anwendung von Marktmechanismen

1. Weniger als die Hälfte aller neuen Geschäfte ist erfolgreich. Legen Sie deshalb ein Portfolio von New-Ventures an.

2. Steuern Sie in der frühen Phase nicht nach Umsatz oder Gewinn. Der Unternehmenswert ist die geeignete Erfolgskennzahl für ein neues Geschäft.

3. Das Management nach Periodenplanung und Budgetplänen kostet Zeit und täuscht falsche Sicherheiten vor. Definieren Sie stattdessen externe Meilensteine, die das Venture erreichen muss. Nur diese sind maßgeblich für Erfolg und Misserfolg.

4. Großzügige Budgets erhöhen die Misserfolgsquote. Halten Sie die Mittelzuführung knapp. Dies zwingt zur Konzentration auf das Wesentliche.

5. Werfen Sie gutes Geld nicht schlechtem Geld hinterher. Beenden Sie konsequent das Venture, wenn es die Meilensteine nicht erreicht.

Gezielte Führung und Unterstützung durch die »Mutter«:

6. Mögliche Kannibalisierung und Synergie-Illusionen sind die Todfeinde eines Ventures. Trennen Sie das Venture vom Kerngeschäft.

7. Verschwenden Sie nicht zu viel Zeit auf Fragen der Organisation. Ein Venture erfordert einen Topmentor mit Erfahrung und Urteilsvermögen.

8. Freifahrt- oder Rückfahrscheindenken wirkt kontraproduktiv. Die Anreize für Unternehmer eines neuen Geschäfts müssen sich an der Wertsteigerung und dem Risiko orientieren.

9. Widerstehen Sie der Versuchung des Hineinregierens. Das Unternehmerteam braucht Entscheidungsfreiheit wie externe Start-ups.

10. Unterschätzen Sie die eigenen Geschäftskontakte nicht. Öffnen Sie Türen und geben Sie gezielte Unterstützung.

Bypass für gute Ideen

Wie Siemens mit einem Businessplan-Wettbewerb
neue Geschäfte entwickelt

»Ich sehe immense Entwicklungschancen, ich wollte so etwas immer schon machen«, schwärmt Bernd Burchard, den Blick fest auf ein »Marktpotenzial von mehreren Milliarden Mark« und ein eigenes Geschäftsvolumen »in dreistelliger Millionenhöhe« gerichtet. Der da mit so viel Begeisterung an seine neue Aufgabe geht, ist kein in der elterlichen Garage oder auf der grünen Wiese unternehmerisch gestartetes Computer-Kid, sondern ein wohlbestallter *Siemens*-Entwickler. Der promovierte Elektroingenieur des Jahrgangs 1962 hängt seinen bisherigen Job in der Halbleitersparte (die zum 1. April 1999 unter dem Namen *Infineon Technologies AG* rechtlich verselbständigt wurde und an die Börse gebracht werden soll) an den Nagel, um den Aufbau eines ebenso chancenreichen wie risikoreichen Projekts zu übernehmen.

Die intern unter der Bezeichnung *Speach Interface Group* geführte Einheit soll für das zukunftsträchtige Feld der Spracherkennung in Konsumartikeln maßgeschneiderte Software/Hardware-Module entwickeln und zu attraktiven Preisen auf den Markt bringen. Die Vorteile einer Sprachtechnologie liegen auf der Hand: In die immer kleiner werdenden Handys beispielsweise braucht man dann keine Nummern mehr einzutippen, sondern nur noch den Namen des Empfängers hineinzusprechen, und schon wählt der intelligente Chip die programmierte Zahlenkombination ganz von selbst. Viele *Consumer Products* dürfte diese Technologie in absehbarer Zeit ebenfalls zu Befehlsempfängern machen, nicht zuletzt im Auto.

Seine neue berufliche Chance verdankt Projektchef Burchard, der bislang Szenarien für die neue Generation von Fernsehern, Videorekordern und anderen Massenprodukten der Konsumelektronik erarbeitet hatte, dem ersten Businessplan-Wettbewerb des Konzerns. Dass diese zuvor in der jungen Gründerszene erfolgreich erprobte Innovations-Methode bei *Siemens* von der Halbleitersparte übernommen wurde, lässt sich mit den besonderen Spielregeln auf diesem Markt erklären. Das Geschäft vor allem mit Speicherchips ist äußerst volatil, die Produktzyklen sind extrem kurz, der über den Preis ausgetragene Wettbewerb bei diesen Commodities ist entsprechend hart. Seit Jahren bemüht sich *Siemens* daher, den Speicheranteil zugunsten der gegenüber Konjunkturzyklen weniger anfälligen Logik-Bausteine und neuer Geschäftsaktivitäten zu verringern. Mitte 1995 startete der Konzern eine Innovationsoffensive. Nach einem Ideenwettbewerb in den zentralen Forschungs- und Entwicklungsabteilungen im Jahre 1996 beschloss der Halbleiterbereich ein Jahr später, mit einem Businessplan-Wettbewerb die Kreativität sämtlicher Mitarbeiter zu mobilisieren. Inspirieren ließen sich die Chip-Manager dabei von den Wettbewerben im Umfeld des Massachusetts Institute of Technology (MIT) und in München, an dem *Siemens* als Sponsor mitgewirkt hatte.

Mit der Durchführung des Wettbewerbs beauftragte der Bereichsvorstand die Ende 1997 eingerichtete *Venture Unit*. Die dem *Infineon*-Vorstand direkt unterstellte Truppe hat die Aufgabe, vor allem zwischen den etablierten Product Divisions neue Geschäftsfelder durch Beteiligungen an externen Firmen oder interne Entwicklungsprojekte frühzeitig zu erschließen. Das neue Profit Center orientiert sich bei seinem Vorgehen stark an den Erfolgsfaktoren klassischer Venture-Capital-Firmen: Hat ein geschäftlicher Nukleus die Schwelle zur Marktreife erreicht, kann er entweder in einen internen Produktbereich integriert oder – wenn er in keines der bestehenden Kernarbeitsgebiete passt – ausgegründet, im äußersten Fall sogar ganz abgestoßen werden. Mittelfristig soll sich die neue Einheit aus dem eigenen Cashflow finanzieren.

In den Teilnahmebedingungen für ihren in Zusammenarbeit mit *McKinsey* durchgeführten Businessplan-Wettbewerb *AddVenture!* setzte die neue Truppe denn auch hohe Ziele. Alle eingerichten Ge-

schäftskonzepte müssten, wie es in einem per E-mail anzufordern-
den, oder über die Homepage im Intranet abrufbaren Teilneh-
merhandbuch hieß, »in Inhalt und Form den hohen Ansprüchen eines potenziellen Investors gerecht werden«. Um den weltweit 25 000
Mitarbeitern die Bedeutung des Ideenwettstreits vor Augen zu führen, versprach Halbleiter-Chef Ulrich Schumacher in einem persönlich gehaltenen Einladungsschreiben, die »großangelegte Initiative«
selber »intensiv begleiten und bei der Bewertung jeder eingereichten
Geschäftsidee mitwirken« zu wollen. Der Wettbewerb, so erfuhren
die Adressaten, könne ihnen »ganz neue berufliche Perspektiven er-
öffnen« und biete ihnen die Chance, »selbst zum Unternehmer im
Unternehmen zu werden«.

Als besonderen Anreiz lobten die Veranstalter für die Einsender
der besten Businesspläne attraktive Geldpreise aus. So winkten den
fünf Bestplatzierten der ersten Runde je 10 000 Mark, dem aus der
zweiten Etappe als Gewinner hervorgehenden Team wurde eine
Siegprämie von 100 000 Mark ausgesetzt, den auf den Plätzen zwei
und drei rangierenden Teilnehmern immerhin noch Belohnungen
von je 50 000 Mark.

Verlangt wurde in der Phase eins (Dauer: 15. Dezember 1997 bis
28. Februar 1998) zunächst nur eine Beschreibung der Geschäftsidee; im zweiten Durchgang (1. März bis 30. April 1998) war dann
bereits ein Grob-Businessplan mit einer detaillierten Analyse der
Markt- und Wettbewerbsposition gefragt. Zum zweiten Durchgang
antreten durften auch Teilnehmer, die auf der Startetappe mit ihrer
Geschäftsidee noch nicht hatten überzeugen können und sogar Neueinsteiger.

Allerdings wurden von nun ab nur noch Teams, bestehend
aus mindestens zwei Personen, zugelassen. Wer beispielsweise als
Entwickler einen Marketingexperten als Partner für sein Projekt
suchte, konnte über eine spezielle »Homepage-Kontaktbörse«
oder durch Vermittlung der *Venture Unit* Verstärkung finden.
Die meisten fanden ihren oder ihre Teamkollegen jedoch ohne
fremde Hilfe über eigene Beziehungen zu anderen Abteilungen
des Hauses. »Ein Entwickler arbeitet ja nicht stur im Labor vor
sich hin«, so Venture-Leiter Ralf Schnell, »für ein Entwicklungs-
projekt kann nur derjenige mit der Genehmigung rechnen, der zu-

sammen mit unseren Marketingleuten präzise Marktdaten aufbereitet.«

Obwohl die Teilnehmer aus dem Handbuch detailliert erfuhren, was ihr Businessplan alles enthalten mußte, erläuterten die Veranstalter auf insgesamt 15 Venture-Foren in München, in den Werken Regensburg und Dresden, im asiatischen Halbleiter-Headquarter Singapur und an ihrer US-Basis San Jose die mit der Aktion weltweit verfolgten Ziele. Wettbewerbs-Organisator Schnell: »Unsere Intentionen wären nicht verstanden worden, wenn wir nur Papier rübergeschickt hätten, wir brauchten die Interaktion mit den Mitarbeitern.« Auch während des Wettbewerbs standen die Venture-Manager als Coaches den Teilnehmern für Einzelgespräche zur Verfügung. »120 individual coaching sessions« vermerkt der Abschlussbericht – die meisten in Phase zwei.

»Um den Leuten eine Vorstellung zu geben, was wir überhaupt meinen« (Schnell), lenkten die Veranstalter in ihrem Handbuch das Interesse der Teilnehmer auf eine Reihe von Themenfeldern, die »im Mittelpunkt des Wettbewerbs« stehen sollten – von Spracherkennung über Kfz-Communications bis hin zu mikromechanischen Anwendungen. Soweit sie »für *Infineon* von strategischer Bedeutung sind«, waren jedoch auch Ideen aus anderen Gebieten willkommen. Tatsächlich stammte denn auch nicht einmal die Hälfte aller eingereichten Vorschläge aus den vorgegebenen Suchfeldern.

Von den rund 500 Handbuch-Bestellern beteiligten sich 273 einzeln oder in Teams an der ersten Phase des Wettbewerbs mit insgesamt 182 Geschäftsideen. Zur Teilnahme eingeladen waren außer den Mitarbeitern der Halbleitersparte auch die 1600 Kreativen der zentralen *Siemens*-Forschung sowie externe Interessenten, vor allem aus nahe stehenden wissenschaftlichen Einrichtungen. Zur zweiten Runde traten noch 115 Teilnehmer mit zusammen 40 Businessplänen an. Von den im Wettbewerb Verbliebenen arbeiteten 34 Prozent im Münchener Stammhaus, vor allem als Entwickler, 17 Prozent in der Zentralen *Siemens*-Forschung; zehn Prozent steuerten ihre Ideen vom US-Stützpunkt Cupertino, weitere sieben Prozent aus Singapur und anderen Regionen wie Indien und Australien bei.

Evaluiert wurden die präsentierten Geschäftsideen von einem aus internen Mitarbeitern bestehenden Gutachterteam. Es sah seine

Aufgabe außer in der Prämierung der besten Businesspläne darin, allen Teilnehmern nach Möglichkeit persönlich durch einen der Juroren eine ausführliche Beurteilung ihrer Projektbeschreibung zu geben. Lücken und Mängel sollten offen angesprochen werden, die daraus zu ziehenden Konsequenzen einschließlich der Entscheidung, mit einem überarbeiteten Plan im Wettbewerb weiterzumachen, dagegen jedem Einzelnen selbst überlassen bleiben. Venture-Chef Schnell: »Das sind alles erwachsene Menschen, meist Akademiker, die Sie nicht wie Kinder behandeln können.« Deshalb wurden auch keine schriftliche Benotungen verschickt, sondern selbst den Teilnehmern aus Singapur durch einen Abgesandten mündlich erläutert, wie ihre Ideen in München aufgenommen worden waren.

Obwohl die eingereichten Beiträge, wie die Teilnehmer aus dem Handbuch erfuhren, »höchste Standards« zu erfüllen hatten und das aus ihrer Idee erwartete Geschäft innerhalb von fünf bis sechs Jahren einen Umsatz zwischen fünfzig und hundert Millionen Mark versprechen müsse, wiesen viele Einsendungen besonders auf der ersten Etappe Defizite bei der Marktanalyse auf. »Deutliche Schwächen bei der sauberen Ausformulierung des Kundennutzens und der sich daraus ergebenden Abgrenzung des Marktes« mussten sich vor allem Teilnehmer aus dem Kreis der Halbleiterentwickler wiederholt ankreiden lassen. Für die zweite Phase räumten die Veranstalter deshalb den im Rennen gebliebenen Teams eigens ein Budget von jeweils zwei bis drei Tausend Mark ein, mit denen sie im konzerninternen Fach- und Informations-Zentrum gezielt Datenbank-Recherchen über Marktverhältnisse und Wettbewerber in Auftrag geben konnten. Allerdings machten nur wenige Teams von dieser Moglichkeit Gebrauch.

Entgegen ihrer Ankündigung, am Ende der Phase zwei einen Sieger und Empfänger von 100 000 Mark Preisgeld zu präsentieren, konnten sich die Juroren unter den neun in die engere Wahl gezogenen Businessplänen auch nach langen Diskussionen auf keinen Hauptgewinner einigen. Zu unterschiedlich bewerteten die Gutachter Stärken und Schwächen der einzelnen Konzepte. Am Ende verständigten sie sich darauf, die nach ihrem Urteil vier besten Projekte mit jeweils 50 000 Mark zu prämieren.

Nicht weniger heikel als die Preisvergabe erwies sich für die *Venture Unit* die sich an den eigentlichen Wettbewerb anschließende Phase drei. Hier galt es zu entscheiden, ob und gegebenenfalls wie die prämierten Ideen umgesetzt werden sollten. Zwar hatte Halbleiter-Chefmanager Schumacher in seiner Einladung innovativen Ideenschöpfern Hoffnungen auf eine unternehmerische Tätigkeit im Unternehmen gemacht; doch eine Garantie, dass ein Projekt, selbst ein preisgekröntes, auch realisiert wird und dies auch noch unter der Verantwortung seiner Initiatoren, wollten die Wettbewerbsausrichter den Teilnehmern nicht geben. Vielmehr behielten sie sich in jedem Einzelfall die Entscheidung vor, ob sie das Projekt in die Obhut einer Product Division legen, zunächst als eigenes Venture zur Marktreife führen, es in eine selbständige Gesellschaft ausgründen oder bis auf weiteres gar nicht weiterverfolgen. Irgendwelche Ansprüche Betroffener ständen dieser Praxis nicht entgegen, denn, so heißt es in der Unternehmenszentrale lapidar: »Wir alle sind Mitglieder dieser Firma, was immer wir gedanklich produzieren, ist und bleibt ihr Eigentum.«

Dass einige Projekte von anderen als ihren ursprünglichen Wegbereitern vorangetrieben werden, hat seinen Grund aber nicht in allen Fällen in Personalentscheidungen der Venture-Manager. Diese wurden vielmehr mehr als einmal mit dem Wunsch sogar preisgekrönter Teilnehmer konfrontiert, lieber auf ihrer sicheren Position zu verbleiben, als mit der Umsetzung ihrer Geschäftsidee ein berufliches Risiko einzugehen.

So sprang Bernd Burchard erst in dem Augenblick in die Bresche, als sich keiner der drei Experten für Spracherkennung dazu durchringen konnte, seine Pläne selber in die Tat umzusetzen. In einem anderen Fall bündelten die Ideensammler verschiedene Businesspläne zu einem Gesamtprojekt *Ident IDs*. Winzige, beispielsweise in Verpackungen integrierte Chips ermöglichen es, bestimmte Dinge zu identifizieren und die elektronisch gespeicherten Daten in Bruchteilen von Sekunden zu übertragen – unter Umständen ein riesiger Markt. Jede der zu diesem Thema eingegangenen Einzelideen wäre als Spezialentwicklung wahrscheinlich wirtschaftlich nicht interessant gewesen. Als breit angelegtes Projekt erhoffen sich die Venture-Manager nach einer systematischen Marktanalyse dagegen sehr viel bessere Erfolgschancen.

Einigermaßen kurios: Als erster Teilnehmer des *AddVenture!*-Wettbewerbs ging ausgerechnet ein Mann an den Start, dessen Geschäftsidee von den Juroren als wenig attraktive Randaktivität verworfen worden war. Christian Bornhauser, promovierter Entwicklungsingenieur mit 15-jähriger *Siemens*-Erfahrung im In- und Ausland (unter anderem beim Bau des inzwischen bereits wieder stillgelegten Halbleiterwerks in England) hatte schon seit Jahren für die Idee Verbündete gesucht, die in den Chipfabriken des Konzerns und bei Kunden als Müll anfallenden Kunststoffverpackungen wie Polystyrol-Spulen zu sortieren und bis auf einen kleinen Rest sinnvoll wiederzuverwerten. Doch nicht einmal sein Argument, dass man damit ein lohnendes Dienstleistungsgeschäft aufziehen könne, löste Begeisterung aus.

Dennoch resignierte Bornhauser nicht, sondern folgte der im Hause in leidvoller Erfahrung gereiften Einsicht, »dass man sich als langjähriger Mitarbeiter in einem Konzern von solchen Rückschlägen nicht entmutigen lassen darf«. Wohl wissend, dass »man ohne Mentor nicht viel bewegen kann«, versuchte er mit Erfolg, den kaufmännischen Vorstand für seine Pläne zu gewinnen. Auf diese Weise neu motiviert, ging er in der zweiten Runde des Wettbewerbs abermals ins Rennen und darf – obwohl er wiederum nicht zu den Siegern gehörte – sein Projekt verwirklichen: Im brandenburgischen Eisenhüttenstadt unweit der Grenze nach Polen, wo billige Arbeitskräfte leicht zu finden sind und der Staat mit Fördermitteln Investoren unter die Arme greift, geht der *Siemens*-Manager als Unternehmer an den Start. An seiner Firma wird der Konzern zunächst noch 75 Prozent der Anteile halten, die Mehrheit jedoch früher oder später wieder abgeben.

Gekündigt hat auch ein anderer Teilnehmer, der auf die technische Verbesserung der Chip-Herstellung gesetzt und dazu ein Spezialteil entwickelt hatte. Da sich *Infineon* jedoch ganz auf die Produktion von Halbleitern beschränken wollte, musste der von seiner Idee überzeugte Entwickler seinen Businessplan in einer eigenen Firma ausführen. Startkapital seines Arbeitgebers brauchte er dazu nicht – ein Equipment-Kunde sprang als Finanzier ein. Einschließ-

lich eines von drei Mitarbeitern am Standort Regensburg weiterge-
führten Projekts und einiger von den jeweiligen Product Divisions
direkt übernommener Themen fand sich für etwa zehn Ideen in der
Umsetzungsphase drei eine konkrete Zielperspektive. Dass die Ernte
nicht üppiger ausfiel, vor allem dass von den vier preisgekrönten Sie-
gerteams der zweiten Phase nur zwei tatsächlich als »Unternehmer
im Unternehmen« ihr Produkt auf dem Weg zur Marktreife weiter
begleiten, wollen die Veranstalter nicht negativ bewerten. Der Businessplan-Wettbewerb, so geben sie zu bedenken, habe die junge *Venture Unit* intern weltweit bekannt gemacht, habe Mitarbeiter in un-
terschiedlichsten Funktionen zu Projektteams zusammengeführt und
darüber hinaus die Entwickler zu unternehmerischem Denken ange-
regt. Schließlich habe *AddVenture!* aussichtsreiche, aber an ihrem
Entstehungsort nicht mit höchster Priorität versehene Innovationen
wie über einen »Bypass« in eine Position gebracht, aus der sie wesentlich schneller und effizienter in die kommerziell »heiße« Phase
gelangen.

Dennoch haben die Ausrichter des ersten Businessplan-Wettbe-
werbs innerhalb des Konzerns eine kritische Fehleranalyse ange-
stellt. Einig ist man sich vor allem darin, die Höhe der Preisgelder zu
großzügig festgelegt zu haben. »Wir haben erkennbar einige Kandidaten dabei gehabt, die nur wegen des Prämiengeldes mitgemacht
haben und ihre Ideen gar nicht in die Tat umsetzen wollten«, räumt
Venture-Leiter Schnell unumwunden ein.

Vollauf bestätigt fühlen sich die Veranstalter hingegen in ihrer
Einschätzung der wichtigsten Erfolgskriterien einer auf der »grünen
Wiese« erprobten Aktion unter den speziellen Bedingungen des
Großunternehmens: Wichtig war nicht allein, dass mit den Mitteln
der internen Kommunikation in einer breit angelegten Mobilisie-
rungskampagne der *Venture Unit* die Mitarbeiter mit dem Zweck
und den Spielregeln des Wettbewerbs detailliert vertraut gemacht
wurden. Ebenso wichtig war, dass sich Vorstandschef Ulrich Schumacher persönlich mit einer Einladung an die Belegschaft wandte
und die Sache damit explizit zu seiner eigenen machte. Schließlich
zeigte der Verlauf, dass ohne professionelles Coaching und die persönlichen Gespräche der Juroren mit den Teilnehmern vor allem
nach der ersten Etappe viele ihr Ziel nicht erreicht hätten. Ob sich

aus den Ergebnissen des Ideenwettstreits irgendwann einmal ein interessanter *Infineon*-Geschäftszweig entwickeln wird? Man wird sehen.

Kapitel 8

Von Klippen und Krisen

Die häufigsten Fehler vieler Unternehmensgründer

Alles scheint hundertprozentig im Lot zu sein: Der Businessplan steht, die Finanzierung ist gesichert, die Mitarbeiter sind zur Stelle, das Produkt lässt keine Fehler erkennen, die Umsatzplanung ist eher vorsichtig als überzogen. Und doch geht schließlich etwas schief, gerät das mit viel Enthusiasmus und Akribie geplante Unternehmen plötzlich in eine Sackgasse, vielfach sogar in eine lebensbedrohliche Krise. Wo liegen die Ursachen? Was wurde falsch gemacht?

Die Situation beschreibt keinen Ausnahmefall, vielmehr die Regel. Kaum eine Firmengründung, die wie ein geglückter Raketenstart haargenau nach Plan verläuft. In fast allen Fällen gelangen die Gründer, vornehmlich in den ersten Jahren, an einen Punkt, wo das scheinbar schlüssige Konzept plötzlich an einer Stelle nicht mehr aufgeht und sich die Führung vor schwerwiegende Entscheidungen gestellt sieht. Auffällig ist, dass es immer wieder dieselben Klippen sind, an denen junge Start-ups schon in der ersten Phase ihrer Entwicklung zu scheitern drohen. Diese Klippen sollen im Folgenden näher beschrieben werden.

Der vergessene Kunde

Vor allem Forscher und Entwickler, die von ihrer Idee begeistert sind, neigen dazu, die Attraktivität ihres Produkts bei ihren potenziellen Kunden zu überschätzen. Da sie selber von der Bedeutung ihrer Innovation überzeugt, ja geradezu begeistert sind, können sie sich nur schwer vorstellen, dass »der Markt« anders reagiert. Erkennt das Unternehmen seinen Irrtum, führt die Ursachenforschung in der Regel auf zwei Gründe: Entweder ist es den Gründern *nur* nicht gelungen die Eigenschaften und Vorteile ihrer Produkte überzeugend herauszustellen oder der Geschäftsidee fehlt überhaupt der ihr unterstellte Kundennutzen. Lässt sich der erste Fehler möglicherweise noch korrigieren, kann der zweite im Extremfall für das Unternehmen das vorzeitige Aus bedeuten.

Stephan Heymann, Mitbegründer der Firma *Kelman Technology* in Berlin, erkannte dieses Problem gerade noch rechtzeitig. Der erfolgreiche Teilnehmer am Berliner Businessplan-Wettbewerb, der sich mit einem neuen Verfahren zur Beschleunigung von Arzneimittelentwicklungen selbständig gemacht hatte, beschrieb seine Erkenntnisse wie folgt: »Irgendwann im Verlauf des Wettbewerbs wurde uns klar, dass wir selbst das größte Hindernis sind. Sind wir doch immer davon ausgegangen, gute Ideen missionierten per se. Das allgemeine Interesse an unseren neuen Verfahren nützte uns nicht viel, wir mussten dieses Interesse viel konkreter und begreifbarer bedienen. Und dazu war viel mehr Wissen notwendig, als wir aus unserem Forscheralltag mitbrachten.«

Trifft das neue Produkt auf ein bereits vorhandenes Konkurrenzprodukt, gilt es, die Vorteile klar herauszustellen: Schneller, billiger und besser sind die entscheidenden Differenzierungsmerkmale. Schließlich soll der potenzielle Kunde einem bislang gekauften Produkt den Rücken kehren und sich stattdessen für das neue entscheiden. Der dem neuen Produkt zugemessene Vorteil darf nicht marginal, sondern muss erheblich – also um einige Faktoren höher – sein – sonst scheut der Kunde den möglicherweise mit Umstellungskosten und Risiken verbundenen Wechsel. Die einfachste Methode, sich Klarheit über den Kundennutzen einer Geschäftsidee zu verschaffen, ist die Aufstellung eines detaillierten Stärken-Schwächen-Profils des eigenen Angebots und aller relevanten Konkurrenzprodukte. Im Idealfall stellt der Gründer bei diesem Vergleich fest, dass sein eigenes Produkt in allen Belangen besser als die seiner Wettbewerber abschneidet. Andernfalls muss er wohl oder übel versuchen, seine Innovation den Ansprüchen der künftigen Käufer anzupassen. Die seit April 1999 börsennotierte Firma *Marimba* im kalifornischen Mountain View hatte zum Beispiel ihre Software ursprünglich auf die Bedürfnisse von Privatkunden ausgelegt bis sie merkte, dass sie auf das falsche Pferd gesetzt hatte und sich in Wahrheit Geschäftskunden für ihre Innovation am meisten interessierten. *Marimba* arbeitete dann eng mit diesen Kunden zusammen, um ihre Sofware-Produkte auf diesen Markt zuzuschneiden. So radikal kann der Strategiewechsel bei den Zielsegmenten sein.

Dabei empfiehlt es sich nicht, die verfolgte Strategie bei den am leichtesten zu überzeugenden Adressaten zu verifizieren. Ein realistischeres Bild und weitaus mehr Schubkraft für sein Produkt erreicht vielmehr derjenige, dem es gelingt, einen Interessenten mit hoher Marktreputation und damit breiter Signalwirkung zu gewinnen. Genau nach dieser Devise gingen beispielsweise auch die Gründer der Münchener Firma *Fidelio Software GmbH* vor, als sie ihre Standardsoftware für Hotelreservierungssysteme zunächst namhaften Pilotbetrieben der Branche zu attraktiven, nicht einmal kostendeckenden Konditionen offerierten. Mit der Referenz dieser Häuser fiel es ihnen anschließend relativ leicht, im breiten Markt ihr System zu verkaufen. Wollen die Gründer aber nicht gegen bestehende Konkurrenz antreten, sondern mit ihrem Produkt erst den anvisierten Markt »machen«, ist die Abschätzung des Kundennutzens ungleich schwieriger. Hierzu ist neben der intensiven Zusammenarbeit mit Pilotkunden auch eine gehörige Portion »Missionierarbeit« zu leisten, die nur wenigen talentierten Unternehmensgründern gelingt.

Lücken in der Führung

In vielen Gründern steckt bewusst oder unbewusst die Vorstellung vom genialen Einzelkämpfer, der ganz auf sich allein gestellt ein großes Unternehmen aufbaut. Diese Aufgabe übersteigt heute jedoch in den meisten Fällen die Kräfte und die Kompetenz eines Einzelnen. In allen wirklich großen Success Storys gibt es nicht nur die im Rampenlicht stehenden großen Stars, sondern in ihrem Schatten Partner und Mitarbeiter mit komplementären Talenten und Fähigkeiten, ohne die es diesen Erfolg nie gegeben hätte. Je früher sich Gründer dieser Tatsache bewusst werden, desto besser. Wichtig ist vor allem, dass spätestens mit dem Markteintritt der jungen Firma ein erfahrener Vertriebsfachmann zur Verfügung steht und in der Wachstumsphase ein ebenso versierter Kaufmann für die wirtschaftliche und finanzielle Solidität des Unternehmens bürgt.

Wie findet man Leute, die ihren sicheren Job in einem etablierten Unternehmen aufgeben, um sich dem Risiko einer Start-up-Firma zu stellen? Diese Frage drängt sich gerade in einem bis vor wenigen Jahren »gründungsfaulen« Land wie der Bundesrepublik auf. Anders als in den USA ist die Zahl der Alt-Entrepreneurs, die ihre Erfahrungen als Coach an die Jüngeren weitergeben können, im Vergleich zu den USA hierzulande noch gering. Ein Patentrezept, wie man zu einem qualifizierten Team kommt, gibt es nicht. Um die Mühe, sich – unter Umständen mit Unterstützung eines Headhunters – auf die Suche nach den passenden Partnern zu machen, dürfte kaum jemand herumkommen. Eine geeignete Methode für die Auswahl des Management-Teams sind explorative Tiefeninterviews. Dabei sollte vorrangig Wert auf Erfahrungen im Aufbau von Geschäften gelegt werden. Dazu zählen zum Beispiel die Einführung einer neuen Marke, der Launch eines neuen Produkts oder die Eröffnung einer neuen regionalen Dependance sowie Branchenkenntnisse. Wer in der glücklichen Lage ist, unter mehreren interessierten Venture-Capital-Firmen seinen Lead Investor auswählen zu können, sollte sich rechtzeitig Gewissheit verschaffen, ob dieser die bestehende Führungslücke schließen helfen kann.

Auf die »Chemie« kommt es an

Gerade in kritischen Situationen während der Aufbauphase muss sich ein Gründerteam nicht nur von seiner Kompetenz, sondern auch von seinem persönlichen Grundverständnis als voll handlungsfähig erweisen. Da die Inhaber auf Gedeih und Verderb aufeinander angewiesen sind, muss die »Chemie« zwischen ihnen stimmen. Ob eine Firma eine kritische Lage meistern kann oder nicht, hängt wesentlich davon ab, ob sich die Teammitglieder aufeinander verlassen können oder ob sie infolge unterschiedlicher Grundveranlagungen wie Risikobereitschaft, Durchhaltevermögen und psychische Belastbarkeit auseinander driften. Klarheit über diese »weichen« Faktoren lässt sich nur in ausführlichen persönlichen Gesprächen zwischen den Gründern gewinnen. Dabei darf die Frage nicht ausgeklammert werden, inwieweit sich einzelne Partner neben ihrer Tagesarbeit noch anderen Aufgaben widmen wollen, etwa der Fortsetzung ihrer akademischen Karriere. Im Allgemeinen gilt, dass ein auf Wachstum programmiertes Start-up-Unternehmen die volle Arbeitskraft ihrer Gründer beansprucht. Wo ein Teammitglied seinen Verpflichtungen nicht mit ganzem Einsatz nachzukommen bereit ist, kann, wie alle Erfahrung lehrt, schnell ein Problem entstehen, insbesondere in Krisensituationen.

Die Erfahrung, dass ihre Aufgabe »den ganzen Mann« fordert, mussten auch fünf Forscher des Heinrich-Hertz-Instituts in Berlin (einer Großforschungseinrichtung für die Nachrichtentechnik) machen, die 1996 die Firma *BNeD Broadbend Network Design GmbH* gründeten. Solange den Wissenschaftlern nur ein kleines Ingenieurbüro zur Vermarktung ihrer Software vorschwebte, konnten sie weiterhin Tätigkeiten am Institut übernehmen. Als sie nach der Teilnahme am Berliner Businessplan-Wettbewerb jedoch die Chance erkannten, mit ihrem Produkt ein erfolgreiches Unternehmen aufbauen zu können, änderten sie ihre weitere Berufsplanung radikal. »Wir haben uns entschieden«, erklärte Gründungsmitglied Dirk Seewald im Namen aller Partner lapidar, »unsere Planungen sind nun voll auf Wachstum ausgerichtet. Nicht mehr die Koordinierung des eigenen Zeitbudgets zwischen Uni und Unternehmertätigkeit und die bescheidenen eigenen Mittel sollen den Erfolg unserer Ideen beschränken, sondern unser Erfolg bei der Akquisition guter Mitarbeiter, die wir für unser Projekt begeistern können.«

Das Problem mit dem Fokus

Eine der am stärksten verbreiteten Schwächen junger Unternehmen ist fehlende Konzentration auf ein klar umrissenes, beherrschbares Marktsegment. Vor allem aus der Forschung kommende Gründer peilen für die von ihnen erarbeitete Basistechnologie häufig viel zu große Märkte an. Die von ihnen definierten Anwendungsbereiche verteilen sich dabei oft auch noch auf unterschiedliche Branchen. Die strikte Fokussierung auf ein scharf abgegrenztes Absatzgebiet fällt ihnen deshalb so schwer, weil sie fürchten, leichter scheitern zu können, wenn sie alles auf eine Karte setzen. Sie übersehen dabei, dass sie mit Sicherheit keinen Erfolg haben werden, wenn sie alle denkbaren Marktsegmente gleichzeitig erobern wollen. Digitale Signalprozessoren beispielsweise, die Sprachsignale extrem schnell von analog auf digital umwandeln, lassen sich in Handys, in Hörgeräten oder auch in elektronischen Museumsführern einsetzen. Für eine Start-up-Firma ist es jedoch sehr schwer abzuschätzen, auf welches Gebiet sie am besten setzen soll, doch kommt sie an einer Entscheidung nicht vorbei. Statt sich zu verzetteln, ist es besser, sich zunächst auf ein erfolgversprechendes Marktsegment zu konzentrieren. Nur so können Gründer schnell erste vorzeigbare Vertriebserfolge erreichen, auf deren Basis sie dann schrittweise weitere Märkte angehen können.

Dass in der Beschränkung der Schlüssel zum Erfolg liegt, musste beispielsweise die Hamburger Firma *Micrologica AG* erfahren, die seit September 1998 als Wachstumswert am Neuen Markt gehandelt wird. Das Unternehmen hat eine weltweit führende Technologie für die Kommunikation von Firmen mit ihren Kunden entwickelt, die unter anderem in Call Centern eingesetzt wird. Das bereits 1977 gegründete Unternehmen brauchte für seinen Erfolg einen langen Anlauf. Zwar präsentierte sich die Firma von Anfang an als äußerst innovativ; doch verteilte sie ihre Kraft auf zu viele Lösungen für höchst unterschiedliche Anwendungen. Die Folge war, dass sie sich auf keinem Gebiet wirklich fest etablierte. Erst unter dem Einfluss zweier *Business Angels* erkannte *Micrologica* schließlich das entscheidende Marktsegment, das hohe Wachstumschancen versprach und für das es eine überlegene Technologie mitbrachte: die Verbindung von Telefon- und EDV-Netzwerken, in der Fachwelt unter dem Kürzel *CTI* bekannt. Durch das Zusammenwachsen von PC und Telefon erwartet das Unternehmen hier künftig einen Massenmarkt.

Keine Angst vor Kooperationen

Noch immer meinen viele Gründer alle Aufgaben aus eigener Kraft lösen zu können. Mit der Frage, ob auf dem Weg von der Entwicklung eines Produkts bis zur Markteinführung eine Zusammenarbeit mit geeigneten Partnern hilfreich sein könnte, beschäftigen sie sich nur ungern. Die Gründe mögen vielfältiger Art sein: fehlende Bereitschaft, andere am eigenen Geschäft teilhaben zu lassen, die Angst vor einem falschen Partner oder schlicht die Abneigung, sich in die Karten schauen zu lassen. Jedes Unternehmen sollte sich selbst die Frage beantworten, auf welchem Gebiet seine Kernkompetenz liegt, mit dem es sich von der Konkurrenz abgrenzen kann. Sie werden dabei herausfinden, dass es Bereiche gibt, die ihnen keinerlei Differenzierungsvorteile bringen und in denen sie mit kompetenten Partnern zusammenarbeiten könnten: vor allem in den für schnelles Wachstum besonders wichtigen Bereichen Fertigung, Marketing und Vertrieb. Hier könnten geeignete Kooperationen nicht nur eigene Kompetenzschwächen ausgleichen, sondern zu einem elementaren Wettbewerbsvorteil für eine schnelle Markteroberung werden.

Wenn das Geld zu schnell »verbrennt«

Fast alle Gründer geraten irgendwann nach ihrem unternehmerischen Start in die Situation, dass ihnen das Geld ausgeht. Sie haben in ihrem Businessplan eine solide Finanzplanung verankert, alle voraussehbaren Ausgaben berücksichtigt und den Return eher konservativ als zu optimistisch veranschlagt. Und doch wird es plötzlich eng, Rechnungen können nicht pünktlich bezahlt, oft sogar die Gehälter nicht rechtzeitig überwiesen werden. Die mit den Investoren vereinbarte nächste Finanzierungsrunde ist erst in einigen Monaten fällig, die *Burn Rate,* wie der Mittelabfluss im Sprachgebrauch der Venture-Capital-Manager genannt wird, war höher als erwartet. Mit schneller Liquiditätshilfe können die Firmeninhaber kaum rechnen. Ohne Sicherheiten wird keine Bank einen Überbrückungskredit gewähren und Sicherheiten hat die betreffende Firma in aller Regel in dieser Phase nicht zu bieten.

Auch die Fondsmanager in den Venture-Capital-Unternehmen sind alles andere als begeistert, wenn einer ihrer Firmen das Geld ausgeht, bevor nach Erreichen des nächsten Meilensteins planmäßig eine neue Finanzierungsrunde ansteht. Aber selbst wenn sie bereit sind mit neuem Eigenkapital in die Bresche zu springen können sie den Engpass nicht über Nacht beheben. Vor allem wenn mehrere, vielleicht sogar ausländische Investoren beteiligt sind, braucht es einige Wochen, bis alle Geldgeber über die eingetretene Situation informiert worden sind und sich bereitgefunden haben, vorzeitig neues Kapital nachzuschießen. Besonders wichtig ist es auch, ausreichend Zeit für die erste Finanzierungsrunde einzuplanen. Hier müssen verschiedene Angebote eingeholt und sorgfältig miteinander verglichen werden.

Selbst sehr flexible Venture-Capital-Gesellschaften benötigen meist vier bis sechs Monate vom ersten Kontakt bis zur ersten Finanzierung. Besonders schnell sind hier nur die sogenannten Business Angels – vermögende Privatfinanziers, die häufig über einschlägige Erfahrungen beim Aufbau eines Unternehmens verfügen. Nicht selten versorgen sie Gründerfirmen schon vor der ersten Finanzierungsrunde mit kleineren Kapitalbeträgen. Noch mehr Zeit muss derjenige einkalkulieren, der mit einem Existenzgründerdarlehen der *Deutschen Ausgleichsbank* rechnet. Es beginnt damit, dass der Antrag über die Hausbank des Gründers läuft, die ihn erst nach einer intensiven Prüfung zusammen mit einer eigenen Bewertung an die *Deutsche Ausgleichsbank* weiterleitet. Hinzu kommt, dass der Gründer gutachterliche Stellungnahmen der IHK und des zuständigen Branchenverbandes beizubringen hat, denen er sich und sein Vorhaben persönlich vorstellen muss. Damit geht viel Zeit ins Land. Um unnötige Verzögerungen zu vermeiden, sollten sich Antragsteller regelmäßig bei der *Deutschen Ausgleichsbank* melden, denn nicht selten kommt es vor, dass das Geld bereits freigegeben worden ist, der Gründer aber sehr spät davon erfährt und teure Überbrückungskredite seiner Hausbank in Anspruch nehmen muss. Wer gar aus verschiedenen öffentlichen Fördertöpfen Investitionshilfen beantragt hat, muss unter Umständen mit einer Wartezeit bis zu einem Jahr rechnen.

Jedem Gründer kann deshalb nur empfohlen werden, am Beginn seines unternehmerischen Starts eine sorgfältige Finanz- und Liquiditätsplanung aufzustellen. Dabei sollte er akribisch prüfen, wie realistisch die Annahmen sind, auf denen die erwarteten Geldflüsse beruhen. Um böse Überraschungen zu vermeiden, empfiehlt es sich, von Anfang an *Worst-Case*-Szenarien durchzuspielen und, soweit möglich, für diesen Fall finanzielle Vorsorge zu treffen. Unverzichtbar ist schließlich ein professionelles Rechnungswesen, das die Liquiditätslage des Unternehmens zeitnah überwacht und drohende Engpässe rechtzeitig anzeigt. In dieser Situation macht es wenig Sinn, die heraufziehende Gefahr zu verdrängen, weil man insgeheim hofft, es werde alles doch nicht so schlimm kommen. Wunder geschehen selten, so dass es besser ist, ohne jedes Zögern den Lead Investor in die sich ankündigenden Probleme einzuweihen und gemeinsam nach einer Lösung zu suchen.

Der Rat von erfahrenen Praktikern ist unersetzlich

Selbst die erfolgreichsten Gründerunternehmen mussten in ihrer Frühphase erkennen, dass nicht alles nach Businessplan läuft. Aus ihren Erfahrungen wissen wir heute, an welchen Stellen die gefährlichsten Klippen gewöhnlich lauern. Die meisten jener »Altgründer« hatten selber oft nur wenig Gelegenheit, sich am Beispiel erfolgreicher Vorbilder zu orientieren; es gab in Deutschland in den siebziger und achtziger Jahren nur wenige Unternehmensgründer, die wirklich in großen Kategorien dachten und planten. Eine lebendige Venture-Capital-Szene mit gewachsenem Know-how fehlte bis vor wenigen Jahren ebenfalls. Das ist heute anders. Jeder Gründer hat inzwischen die Möglichkeit, Rat bei erfahrenen Praktikern einzuholen. Sie müssen gar nicht unbedingt aus derselben Branche stammen. Wichtig ist, dass sie selber schon einmal eine Firma gegründet und aus kleinsten Anfängen zum Erfolg geführt haben. Manche von ihnen haben ihr Unternehmen bereits wieder verkauft und interessieren sich für die nächste Gründergeneration. Wer das Glück hat, einen dieser erfahrenen Vorgänger als Gesprächspartner, Berater, Coach oder gar als Business Angel zu gewinnen, sollte nicht lange zögern. Er erspart sich auf diese Weise unter Umständen viel Lehrgeld.

Geschäftsidee

1. Welche Probleme lösen Sie mit Ihrer Idee? Welches Kundenbedürfnis wird erfüllt? Welcher konkrete Kundennutzen entsteht?

2. Was für ein Produkt oder was für eine Dienstleistung wollen Sie verkaufen? Wie sieht Ihr Angebot konkret aus von den Wettbewerbern? Ist Ihr Angebot um Faktoren besser?

3. Worin unterscheidet sich Ihr Produkt oder Ihre Dienstleistung von Wettbewerbsangeboten? Ist Ihr Angebot um Faktoren besser?

4. Inwiefern ist Ihr Angebot einzigartig? Wie schützen Sie es?

Management-Team

5. Ist Ihr Management-Team vollständig? Sind die wichtigen Funktionen »Sales« und »Marketing« besetzt?

6. Wer sind die Mitglieder Ihres Management-Teams und was zeichnet sie aus (Ausbildung, Erfahrung, Erfolge, Reputation in der Geschäftswelt)?

7. Welche Erfahrungen und Fähigkeiten, die für die Umsetzung Ihrer Geschäftsidee und den Aufbau des Unternehmens von Nutzen sind, besitzt das Team?

8. Welche Erfahrungen und Fähigkeiten fehlen dem Team? Wie sollen diese gegebenenfalls ergänzt werden?

9. Wie und durch wen wird das Team geführt? Was ist die Motivation der einzelnen Teammitglieder?

Vermarktung

10. Sind Hauptverkaufsargumente präzise und aus Sicht des Kunden formuliert?

11. Welchen Preis werden Sie dafür verlangen? Entspricht er dem Kundennutzen?

12. Welche Kunden bilden Ihr Zielsegment? Warum ist gerade dieses Segment für Ihr Unternehmen interessant?

13. Wie groß ist der Markt insgesamt? Wie groß der für Sie relevante Markt? Wie wird er sich entwickeln?

14. Wer sind die Konkurrenten? Welche Substitute gibt es für Ihr Produkt?

15. Wie entwickelt sich Ihr Marktanteil? Wie Ihr Verkaufsvolumen (Umsatz)?

16. Welchen Vertriebskanal werden Sie verwenden?

17. Wieviel kostet Ihre Werbung?

Geschäftssystem

18. Wo liegt Ihr Fokus? Was ist Ihre Kernkompetenz?

19. Was machen Sie selbst und was kaufen Sie zu?

20. Aus welchen Unternehmensfunktionen besteht Ihre Organisation und wie ist sie strukturiert?

21. Mit welchen Partnern werden Sie zusammenarbeiten? Was sind die Vorteile der Zusammenarbeit für Sie, für Ihre Partner?

Realisierungsfahrplan

22. Welche Aufgaben kommen mit dem Wachstum auf Ihre Firma zu und wie werden sie sinnvoll zu Arbeitspaketen zusammengefasst?

23. Was sind die wichtigsten Meilensteine in der Entwicklung Ihres Unternehmens und wann müssen sie erreicht sein?

24. Welche Aufgaben und Meilensteine hängen direkt voneinander ab?

Risiken

25. Welche Risiken, die das Gelingen Ihres Unternehmens gefährden könnten, sehen Sie?

26. Wie gehen Sie mit diesen Risiken um und wie minimieren Sie ihren negativen Einfluss?

27. Wie wirken sich die einzelnen Risiken quantitativ aus (Szenarien)?

28. Wie überlebt Ihr Unternehmen den »Worst Case«?

29. Was ist Ihre Exit-Strategie?

Finanzierung

30. Welche Geschäftsannahmen bestimmen Ihren Finanzplan (z. B. Anzahl der Mitarbeiter, Umsatzverlauf etc.)?

31. Wie groß ist der Kapitalbedarf des Unternehmens bis zum Erreichen der Gewinnschwelle? Wie viel flüssige Mittel werden im ungünstigen Fall benötigt?

32. Über welche Finanzierungsquellen soll das Kapital beschafft werden (z. B. Kredite oder Venture-Capital)?

33. Wie können die Investoren ihren Gewinn realisieren?

Die drei Doktoranden
Qiagen – eine Erfolgsstory mit Folgen

Wenn Professor Detlev Riesner einem Besucher etwas besonderes zeigen will, führt er ihn gern zu einem schwarzen Talar. Nur einige Male im Jahr holt der Leiter des Instituts für Physikalische Biologie an der Düsseldorfer Heinrich-Heine-Universität den festlichen Mantel aus dem Schrank, um ihn einem frisch gebackenen Doktoranden nach der mündlichen Prüfung für die Dauer einer kleinen Promotionsfeier um die Schultern zu legen. Anschließend, so will es die Tradition, muss der Gefeierte seinen Namen auf das Tuch sticken lassen. Auf seine ersten drei auf dem Talar verewigten Doktoranden kann der Wissenschaftler besonders stolz sein: Karsten Henco, Metin Colpan und Jürgen Schumacher gründeten zusammen mit ihrem Doktorvater 1984 das bislang erfolgreichste deutsche Biotech-Unternehmen: die Firma *Qiagen* in Hilden. Ihr Börsenwert betrug Mitte 1999 nicht weniger als 2,3 Milliarden Mark.

Nichts stimuliert die Gründerszene mehr als erfolgreiche Vorbilder. So wie die Erfolgsstory der *SAP* zahllose Software-Entwickler ermutigte, sich mit einer eigenen Firma selbständig zu machen, so legten nach dem Aufstieg von *Qiagen* zu einem Star unter den Hightech-Werten Professoren und Doktoranden aus den Biowissenschaften ihre Scheu ab, ihr Wissen als Unternehmer zu vermarkten. Aufsehen erregte vor allem, dass die Firma den Mut aufbrachte, 1995 als erstes deutsches Biotechnologie-Unternehmen an die amerikanische *Nasdaq*-Börse zu gehen. »Es gab wenig Wichtigeres als *Qiagen*, sowohl für die deutsche Venture-Capital-Szene als auch für die Biotechnologie in Deutschland«, ist Helmut Schühsler überzeugt, dessen Münchener Firma *TVM Techno Venture Management* die *Qia-*

gen-Gründer zusammen mit anderen Wagnisfinanziers mit Startkapital versorgte und der bis 1997 dem Aufsichtsrat des Unternehmens angehörte.

Sich durch *Qiagen* »anstecken« zu lassen bedeutet aber keinesfalls, alles genauso machen zu wollen wie die Düsseldorfer Doktoranden. Auch sie setzten keine an einem Entrepreneur-Lehrstuhl erarbeitete Blaupause in die Praxis um. Im Gegenteil: Die Riesner-Schüler mussten kräftig Kurskorrektur betreiben, um auf ihre Erfolgsbahn zu gelangen. Venture-Capitalist Schühsler bezweifelt, ob sich ein Investor mit den in der Zwischenzeit gesammelten Erfahrungen heute auf einen Businessplan einlassen würde, wie ihn die *Qiagen*-Gründer seinerzeit präsentierten. »Wir haben am Anfang, um die Kapitalgeber zu beeindrucken, viel zu viele Projekte verfolgt«, räumt Detlev Riesner unumwunden ein. Zwar hatte das Produktportfolio seine gemeinsame Wurzel in der Nukleinsäure-Forschung der *Göttinger Schule* um den Max-Planck-Wissenschaftler und Nobelpreisträger Manfred Eigen. Doch hatten sich die drei Gründer auf verschiedenen Spezialgebieten profiliert: Hatte Metin Colpan ein neues Verfahren entwickelt, Nukleinsäuren (der Erbinformation von lebenden Organismen) zu isolieren und zu reinigen und daraus ein Routineprodukt gemacht, war Karsten Henco durch mehrere Patente zur Herstellung von Proteinen aus Nukleinsäure hervorgetreten. Ihr Partner Jürgen Schumacher schließlich wollte Nukleinsäure in der Diagnose von Waldschäden und anderen Pflanzenkrankheiten einsetzen. »Mit dem Wissen von heute würde man so etwas wie *Qiagen* gar nicht mehr machen, weil der Businessplan nicht fokussiert genug war«, blickt Helmut Schühsler etwas nachdenklich auf jene Zeit zurück, als auch Venture-Capitalisten noch nicht allzu viel von Biotechnologie verstanden – zumindest in Deutschland nicht.

Da es hierzulande keine Branchenvorbilder gab, mussten sich die *Qiagen*-Gründer bei ihrem Start an amerikanischen Biotech-Gründungen orientieren. Dort gab es bereits die heute zur Spitzengruppe zählenden Firmen *Genentech*, *Amgen* und *Biogen*. Vor allem die 1978 von dem Schweizer Biologen Professor Charles Weissmann mitgegründete *Biogen Inc.* in Cambridge/Massachusetts inspirierte die drei Deutschen, ihr Wissen in einer eigenen Firma umzusetzen.

Über Informationen aus erster Hand verfügte vor allem Karsten Henco, der nach seiner Promotion zunächst zwei Jahre bei Weissmann (unter anderem an Interferon) gearbeitet hatte, bevor er auf dem Umweg über eine Laborleiterstelle bei der *BASF* seine beiden Mitgründer wiedertraf.

Weissmann war es auch, der den Kontakt zu einem Mann herstellte, der für *Qiagen* ein Glücksfall werden sollte: Moshe Alafi, einem der einflussreichsten Finanziers der jungen amerikanischen Biotech-Industrie, auch von *Biogen*. In einem Café an der Frankfurter Hauptwache übergaben die Firmengründer 1984 dem Großinvestor ihren umfänglichen Businessplan. »Er hat ihn gleich zur Seite gelegt und gefragt, was wir persönlich machen und was wir erreichen wollen«, erinnert sich Metin Colpan an die denkwürdige Begegnung. Und nach einer Stunde schrieb er dann jenen Zettel, der noch heute gerahmt im Besprechungszimmer der *Qiagen* in Hilden hängt. Sein Text: »Very good and unique concept« und »could be implemented successfully.« Auf die Frage, warum er sich spontan entschieden habe, *Qiagen* mit Venture-Capital zu helfen, erklärte Moshe Alafi, dass er früher auf Pferde gesetzt und dabei viel Geld verloren habe, weshalb er jetzt mehr auf Menschen setze. Im Unterschied zu den übrigen Investoren der ersten Stunde, die nach dem erfolgreichen Börsengang inzwischen Kasse gemacht haben, ist der instinktsichere Investor bis heute an *Qiagen* mit knapp zehn Prozent beteiligt.

Trotz starker Finanzpartner – größter Kapitalgeber war eine Tochtergesellschaft der *Stadtsparkasse Düsseldorf* – blieb es nicht aus, dass *Qiagen* Ende der achtziger Jahre in finanzielle Probleme geriet. Dass, so Mitgesellschafter Riesner, 1989 »die Dinge auf der Kippe standen und kaum noch die Gehälter gezahlt werden konnten«, ist für Start-ups in den ersten Jahren nichts Ungewöhnliches. Fast alle später als große Vorbilder gefeierten Gründerfirmen erleben irgendwann während ihres Aufbaus das Phänomen des allzu schnellen *cash burn*. Mitgründer Jürgen Schumacher: »Wir hatten unsere Businesspläne nicht so eingehalten, wie wir gehofft hatten.« Auf die Hausbank, ein großes deutsches Geldinstitut, konnte *Qiagen* in dieser Situation nicht bauen. Sie lehnte die Gewährung eines Überbrückungskredites von 200 000 Mark als zu riskant ab. Dafür sprang ein Mann privat in die Bresche, der als Aufsichtsratschef die Geschicke von *Qiagen* bis heute maßgeblich mitbestimmt: Carsten Peter Claussen, seinerzeit Geschäftsführer einer Beteiligungsgesellschaft der *IKB Deutsche Industriebank* in Düsseldorf. »Wenn der uns damals nicht geholfen hätte, gäbe es *Qiagen* heute nicht«, ist Jürgen Schumacher überzeugt. Die Liquiditätshilfe ermöglichte es der Firma, einen Venture-Fonds der französischen Mineralölfirma *Elf Aquitaine* zu einem Investment von zwei Millionen Mark zu bewegen.

Ein anderes, vordergründig weniger ernstes, für die Zukunft des Unternehmens aber mindestens ebenso schwerwiegendes Problem stellte die Gründer vor eine harte Entscheidung: Der in diesem Ausmaß kaum erwartete Erfolg mit Metin Colpans *Qiagen*-Produkten zur Reinigung von Nukleinsäuren absorbierte alle verfügbaren Ressourcen und drängte die Geschäftszweige seiner beiden Kollegen in den Hintergrund. Karsten Henco und Jürgen Schumacher mussten anerkennen, dass es gefährlich gewesen wäre, das Expansionstempo in ihrem »Bread and Butter Business« zu drosseln und damit die Gefahr heraufzubeschwören, »dass jemandem morgen ein besseres Material einfällt«, so Karsten Henco. Auf der anderen Seite war unbestritten, dass auch die beiden anderen Geschäftsideen durchaus interessant waren. In dieser Lage eine allein an der Sache orientierte Entscheidung zu treffen, war auch menschlich delikat und hätte woanders vielleicht zum offenen Streit geführt. Den *Qiagen*-Gründern blieb der offene Bruch erspart. »Wir waren«, so Karsten Henco, »als Freunde bis dahin durch dick und dünn gegangen und hatten eine starke Grundachtung voreinander.« So verständigten sich die drei nach langen Diskussionen darüber, ob man alles auf eine Karte setzen solle, schließlich 1993 auf den wohl einzig richtigen Weg: Karsten Henco und Jürgen Schumacher sollten ihre unternehmerischen Ziele außerhalb der *Qiagen* unter eigener Firma weiterverfolgen.

Qiagen wurde auf diese Weise etwas, was es gar nicht hatte werden sollen. Ursprünglich wollten die drei Gründer nämlich auf dem Gebiet der genetischen Diagnostik aktiv werden und hatten ihre Firma auch unter dem davon abgeleiteten Namen *Diagen* eintragen lassen. Das zu diesem Zweck eingesetzte »*Qiagen*«-Material sollte daneben in Lizenz an die Industrie vergeben werden. Allerdings scheiterten die Verhandlungen am Desinteresse der hierfür in Frage kommenden Unternehmen. Niemand sah die Bedeutung der Technologie voraus – zum Glück für *Qiagen*, rückblickend gesehen. »Wenn die angebissen hätten, wäre *Qiagen* heute längst pleite, weil der Weg der molekularen Diagnostik damals noch nicht tragfähig war«, stellt Karsten Henco heute nüchtern fest. So machte *Qiagen* sein Trennmaterial 1986 selber zu einem marktfähigen Produkt und hatte Erfolg. Wo man früher teure Geräte für langwierige Verfahren einsetzen musste, lieferte *Qiagen* schnell und absolut sicher wirkende Einmalartikel. Um teilweise 50 Prozent pro Jahr und mehr konnten die Hildener in den Folgejahren ihren Umsatz steigern.

Zwei Jahre nach dem Trennungsbeschluss gründete Karsten Henco seine eigene Firma, die *EVOTEC BioSystems GmbH* in Hamburg. Sie bot sich der Pharmaindustrie mit bahnbrechend neuen Technologien zur schnellen und Kosten sparenden Wirkstoffsuche an. Die Aussichten, mithilfe der von *EVOTEC* entwickelten automatisierten Testmethoden den Weg zu innovativen Medikamenten deutlich abzukürzen, veranlasste den Schweizer Pharmakonzern *Novartis* und dessen amerikanischen Konkurrenten *SmithKline Beecham* 1996 zu Kooperationsverträgen mit *EVOTEC*. »Geadelt« durfte sich die junge Firma außer durch so namhafte Allianzpartner auch durch einen prominenten Wissenschaftler fühlen, den Karsten Henco als Mitgründer hatte gewinnen können: den emeritierten Nobelpreisträger Manfred Eigen, Doktorvater seines eigenen Doktorvaters Riesner. Im selben Jahr, in dem Karsten Henco mit seiner *EVOTEC* ein zweites Mal an den Start ging, machte sich Jürgen Schumacher mit dem Dienstleistungsbereich der *Qiagen* in der von ihm gegründeten Firma *NewLab Diagnostic Systems GmbH* in Erkrath bei Düsseldorf selbständig. Das Unternehmen, das sich auf Analysen bei der Qualitätskontrolle von gen- und biotechnisch hergestellten Pharmaka spezialisiert hat, kann inzwischen so bekannte Arzneimittelhersteller wie *Bayer*, *Hoechst Marion Roussel* und *Hoffmann-La Roche* zu seinen Kunden zählen. So entstanden aus der gemeinsamen Wurzel der *Diagen* drei Start-ups mit zusammen über tausend Beschäftigten – die mit Abstand größte deutsche Biotech-Familie.

Ideen, die in einem etablierten Unternehmen als Folge limitierter

Ressourcen keine Chancen haben, sollte man, ist Jürgen Schumacher überzeugt, »möglichst früh in einer neuen Firma weiterverfolgen, diese Firma neu mit Venture-Capital finanzieren und auf die nächste Erfolgsstory hoffen«. In seinem eigenen Hause ist dies inzwischen bereits geschehen. Schon 1997 gründete Jürgen Schumachers damaliger Forschungschef Matthias Leiser unter dem Namen *MIRA Diagnostic* seine eigene Firma, weil er für ein von ihm entwickeltes Spezialverfahren unter dem Dach der *NewLab* keine Entwicklungschancen sah. Leisers alter Arbeitgeber ist mit zehn Prozent am Unternehmen beteiligt. Auch *EVOTEC* kann den ersten Spin-off vermelden: Zusammen mit dem Alzheimer-Spezialisten Professor Roger Nitsch und Fachkollegen der Universitäten Harvard, Hamburg und Zürich arbeiten einige in die Ende 1998 gegründete *EVOTEC Neuroscience GmbH* eingetretene Forscher an neuen Therapieansätzen gegen die bis heute unheilbare Alterskrankheit. An dem neuen Unternehmen, das Technologien von *EVOTEC* anwendet, hält das Mutterhaus 65 Prozent der Anteile. Einen ähnlichen Weg will Karsten Henco mit seiner im selben Gebäude wie *NewLab* untergebrachten Tochterfirma *EVOTEC Analytical Systems GmbH* (Arbeitsgebiet: neue Technologien für die klinische Diagnostik) gehen, an der sich ebenfalls Kooperationspartner beteiligen sollen. Wie Jürgen Schumacher hält auch er von diesem Weg, neuen Geschäftsideen nachzugehen, eine Menge: »Die betreffenden Mitarbeiter müssen nicht bei Null anfangen, sondern nehmen ganz legal ihr Know-how mit und haben jederzeit Zugang zu bestehenden und künftigen Ressourcen.« Im Übrigen, so Karsten Henco, liege allen Beteiligten am Erfolg der aus dem Stammunternehmen heraus gegründeten Firma. Inzwischen ist der Firmensprössling der dritten Generation sogar ein Joint-Venture mit seiner »Urmutter« *Qiagen* eingegangen.

Qiagen selber beteiligte sich ebenfalls mit Geld und Know-how an neuen Firmen, teilweise sogar als Mitgründer. Ein 1995 in der US-Zeitschrift *Nature* erschienener Beitrag über ein neues Verfahren zur gezielten molekularen Beeinflussung des menschlichen Immunsystems führte sie auf die Spur zu Arthur Krieg, Medizin-Professor an der Iowa University. Er hatte die neue Technologie in seinem Labor entwickelt und zeigte sich bereit, zusammen mit *Qia-*

gen die Firma *CPG Immuno Pharmaceuticals* zu gründen. Das im März 1997 in Boston und Hilden gestartete Unternehmen hofft, mit seiner Technologie der Pharmaindustrie neue Wege bei der Bekämpfung vor allem von Infektionskrankheiten, aber auch von Allergien und Krebs aufzuzeigen. Mit seinen Beteiligungen, wie bei *CPG* in aller Regel um zehn Prozent, verfolgt *Qiagen* primär das Ziel einer »gegenseitige Befruchtung« zwischen verwandten Technologiefeldern im Bereich Nukleinsäuren. »Ich gestalte die Beteiligungsverträge so, dass unsere Technologie-Transferrechte gesichert sind«, unterstreicht *Qiagen*-Finanzchef Peer M. Schatz die Strategie seines Hauses. Einblicke in die Welt der Gene eröffnet auch die im selben Jahr mit finanzieller Beteiligung von *Qiagen* gegründete *GPC AG (Genome Pharmaceuticals Corporation)* in München/Martinsried. Das von Professor Hans Lehrach, Direktor am Max-Planck-Institut für Molekulare Genetik in Berlin, zusammen mit drei seiner Doktoranden gegründete Unternehmen (Metin Colpan: »Eine ähnliche Konstellation wie seinerzeit bei uns.«) arbeitet für namhafte Pharmahersteller wie die Altana-Tochter *Byk Gulden*, *Aventis* und *Boehringer Ingelheim* an der Entdeckung innovativer Medikamente. Als Aufsichtsratsmitglied ist der erfahrene *Qiagen*-Gründer nicht nur ein hoch geschätzter Ratgeber, sondern zugleich ein aufmerksamer Technologie-Späher. »Ich schaue, wo sich neue Arbeitsgebiete auftun, für die wir möglicherweise neue Produkte entwickeln könnten.«

Bei einem anderen Start-up der Münchener Biotech-Szene, der Firma *Ingenium Biopharmaceuticals AG*, fungierte *Qiagen* sogar als Mitgründer. Initiator und wissenschaftlicher Kopf des ebenfalls am Biotech-Standort Martinsried ansässigen Unternehmens ist Professor Rudolf Balling, Direktor am Institut für Säugetiergenetik des Münchener Forschungszentrums für Umwelt und Gesundheit. Das *Ingenium*-Team verfolgt das Ziel, durch die Aufdeckung genetischer Krankheitsursachen bei Mäusen und anderen Tieren Erkenntnisse für die Humanmedizin zu gewinnen. Aufsichtsratsmitglied auch hier: *Qiagen*-Chef Metin Colpan.

Schwer zu sagen, wie viele Biotech-Gründer sich durch das Vorbild des Frühstarters *Qiagen* auch ohne direkte Anschubhilfe der Hildener »infizieren« ließen. Dass der Gang des Unternehmens an die New Yorker *Nasdaq* und anschließend an den *Neuen Markt* in Frankfurt den »Knoten platzen« ließ (so Metin Colpan), dürfte hingegen kaum zu bezweifeln sein. Denn das Signal war eindeutig: »Hier ist die Biotech-Success-Story in Deutschland – wenn man es richtig macht und auch noch Glück hat, kann man in einer bestimmten Zeit sehr erfolgreich sein«, wie es Professor Peter Stadler formuliert. Der einstige Chef der biotechnologischen Forschung von *Bayer* gab 1997 seinen gut dotierten Managerposten auf, um gemeinsam mit der Tübinger Biologin und Nobelpreisträgerin Christiane Nüsslein-Vollhard und dem Kölner Genetik-Professor Klaus Rajewsky die Firma *Artemis Pharmaceuticals AG* zu gründen. An der Erfolgsgeschichte der *Qiagen* haben aber auch die deutschen Venture-Capitalists viel gelernt. Startinvestor *TVM Techno Venture Management* beispielsweise hielt 15 Jahre nach seinem Erstengagement in der Biotech-Industrie Mitte 1999 bereits 42 Beteiligungen in dieser Branche, davon allein 15 in Deutschland. »Für uns hatte *Qiagen* eine enorme Sogwirkung«, bestätigt *TVM*-Partner Schühsler die Pionierrolle des Nukleinsäure-Spezialisten.

Nicht zu vergessen die Signalwirkung der »größten deutschen Bio- und Gentechnologiewiege« (Metin Colpan) auf die Politik. Auch in den Parteien und Regierungen wächst die Einsicht, dass die Biotech-Industrie in der Bundesrepublik Arbeitsplätze schafft. Das Hildener »Job-Wunder« hat die Düsseldorfer Landesregierung in ihrem Ziel bestärkt, Nordrhein-Westfalen neben München zu einem zweiten biotechnologischen Schwerpunkt in Deutschland auszubauen. Ein unter dem Namen *Landesinitiative BioGenTec NRW* firmierendes Netzwerk aus Wissenschaftlern, Unternehmern und Finanzexperten berät Gründer und vermittelt Venture-Capital. Vize-Vorsitzender ist Detlev Riesner, eines der übrigen Vorstandsmitglieder Jürgen Schumacher; dem Arbeitskreis Biotechnologie, der alle Förderanträge prüft, gehören *Qiagen*-Chef Metin Colpan und sein Aufsichtsratschef Carsten Peter Claussen an. Der frühere Bankmanager war es auch, der einen Großteil des nötigen Geldes für die Bewerbung des Wissenschafts- und Forschungsdreiecks Köln/Düsseldorf/Aachen als »Modellregion« im Rahmen des von der Bundesregierung 1996 ausgeschriebenen BioRegio-Wettbewerbs auftrieb. Ob die Rheinländer unter 17 Kandidaten zusammen mit München und Heidelberg ohne ihr glänzendes »Aushängeschild *Qiagen*« als einer der Sieger durchs Ziel gegangen wären – man darf es bezweifeln.

Kapitel 9

Die Zukunft managen

Neue Wege durch Corporate-Venture-Capital und
Internal Venturing

Jeder Vorstandsvorsitzende eines angesehenen deutschen Unternehmens würde sich mit dem Eingeständnis wohl schwer tun, mehr als die Hälfte neuer geschäftlicher Aktivitäten mit einem Fehlschlag zu beenden. Er liefe Gefahr, in den Medien des Missmanagements bezichtigt zu werden. Für einen Venture-Capitalist ist diese Misserfolgsquote dagegen längst kein Grund zur Beunruhigung, sie ist nahezu branchenüblich. Allerdings hängt dies davon ab, ob den vielen Nieten zwei oder drei Volltreffer gegenüberstehen, die das Hundertfache ihres Investments einspielen und im Ergebnis sogar zu einer exzellenten Rendite auf das insgesamt eingesetzte Kapital führen. Um an einem Start-up beteiligt zu sein, dem der ganz große Durchbruch gelingt und der bei einem Verkauf seinen Finanziers die Kassen füllt, muss man allerdings eine hinreichend große Anzahl von Engagements eingehen. Insofern ist Venture-Capital denn auch ein Portfolio-Thema, gleichgültig ob es von unabhängigen Investoren oder einem Unternehmen betrieben wird.

Ein ganzes Portfolio neuer Ideen schafft auch erst jenes Klima, das die Mitarbeiter quer durch Großunternehmen stimuliert und beflügelt, Bestehendes permanent in Frage zu stellen und Neues anzustoßen. Eine solche Kultur der Veränderung lässt sich nicht von der Spitze aus befehlen, sie muss vielmehr vorgelebt werden. Jeder Einzelne muss das Gefühl gewinnen, dass gerade auch unkonventionelle Ideen ernst genommen werden, dass sich die Vision von einer innovativen Firma mit dem konkreten Verhalten seiner Vorgesetzten deckt und dass sich diese Politik auch in sichtbaren Erfolgen und Ergebnissen niederschlägt.

Die Kreativität der Kleinen nutzen

Viele erfolgreiche junge Unternehmen beklagen sich bitter, dass sie, obwohl sie interessante Dinge anzubieten hätten, bei ihren Kontaktversuchen in den Konzernen nicht immer ernst genommen würden und mit der niedrigsten, nicht entscheidungsbefugten Ebene sprechen müssen. Dass in den USA die Großen den Kleinen mit mehr Respekt entgegentreten, hat nicht mit einem weniger stark ausgeprägten Elitebewusstsein zu tun, sondern mit der Tatsache, dass ausgehend mit der Gründerwelle in der Region Boston und im Silicon Valley sehr viel früher als bei uns junge Unternehmen wie *Apple*, *Genentech*, *Amgen* oder *Microsoft* revolutionäre Marktveränderungen auslösten.

Dass die Großen inzwischen lernen, die Kreativität der Kleinen rechtzeitig für sich zu nutzen, entspringt aber nicht nur der realistischen Einschätzung ihrer eigenen begrenzten Innovationskraft. Auch früher gingen gelegentlich Neuentwicklungen von Pionierfirmen aus. Doch war es den Herausgeforderten meist möglich, den dadurch erlittenen Rückstand dank ihrer Finanzkraft wieder aufzuholen, selbst wenn man dazu den betreffenden Newcomer aufkaufen musste. Diese Zeiten sind vorüber. Das Tempo des technologischen Fortschritts vor allem auf den Informations- und Kommunikationsmärkten und hier ganz besonders bei der Software hat inzwischen so stark angezogen, dass derjenige vielfach für immer den Anschluss verloren hat, der hinter dem Branchenführer nur ein bis zwei Jahre zurückbleibt. Und eine Übernahme scheitert in aller Regel schon an den Schwindel erregenden Preisen, die die Technologiewerte an der *Nasdaq* und anderswo inzwischen erreicht haben. Für den erst 1994 gegründeten Internet-Pionier *Yahoo!* hätte ein Kaufinteressent Mitte 1999 nicht weniger als knapp 29 Milliarden Dollar auf den Tisch legen müssen.

Nicht allein der früher einsetzende Gründerboom, sondern auch der sich parallel dazu entwickelnde Markt für Venture-Capital inspirierte viele US-Unternehmen Jahre vor der europäischen Konkurrenz, ihre Innovationsstrategie auf die kreative Szene auszudehnen. Vorreiter waren dabei allerdings nicht die Top-Player aus den reifen Industrien. Vielmehr waren es vor allem die neuen Champions des elektronischen Zeitalters, die in realistischer Einschätzung ihrer Möglichkeiten von Anfang an ein begehrliches Auge auf die jeweils nächsten Generationen von Gründerfirmen im Nahbereich ihrer Aktivitäten warfen. Selbst ein hoch innovativer Neuling wie der Router-Spezialist *Cisco* handelt nach der erklärten Devise: »Die meisten Innovationen finden nicht im eigenen Unternehmen statt.« Allein der systematischen Übernahme und Integration interessanter Start-ups hat es denn auch *Cisco* zu verdanken, dass es binnen weniger Jahre zu einem voll integrierten Datacom-Anbieter mit einem Börsenwert von 174 Milliarden Dollar (Mitte 1999) aufsteigen konnte. Das Auswahlkriterium bei der Übernahme junger Unternehmen liegt eindeutig in der strategischen Bedeutung des vorhandenen Know-how und weniger im reinen Wert. Die *General Electric*-Tochter *GE Capital Services* akquiriert durchschnittlich jeden Tag (!) ein Unternehmen. Die Mergers & Acquisitions-Spezialisten von *GE* scannen permanent weltweit alle relevanten Märkte auf interessante Einstiegsmöglichkeiten ab und *GE Capital Services* macht mit seiner Performance einen Großteil der hohen Börsenbewertung von *General Electric* aus.

Mit Corporate-Venture-Capital externe Netzwerke aufbauen

Wie aber bekommt ein traditionelles Unternehmen einen guten Überblick, welche Newcomer es in den interessanten Zukunftsmärkten gibt und welche neuen Technologien dabei sind, traditionelle Märkte zu revolutionieren? Wie können sie von diesen Firmen erfahren, bevor sie zu Höchstpreisen an den Technologiebörsen gehandelt werden und teilweise schon zu formidablen Wettbewerbern herangewachsen sind? Eine Antwort ist Corporate-Venture-Capital. Mit diesem Instrument können sich auch Großfirmen in den innovativen »Dealflow« der Venture-Capital-Szene einklinken und zu Mitspielern im virulenten Markt der Finanzierung innovativer junger Unternehmen werden. Durch enge Zusammenarbeit mit den etablierten Venture-Capital-Firmen können auch Newcomer, die den finanzierten Firmen echte zusätzliche Unterstützung mit Know-how und Beziehungen geben, schnell zu Insidern in eng geknüpften Venture-Capital-Netzwerken werden.

In den USA stammten 1997 bereits 24 Prozent des investierten Wagniskapitals aus Innovationsfonds großer Unternehmen. Auch in Deutschland sind erste, innovative Großunternehmen auf diesem Weg. So ist es kein Zufall, dass beim StartUp-Gründerwettbewerb 1998 das siegreiche Unternehmen – ein Hersteller von mit künstlichen Diamanten beschichteten Skalpells für die Mikro-Chirurgie – aus dem Stall der von *DaimlerChrysler* Venture-Capital-geförderten Neugründungen kam. Schon allein die mit dem Gewinn des Wettbewerbs verbundene Publizität hat sich wertsteigernd auf diesen Start-up ausgewirkt. Die Idee von *DaimlerChrysler*, auch interne Ideen, in diesem Fall aus dem Forschungszentrum in Ulm, mit Venture-Capital zu unterstützen und auf den Markt zu bringen, beginnt sich auszuzahlen.

Immer mehr europäische Unternehmen erkennen mittlerweile, dass sie langfristig nur dann ein stabiles Wachstum erreichen, wenn sie die Fähigkeit entwickeln, kontinuierlich neuen Kundennutzen zu schaffen. Ihnen ist bewusst, dass sie, um ihre Entwicklungs-Pipeline dauerhaft gut gefüllt zu halten, die Brücke zur freien Szene brauchen. Sich an Neugründungen wagnisbereiter Tüftler, Wissenschaftler und Manage-

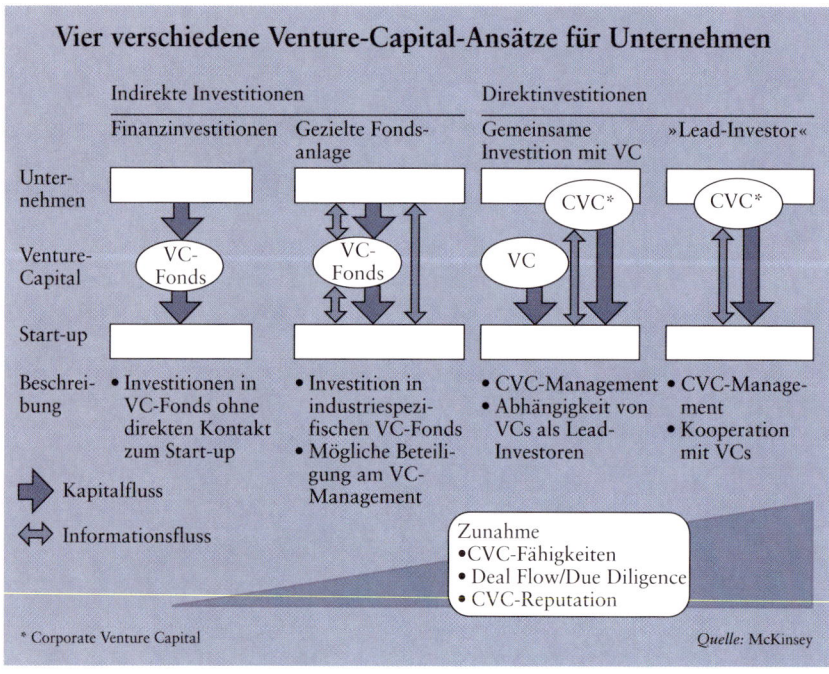

190

ment-Aussteiger zu beteiligen, möglicherweise direkt mit ihnen zusammenzuarbeiten, öffnet ihnen ein Technologiefenster, durch das sie das Neue frühzeitig erkennen können. Die Auswahl der richtigen *Fenster* erlaubt ihnen aber auch, Veränderungen im unmittelbaren Umfeld ihres Kerngeschäfts bereits im Ansatz zu registrieren und gegebenenfalls darauf zu reagieren. Wiederum andere Unternehmen verfolgen mit Venture-Capital primär das Ziel, durch ein Netzwerk von Beteiligungen ihre Absatzinteressen abzusichern oder gar auszubauen. Dass der Einsatz von Risikokapital primär die Innovationskraft des Unternehmens stärken soll, schließt jedoch nicht aus, dass diese Investitionen gleichzeitig eine ansehnliche Rendite erzielen. Je erfolgreicher das Venture-Capital-Portfolio eines etablierten Unternehmens unter finanziellen Aspekten ist, desto leichter findet die vielfach unter internen Akzeptanzproblemen leidende Venture-Capital-Truppe die Anerkennung der Skeptiker. Fehlender finanzieller Erfolg eines Venture-Capital-Teams kann bei den Managern des Kerngeschäfts den strategischen Sinn der neuen Aktivität in Zweifel ziehen und negative Stimmungen schüren. Davon ganz abgesehen, ist der Ertrag natürlich ein unbestechlicher Indikator für die Marktfähigkeit der Geschäftsideen.

Zu Beginn eng mit erfahrenen Venture-Capital-Firmen zusammenarbeiten

Aller Anfang ist schwer, auch für Unternehmen, die sich mit Eigenkapital an jungen, experimentierfreudigen Firmen beteiligen möchten. Auf die Unterstützung von Banken können sie nur selten vertrauen, geht es hier doch nicht um die Bewertung von Vermögen, sondern von höchst unsicheren Zukunftschancen. Es empfiehlt sich daher, gerade am Anfang eng mit professionellen Venture-Capitalists zusammenzuarbeiten. Auf diese Weise gewinnt das Unternehmen Zugang zu den speziellen Spielregeln dieses Geschäfts und erhält wichtige Informationen über Firmen, die für eine Partnerschaft interessant sein könnten. Es lernt, noch am Anfang stehende Wachstumsfirmen hinsichtlich ihres Zukunftspotenzials zu bewerten und Investitionsentscheidungen innerhalb der in diesem Markt üblichen kurzen Zeit zu treffen, ohne dass es sofort das volle Risiko eingehen muss. Denn in der Startphase sollte es zumindest teilweise erst einmal in Beteiligungsfonds ihres Venture-Partners investieren. Zwar haben sie durch diese indirekte Teilhabe keinen unmittelbaren Einfluss auf »ihre« Firmen, doch bietet ihnen dieser Weg ideale Möglichkeiten, Einblicke in Technologien zu gewinnen und Erfahrungen mit der Bewertung und dem Lebenszyklus-Management von jungen Firmen zu sammeln.

Erst wenn das Unternehmen selber über nennenswerte eigene Erfahrungen verfügt, sollte es als Lead- oder Co-Investor an der Seite eines Venture-Partners ins unmittelbare Risiko gehen. Es hat gegenüber der Beteiligung an Wagnisfonds den großen Vorteil, dass es maßgeschneiderte Investitionen erlaubt, mit deren Hilfe sich strategische Ziele viel konsequenter verfolgen lassen. Aber auch bei diesem Vorgehen ist das Unternehmen insofern nicht auf sich allein gestellt, als es seinen Co-Investor weiterhin in Anspruch nehmen kann – übrigens auch bei der oftmals notwendigen Unterstützung der jungen Firma, etwa bei der Suche nach qualifiziertem Führungspersonal oder nach passenden Kooperationspartnern. Erfahrene Venture-Capital-Firmen verfügen über ein großes, vor allem auch internationales Netzwerk von Verbindungen, das es für die von ihnen finanzierten Gründer jederzeit einsetzen kann.

Ein ausgewogenes Portfolio

Am Ende des Lernprozesses, den das Unternehmen durchläuft, steht idealerweise ein vom Reifegrad der einzelnen Engagements her gut ausgewogenes Portfolio. Insbesondere die Anzahl der erst in der Aufbauphase befindlichen finanziellen Kostgänger sollte in einem angemessenen Verhältnis zu den Ertragsbringern stehen. Nur so entsteht ein kontinuierlicher Rückfluss finanzieller Mittel aus fortgeschrittenen Gründungen in neue Sprösslinge. Ein Unternehmen muss deshalb nicht darauf verzichten, möglichst viele innovative Firmen aus kleinsten Anfängen mit Eigenkapital zu finanzieren. Vorausgesetzt, die betreffende Firma floriert eines Tages, verspricht ein frühes Engagement allemal eine höhere Rendite als das späte Aufspringen auf einen bereits fahrenden Zug. Die Ausbalancierung des Portfolios ergibt sich vielmehr automatisch, wenn man Corporate-Venture-Capital über eine hinreichend lange Zeit systematisch betreibt. Dabei hat es das investierende Unternehmen in der Hand, die Entwicklung der von ihr mit aufgebauten Firma positiv zu beeinflussen, etwa indem sie ihr einen bedeutenden Auftrag erteilt oder mit ihr auf einem bestimmten Gebiet zusammenarbeitet. Die enge geschäftliche Verbindung zu einem renommierten Unternehmen adelt die meist noch weitgehend unbekannte Firma nicht nur, es wertet sie im buchstäblichen Sinne auf – ein Effekt, der ihren Kapitalgebern im Falle des Verkaufs (etwa durch einen Börsengang) zugute kommt. Nachdem in den USA bereits eine ganze Reihe von Konzernen dieser Doppelstrategie aus Venture-Capital und geschäftlicher Kooperation folgen, beginnen inzwischen auch in Deutschland immer mehr Unternehmen, die Vorteile dieser Praxis zu nutzen. So beteiligte sich beispielsweise die *Deutsche Telekom* mit acht Prozent an der von dem Jenaer Computer-Tüftler Stephan Schambach 1996 gegründeten Softwarefirma *Intershop* und vergab der Firma parallel dazu einen Auftrag über 13,4 Millionen Mark.

Neue Wege in Großunternehmen

Der Gedanke, Venture-Capital aus den Strukturen eines etablierten Unternehmens heraus nach ganz bestimmten strategischen Absichten zu investieren und auch die Spielregeln der Venture-Capital-Branche für internes Venturing zu nutzen, weist einen von immer mehr Unternehmen in Deutschland konsequent beschrittenen Weg zu mehr Innovation vor allem in der Großindustrie. Mit einem vergleichsweise geringen Einsatz an Kapital ermöglichen die unter den Bedingungen der freien Gründerszene entwickelten Geschäftsideen schnellen Zugang zu neuen Kompetenzfeldern und künftigen Wachstumsmärkten. Grundsätzlich eignet sich Corporate-Venture-Capital für alle Unternehmen. Nahezu unverzichtbar ist es jedoch in Branchen mit sich schnell verändernden Technologien oder in Bereichen, die durch solche Veränderungen vor teilweise dramatische

Umstellungsprozesse gestellt werden, etwa im Einzelhandel oder der Medienbranche als Folge der Internet-Revolution.

Bei der Anwendung der neuen Instrumente besteht die Kunst des Topmanagements darin, mit visionärer Überzeugungskraft eine dauerhafte Innovationskultur anzuregen, in der das Neue auch gegen interne Skepsis und Widerstände eine Chance hat. Das ist vor allem eine Kommunikationsaufgabe. Viel wird in jedem Fall darauf ankommen, dass schon die ersten Projekte einer kommerziellen Umsetzung neuer Geschäftsideen ein Erfolg werden. Deshalb ist auch mit einem ausgeglichenen Portfolio zu starten. Der Beweis, dass etwas Neues, bisher Unbekanntes durchaus funktioniert, kann mehr bewirken als die schönsten Parolen und Reden.

Ratgeberbox 9
Checkliste: Welcher Investor ist der richtige?

1. Suchen Sie früh und systematisch nach externen Ideen und Start-ups.

2. Kaufen Sie Innovation und attraktive neue Geschäftsmöglichkeiten von außen, machen Sie Mergers & Acquisitions zur eigenen Kernkompetenz.

3. Investieren Sie in externe Start-ups und arbeiten Sie zu Beginn mit erfahrenen Venture-Capitalists zusammen.

4. Managen Sie ein Portfolio von neuen Geschäften (über 50 Prozent scheitern, nur eines von 20 wird ein Star).

5. Suchen Sie geschäftliche Verbindung zu den eigenen Start-ups und öffnen Sie gezielt Türen.

6. Richten Sie ein Venture-Board ein und besetzen Sie es mit externen Experten.

7. Realisieren Sie Ausstiegsoptionen auch für interne Ventures.

8. Und schließlich: Erbringen Sie den internen Beweis, dass sich neue Geschäfte mit sehr guten Renditen aufbauen lassen.

Die unsichtbare Hand

Das Intel-Prinzip: Innovation durch Partizipation

»Nur die Paranoiden überleben« betitelte Andrew Grove sein 1996 im *Campus Verlag* erschienenes Buch über strategische Wendepunkte im Leben von Unternehmen. Nur die Paranoiden, die von der Wahnvorstellung einer über Nacht auftretenden tödlichen Gefahr Getriebenen also, könnten existenzielle Herausforderungen früh genug erkennen, um noch rechtzeitig das Ruder herumzureißen, meint der langjährige Chef des amerikanischen Halbleiterherstellers *Intel*. Dass sich auf dem Gipfel des Erfolgs die Dinge urplötzlich zum Schlechteren wenden können, hatte Grove selber erfahren müssen, als Mitte der achtziger Jahre die japanischen Halbleiterhersteller ihre amerikanischen Konkurrenten mit billigeren und dazu qualitativ besseren Massenspeicherchips frontal angriffen. *Intel* war damals ein führender Hersteller von Speicherchips und musste erleben, wie unter dem Druck der fernöstlichen Offensive Umsätze und Gewinne dahinschmolzen.

Wie sollte die aus einem Garagenbetrieb im kalifornischen Mountain View hervorgegangene Firma, die 1968 als Hersteller von Speicherchips für Computer begonnen hatte, in dieser für sie äußerst kritischen Situation reagieren? Sie entschloss sich nach einigem Zögern zu dem wohl radikalsten Schritt, den man sich überhaupt vorstellen konnte: *Intel* verabschiedete sich unter dem ungläubigen Staunen der meisten Mitarbeiter von seiner verlustreichen Speicherchip-Produktion, mit der es erfolgreich und groß geworden war, und verlegte sich ganz auf das relativ neue Geschäft mit Mikroprozessoren. Zu harten Entscheidungen, so Grove, könne jedes Management ebenso gut auch durch andere Ereignisse, wie etwa die Deregulierung eines bislang gesetzlich geregelten Marktes oder bahnbrechende technologische Veränderungen, gezwungen werden.

Die auf das *Intel*-Management bis heute traumatisch nachwirkende Erfahrung, einen Meter vor dem Abgrund zu stehen, hat das Unternehmen für Veränderungen in seinem Wettbewerbsumfeld besonders sensibel gemacht. Wie verwundbar scheinbar unangreifbare Marktführer sein können, haben die dramatischen Veränderungen in der Datenverarbeitung und Informationstechnik während der siebziger und achtziger Jahre gezeigt. Das Verschwinden der meisten Großrechner-Hersteller durch den Siegeszug des PC und die schwere Anpassungskrise selbst der unverwundbar scheinenden *IBM* liefern eindrucksvollen Anschauungsunterricht. Das Bedürfnis, seine Sensorik für technologische Trends im Umfeld des Unternehmens zu verbessern, war einer der Gründe, aus denen Anfang der neunziger Jahre mit dem Aufbau eines strategischen Netzwerkes begonnen wurde. Die zu diesem Zweck gebildete Abteilung *Corporate Business Development* übernahm die Aufgabe, nach strategischen Vorgaben gezielt in junge technologieorientierte Unternehmen zu investieren. Neben dem Technologie-Monitoring sollte das auf diese Weise geknüpfte Geflecht dazu beitragen, außerhalb der eigenen Forschung und Entwicklung dem Unternehmen innovative Impulse zu geben. Gleichzeitig hatte es aber noch einen zweiten, sehr viel handfesteren Zweck zu erfüllen: durch die Unterstützung neuer Mikroprozessor-Anwendungen dem Unternehmen zusätzliches Absatzpotenzial für bestehende Produkte zu erschließen.

Unter Andrew Groves Führung begann bei *Intel* eines der größten Corporate-Venture-Programme, das allenfalls noch mit dem von *General Electric* vergleichbar ist. Zusätzlich zu den für Akquisitionen aufgewendeten Mitteln investierte der größte Halbleiterhersteller der Welt bis Ende 1998 nahezu eine Milliarde Dollar in rund 300 Minderheitsbeteiligungen rund um den Erdball. Ihr Marktwert liegt nach offiziellen Angaben bei mehr als drei Milliarden Dollar. Dass der Einsatz von Risikokapital für strategische Ziele ein wichtiger Faktor der *Intel*-Geschäftspolitik ist, lässt sich allein daran ablesen, dass mit dem Board-Mitglied Leslie (»Les«) Vadasz, wie Grove ein aus Ungarn stammender Manager der ersten Stunde, ein starker Mann aus der Führungsspitze das Zepter in der Hand hält. Nach seinen Direktiven sondiert eine aus 140 Experten bestehende Truppe permanent weltweit interessante Einstiegsmöglichkeiten.

Im Unterschied zu anderen Unternehmen unterhält *Intel* für seine Beteiligungen keinen separaten Venture-Fonds, sondern bevorzugt direkte Kapitalinvestments. Auf diese Weise ist dafür gesorgt, dass die Firmen, an denen sich der Halbleiterhersteller beteiligt hat, möglichst ohne Umwege mit »ihrem« Geschäftsbereich bei *Intel* zusammenarbeiten können. Hier zeigt sich der wesentliche Unterschied zu einem von Investmentmanagern gesteuerten klassischen Venture-Fonds. Zwar fällt auch bei *Intel* eine Firma durch das Suchraster, wenn sie nicht eine angemessene Rendite verspricht; doch stehen bei seinen Engagements eindeutig strategische Gesichtspunkte im Vordergrund. *Intel* möchte dadurch, dass es die Entstehung neuer Technologien und daraus resultierende Produkte und Dienstleistungen fördert, vor allem sein Mikroprozessorgeschäft ankurbeln.

Dies erklärt auch, dass ein Großteil der investierten Gelder in Softwarefirmen fließt. Sie erfreuen sich bei den Suchteams deshalb besonderer Wertschätzung, weil sie ihren Kunden Komplettlösungen auf der *Intel*-Architektur anbieten können. Durch die enge Kooperation ist sichergestellt, dass eine neu in den Markt eingeführte Prozessorgeneration sofort auf Nachfrage trifft, weil bereits zu diesem Zeitpunkt durch die fertige Applikations-Software Anwendungsmöglichkeiten bestehen. Um in ihrem Interesse auf die betreffende Firma Einfluss nehmen zu können, schließen die *Intel*-Manager bei ihrem Investment so genannte *Business Agreements*, die ihnen bei der Festlegung strategischer Ziele ein Mitspracherecht einräumen. Beispielsweise wird dabei vereinbart, dass ein neu entwickeltes Produkt der Firma nach Ablauf eines Jahres auf einem dann lieferbaren leistungsfähigeren *Intel*-Prozessor läuft. Bei dieser vertraglich vereinbarten Zusammenarbeit hat die an *Intel* gebundene Firma ihrerseits den Vorteil, bereits in einem frühen Stadium über die künftige Prozessorentwicklung informiert zu sein.

Dem strategischen Ziel der Marktabsicherung diente unter anderem die Beteiligung an der Münchener Software-Firma *iXOS Software AG*. Das 1988 gegründete Unternehmen bietet das weltweit führende System für das Management von Business-Dokumenten auf Basis der *SAP*-Standardsoftware *R/3* an. Durch die Allianz mit dem kleinen Partner, so das Kalkül des Weltmarktführers, sei sichergestellt, dass *iXOS*-Archivsysteme auf *Intel*-Architektur installiert würden. Umgekehrt hat der Software-Hersteller die Möglichkeit, sein Produkt optimal an den Prozessor-Kapazitäten auszurichten.

Dass sich ein namhafter Chip-Anbieter an ihm beteiligt, verschafft einem Start-up-Unternehmen aber nicht nur Zugang zu wichtigem Know-how oder gelegentlich sogar Unterstützung bei der Anknüpfung von Kontakten zu ausländischen Geschäftspartnern. Er erhält zunächst erst einmal frisches Eigenkapital und kann damit sein weiteres Wachstum finanzieren. Hinzu kommt, dass ein weltbekannter Investor das Renommee eines möglicherweise noch jungen und erst wenig bekannten Gründerunternehmens beträchtlich aufwerten kann. Vor allem vor dem *Going Public* wirkt ein prominenter Gesellschafter auf zögerliche Geldanleger wie eine Art Gütesiegel.

Mit ihren Beteiligungen möchten die *Intel*-Manager zwar ihr Marktumfeld beeinflussen, aber die Firmen, bei denen sie sich engagieren, nicht beherrschen. Deshalb bevorzugen sie in der Regel auch nur Minderheitsbeteiligungen von weniger als zehn Prozent. Die Unternehmen, so heißt es in Mountain View, sollten sich dadurch ihre typischen Stärken wie Reaktionsschnelligkeit und Dynamik sowie ihre gewachsene Kultur bewahren, statt an die Kandarre eines allein seiner Größe wegen schwerfälligen Konzerns gelegt zu werden. Nicht in allen Geschäftsfeldern, in denen die betreffende Firma aktiv ist, hat man überdies die notwendige Kompetenz, verantwortlich mitentscheiden zu können. Bis auf wenige strategische Beteiligungen verzichtet *Intel* auch darauf, einen Vertreter in den Aufsichtsrat zu entsenden.

Wo sie sich beteiligen, lassen sich die Amerikaner ein Investment im Allgemeinen zwischen drei und fünf Millionen Dollar kosten. *Intel* ist so gut wie nie schon bei der Startfinanzierung dabei, sondern engagiert sich in den meisten Fällen erst in der zweiten Runde, wenn das betreffende Unternehmen bereits ein fertiges Produkt vorweisen kann. Auf der anderen Seite achten die Amerikaner aber umgekehrt darauf, nicht zu spät auf den fahrenden Zug zu springen – nicht nur wegen der höheren Bewertung. Verfügt das Start-up erst einmal über gefestigte Strukturen, lassen sich technologische Weichenstellungen erfahrungsgemäß nur noch schwer durchsetzen. Oder mit den Worten von Les Vadasz: »Wir wollen nicht das schweigende Kapital sein.«

Wo immer es geht, tritt *Intel* mit einem Venture-Capital-Unternehmen als Co-Investor auf. Ihre komplementären Stärken machen sie zu idealen Partnern. Während die Fondsmanager mehr die finanzielle Situation ihres Start-ups im Auge haben, insbesondere neue Finanzierungsrunden und am Ende den Börsengang vorbereiten, beim Engagement von Führungskräften helfen, Stock-Options-Programme entwickeln und über ihr internationales Kontaktnetz neue Investoren gewinnen, bringt *Intel* seine Erfahrungen als führender Technologie-Konzern ein. Beide Partner verbindet das gemeinsame Interesse an einer erfolgreichen, das heißt wertsteigernden Entwicklung der Firma, an der sie beteiligt sind. Während jedoch die Venture-Capitalists vielfach nach dem Börsengang ihre Anteile verkaufen, um die frei werdenden Mittel in neue Firmen zu investieren, bevorzugt *Intel* aus seinem langfristigen strategischen Interesse heraus in den meisten Fällen dauerhafte Engagements.

Unter dem zum Nachfolger Andrew Groves berufenen Craig Barrett hat *Intel* seine Stratgie der unsichtbaren Hände weiter ausgebaut und verfeinert. Allein 1998 kamen 130 neue Beteiligungen hinzu. Im Jahr zuvor waren es erst 30 bis 40, in den Jahren davor gerade einmal drei bis vier. Gleichzeitig richten Leslie Vadasz' Scouts ihre Blicke inzwischen intensiv über den heimischen US-Markt hinaus auf Asien und Europa. Zwar hatten sie sich auch hier in der Vergangenheit schon vereinzelt an interessanten Firmen beteiligt, doch fehlte es an einer intensiven Beobachtung der jeweiligen nationalen Szene. So verfolgten sie bis 1998 von London aus zentral den gesamten europäischen Markt, von einem Stützpunkt in Hongkong die asiatisch-pazifische Region. Jetzt ziehen die Amerikaner ihr Netz enger, wollen mit Büros in allen großen europäischen Ländern die Hand an den Puls des Geschehens legen.

Bei der Suche nach interessanten Technologien bedienen sich die *Intel*-Manager zum einen ihrer markterfahrenen Vertriebsorganisation, zum anderen führender Venture-Capital-Firmen. Seltener kommt es dagegen vor, dass an einer Verbreiterung ihrer Eigenkapitalbasis interessierte Firmen selber auf den kalifornischen Investor zugehen. Bei der Auswahl ihrer Partner gehen *Intels* Kontaktanbahner nach den strategischen Zielvorgaben der Zentrale vor. Jeder Geschäftsbereich legt in regelmäßigen Abständen fest, in welche Technologien der Konzern investieren will. Haben die nach diesen Direktiven vorgehenden «Späher» ein passendes Zielobjekt ausgemacht, stellen sie die betreffende Firma, sofern diese an einer engeren Beziehung zu *Intel* interessiert ist, der *Corporate Business Development*-Abteilung in Mountain View in einer der wöchentlichen Telefon- oder Videokonferenzen in groben Zügen vor. Auf ein positives Echo hin bereitet das für die betreffende Region verantwortliche Team eine ausführlichere Präsentation vor, jetzt bereits mit überprüften Fakten und Daten. Neben Vadasz nehmen daran ein Vertreter des betreffenden Geschäftsbereichs, ein für die finanzielle Beurteilung zuständiger Senior Controller sowie Juristen aus dem Hause teil. Letztere interessiert beispielsweise, ob die Rechte des Unternehmens gesichert sind, ob es unter Umständen verklagt werden kann oder ob es in Geschäfte verwickelt ist, mit denen sich *Intel* nicht identifizieren möchte. Erst nach dem offiziellen Okay aus der Zentrale beginnt die detaillierte Prüfung der Firma: der technischen Seite durch den betreffenden Geschäftsbereich, der finanziellen Seite durch Mitarbeiter aus dem Rechnungswesen und dem Controlling und der juristischen Seite einschließlich der Verträge und Patente durch erfahrene Anwaltskanzleien vor Ort. Wichtigste Voraussetzung für *Intel*, sich mit eigenem Geld an einer Firma zu beteiligen, ist, dass diese das Potenzial hat, auf ihrem Gebiet Marktführer zu werden.

Seit der furiose Start ins Internet-Zeitalter nach Überzeugung von Andrew Grove für viele Unternehmen wiederum zu einem strategischen Wendepunkt geworden ist, haben seine Venture-Manager das Geschäft mit dem weltweiten Netz fest im Visier. Hier verspricht sich der Chip-Hersteller in den kommenden Jahren Milliarden an zusätzlichem Umsatz. Während man noch vor ein paar Jahren dachte, mit einem *Personal Computer* könne man nur so profane Dinge wie Briefe schreiben und Tabellenkalkulationen ausführen, sei dieser inzwischen durch E-Commerce, E-Banking und vielfältige Internet-Nutzung zum Mittelpunkt der privaten und geschäftlichen Kommunikation geworden. Deswegen interessieren sich die Amerikaner etwa für Hightech-Firmen, die an der Verbesserung der Datensicherheit arbeiten und damit die Angst vor dem Missbrauch von Kreditkarten bei Käufen über das Internet abbauen helfen. Beteiligt haben sie sich deshalb 1997 an der Karlsruher Start-up-Firma *SCM Microsystems*, einem Spezialisten für Kartenlesesysteme, bei denen sich der Benutzer durch einen Fingerabdruck auf einem Scanner einwandfrei identifizieren muß. In Kooperation mit einer mitfinanzierten Schweizer Softwarefirma unterstützt *Intel* Lösungen, durch die erheblich größere Datenmengen in das Endgerät, den PC, übertragen werden können. Auch hier darf der Chip-Hersteller auf ein gutes Geschäft mit leistungsstärkeren Mikroprozessoren hoffen, denn zur Verarbeitung der Datenflut bedarf es einer weitaus größeren Rechnerleistung.

Hatte *Intel* seine Politik der Partizipation bis vor einiger Zeit im Verborgenen verfolgt, so stellt der Konzern sie inzwischen wie ein Markenzeichen heraus. Allein im zweiten Halbjahr 1998 stockte Les Vadasz seine außerhalb des US-Marktes agierende internationale Venture-Truppe um das Vierfache auf; einem noch zügigeren Aufbau seiner Organisation stand allein die Schwierigkeit im Wege, die richtigen Leute zu finden und diese für ihren Einsatz schnell genug zu trainieren. Dass die Amerikaner, vielfach im Bunde mit Venture-Capital-Firmen, in Europa und vor allem in Deutschland künftig verstärkt auf Partnersuche gehen werden, wird niemanden überraschen. Als Zentrum eines wachsenden Firmenverbundes verfügt *Intel* damit über ein vielseitig einsetzbares Instrument gegenseitigen Technologietransfers. Wie stark es sein Management zur Stärkung der eigenen Innovationskraft nutzt, hängt von seiner Fähigkeit ab, mit kreativen Firmen aus der Grunderszene erfolgreich, das heißt zum beiderseitigen Vorteil zusammenzuarbeiten – eine Kunst, die amerikanische Großunternehmen aus der Hightech-Szene im Allgemeinen besser beherrschen als ihre europäischen Konkurrenten.

Kapitel 10

Mit dem Wissen wuchern

Corporate University – neue Schule der Nation?

Wissen ist *in* – nicht nur in der Business-Literatur. Das Thema hat inzwischen hierzulande auch die Unternehmen erreicht. »Nur Menschen schaffen Werte«, wie es Jürgen Schrempp, Vorstandsvorsitzender von *DaimlerChrysler*, treffend auf den Punkt bringt. Im April 1998 eröffnete die *Deutsche Lufthansa* ihre *Lufthansa School of Business*, im August desselben Jahres gaben der Medienkonzern *Bertelsmann* und *Daimler-Benz* die Gründung von *Corporate Universities* bekannt. Die inzwischen auf die Mitarbeiter des Fusionspartners *Chrysler* ausgedehnte Einrichtung ziele, wie Schrempp hervorhob, auf eine »nachhaltige Steigerung des Unternehmenswertes«.

Keine Frage, viele Unternehmen beginnen sich nach erfolgreich abgeschlossener Umstrukturierung und rigiden Kostensparprogrammen wieder stärker den eigentlichen Quellen ihres Erfolges zuzuwenden – ihrem Know-how und damit ihren Mitarbeitern. Aus der Sicht mancher Bannerträger der gegenwärtigen Wissensoffensive war das Humankapital allzu lange nur als disponibler Kostenfaktor betrachtet worden. Dass dies inzwischen anders geworden ist, hat mehrerlei Gründe, externe wie interne. Vor allem der Siegeszug der Informations- und Kommunikationsindustrie hat in den letzten Jahren zu einer radikalen Neubewertung von Unternehmen geführt. Wachstumsstars sind jene wissensgetriebenen Gründungen, deren materielle Vermögenswerte teilweise nur noch geringfügig zu ihrem Marktwert beitragen. Das gilt beileibe nicht nur für Software-Anbieter wie *Microsoft* oder *SAP*, sondern ebenso für andere Bereiche wie etwa Telekommunikation, Teile der Pharmaindustrie oder Investment Banking. Der geschlossene Wechsel einiger exzellenter Spezialisten zur Konkurrenz kann hier, wie in der Finanzbranche mehrfach geschehen, das Standing eines Instituts empfindlich schwächen. Da gleichzeitig der Faktor Zeit im Wettbewerb eine immer entscheidendere Rolle spielt und im Extremfall schon wenige Monate Rückstand auf den Branchenführer nur schwer wieder aufzuholen sind, kommt der systematischen Pflege und allumfassenden schnellen Verfügbarkeit des kollektiven Wissens in Unternehmen eine immer wichtigere Bedeutung zu. Verstärkt wird dieser vom Markt kommende Impuls durch die in vielen Unternehmen gewachsene Einsicht, dass nur eine konsequent auf Innovation gerichtete Strategie dauerhaftes Wachstum garantiert, diese Innovation aber einzig und allein auf hoch motivierten, informierten und kreativen Mitarbeitern beruht und das an den Universitäten erlernte Wissen immer schneller veraltet. Ging man früher davon aus, dass das Erlernte für ein Berufsleben ausreichte, liegt heute die Halbwertszeit von Wissen in manchen Fachgebieten – wie etwa in den Naturwissenschaften – nur noch bei fünf bis zehn Jahren. Unternehmen müssen daher für viele Themenbereiche die Rolle einer Schule der Nation, wenn nicht sogar der Welt übernehmen.

Corporate Universities im Kampf um Talente

Nicht von ungefähr legen die Unternehmen Wert darauf, ihre auf dem Gebiet Wissensmanagement geplanten Aktivitäten möglichst schnell publik zu machen. Sie haben längst erkannt, dass ihnen eine Corporate University vor allem unter den besten Berufseinsteigern als Arbeitgeber zusätzliche Attraktivität verleiht. Immer häufiger propagieren sie sogar öffentlich ihr Weiterbildungsangebot, das für ihre Business School mit dem Slogan »Maximizing the investment in education!« wirbt. Auch außerhalb Deutschlands haben renommierte Großunternehmen die Werbekraft wissensfördernder Einrichtungen erkannt, wie beispielsweise die Hotelkette *Marriott*, der Chip-Hersteller *Intel*, der Autokonzern *Toyota*, Bill Gates' *Microsoft* oder das amerikanische Energieunternehmen *Tennessee Valley Authority*.

Solche Anreize werden vermutlich sogar noch an Bedeutung gewinnen. Denn der Wettbewerb um hoch qualifizierte Arbeitskräfte dürfte sich allein schon als Folge der demographischen Entwicklung weiter verschärfen. Bis zum Jahre 2010 wird der Anteil der 25- bis 30-Jährigen an der Bevölkerung der Bundesrepublik um ein Viertel abnehmen. Der Kampf um die besten Talente wird somit noch härter werden. Es bedarf keiner besonderen Fantasie, um vorauszusehen, dass dann diejenigen Unternehmen im Vorteil sein werden, die sich begabten jungen Leuten durch besonderes Engagement bei der Qualifizierung von Mitarbeitern empfehlen.

Wissensmanagement

Wissen managen – was heißt das? Vor allem: Welches Wissen gilt es zu managen? Letztere Frage ist relativ leicht beantwortet. Wissen ist die Summe aller für den Unternehmenserfolg relevanten Kenntnisse – ob über die den eigenen Aktivitäten zugrunde liegenden Technologien, über die wichtigsten Konkurrenten, über die Kunden oder den Markt. *Knowledge Management* heißt zunächst einmal, das in der Organisation verstreut vorhandene Wissen effektiver zu nutzen, das heißt bei Bedarf an der entsprechenden Stelle, richtig aufbereitet, zur Verfügung zu halten. Eine systematische Erfassung von Wissen findet oft nicht statt, obwohl Internet und Intranet hierfür inzwischen technisch ideale Voraussetzungen böten. Vielfach ist es heute noch so, dass einzelne Mitarbeiter das in ihrer Funktion erworbene Know-how als Herrschaftswissen eifersüchtig hüten und es mit ihrem Ausscheiden aus der Firma mitnehmen. Vor allem in international stark wachsenden Unternehmen wird das regional vorhandene Wissen immer schwerer beherrschbar. Die Folge ist, dass das Rad vielfach von neuem erfunden wird, weil es an Informationen über die an anderer Stelle möglicherweise bereits vorhandenen Erfahrungen mangelt. Der Aufbau eines institutionellen Wissens im Unternehmen ist daher das primäre Ziel jeder Art von Knowledge Management.

Erfolgskonzepte für Corporate Universities

Verborgene Schätze zu heben ist jedoch vor allem für Unternehmen, die sich die Stärkung ihrer Innovationskraft aufs Panier geschrieben haben, zu wenig. Für sie gilt es, aus Wissen *Mehrwissen* zu erzeugen, und dies ist nur in interaktivem Lernen möglich, an dem Mitarbeiter unterschiedlichster Funktionen und Bereiche teilnehmen. Solche gruppendynamischen Prozesse in Gang zu setzen, ist eine der wichtigsten Aufgaben von Corporate Universities. Die Verwendung dieses Begriffs für eine Vielfalt höchst unterschiedlicher Einrichtungen hat zu einiger Verwirrung geführt und gelegentlich sogar den Vorwurf provoziert, hier würde bewusst Etikettenschwindel betrieben. Eine Corporate University ist weder eine Universität im herkömmlichen Sinne, noch eine Art betriebliche Volkshochschule. Vielmehr steht dieser Name für einen breiten programmatischen Rahmen, den jedes Unternehmen speziell nach seinen eigenen Bedürfnissen ausfüllen muss.

In der Praxis lässt sich denn auch kein einheitliches Erfolgskonzept für den Aufbau einer Corporate University erkennen. Während einige Unternehmen spezielle Gebäude eigens für Schulungszwecke errichten, verzichten andere völlig auf eine eigene Infrastruktur und nutzen den Campus von Universitäten, entscheiden sich von vornherein für den Weg über das firmeneigene Intranet oder sie kombinieren diese Möglichkeiten. Am Anfang muss sich jedes Unternehmen die Frage beantworten: Was soll im ganz konkreten Fall das Ziel der Corporate University sein?

Sieht man einmal von der allgemein für nahezu jedes Unternehmen wichtigen bereits erwähnten Aufgabe ab, das intern bereits vorhandene Wissen zu lokalisieren und systematisiert verfügbar zu machen, geht es dabei primär um ein auf modernen theoretischen Grundlagen aufbauendes, jedoch stärker als früher an konkreten geschäftlichen Zielen orientiertes Weiterbildungsprogramm. Speziell in globale Dimensionen hineinwachsende Unternehmen stehen zusätzlich vor der Schwierigkeit, ihre regional unterschiedlichen Trainingsangebote sinnvoll aufeinander abzustimmen oder zu vereinheitlichen.

Um einen möglichst engen Bezug zum Tagesgeschäft herzustellen, simuliert beispielsweise *General Electric* in seinem Trainingszentrum ganz praktische Geschäftssituationen. Der Konzern hat dafür eigens *Action-learning*-Methoden entwickelt, anhand derer Mitarbeiter einzelne situationsbedingte Entscheidungen treffen und anschließend in ihren Auswirkungen auf das Gesamtgeschäft analysieren müssen. Der Chip-Hersteller *Intel* hat die Ausrichtung an Geschäftszielen sogar ausdrücklich als Kernfunktion seiner *Intel University* festgeschrieben: »Ensure that tools and processes are in place to reach the corporate objectives«. Um den direkten Geschäftsbezug herzustellen werden bei der *Bertelsmann Corporate University* die Personalchefs der Produktlinienvorstände in die konzeptionelle Arbeit an den Programmen mit einbezogen. Von jedem Teilnehmer wird am Ende einer Veranstaltung erwartet, dass er klare Vorstellungen über die Anwendung des Erlernten mit an seinen Arbeitsplatz nimmt.

Individuelle Lernprogramme

Diese Form von praxisbezogenem Lernen lässt sich in idealer Weise mit den Zielen einer individuellen Mitarbeiterentwicklung verknüpfen. Für jeden Einzelnen kann genau vereinbart werden, an welchen Programmen er teilnehmen soll, um sich zu qualifizieren. Aus der Sicht von Dr. Michael Heuser, Leiter der *Lufthansa School of Business*, und Thomas Sattelberger, Leiter Konzernführungskräfte und Personalentwicklung der *Lufthansa AG*, verwischen die klassischen Grenzen zwischen Unternehmensentwicklung und Personalentwicklung immer mehr. Aus diesem Grund lässt sich der strategisch kulturelle Dialog nicht mehr von den Lerninhalten trennen. Sie begreifen »intellectual Capital als essenziellen Baustein für den Erfolg«. Um sicherzustellen, dass die Corporate University auch die notwendige strategische Wandlung des Konzerns initiiert und unterstützt, kommen Schlüsselanforderungen, die die *Lufthansa* an ihre Führungskräfte und die gesamte Mitarbeiterschaft stellt, in den Lerninhalten zum Ausdruck. Die amerikanische Firma *Buckman Laboratories* vereinbart einmal jährlich ein Lernprogramm, das sich sowohl an den bisherigen Leistungen des jeweiligen Mitarbeiters als auch an seinen beruflichen Plänen und seinen persönlichen Möglichkeiten orientiert. Jeder Teilnehmer kann damit rechnen, dass der Erfolg seiner Schulung bei anstehenden Beförderungen Berücksichtigung findet. *Buckman Laboratories*, ein kleiner international tätiger Hersteller von Spezialchemikalien mit rund 1 200 Mitarbeitern in 80 Ländern gilt als einer der US-Pioniere auf dem Gebiet Wissensmanagement. Das *Buckman Laboratories Learning Center* ging Mitte 1997 – im buchstäblichen Sinne des Wortes – ans Netz. Es fand so großen Anklang, dass die Firma bereits etwas mehr als ein Jahr später die Best-Practice Auszeichnung des *American Productivity & Quality Centers* erhielt. Die auf diese Weise ausgezeichnete Einrichtung hat in ihrer Professionalität in der Tat Maßstäbe gesetzt und eine Vorstellung davon vermittelt, was eine Wissenskultur im Idealfall ausmacht. Neben spezifischen Kursen zum Unternehmen selbst, die in der Regel der Einführung neuer Mitarbeiter dienen, werden fachbezogene technische oder funktionale Standardkurse aber auch speziell für den Bedarf einzelner Abteilungen oder Bereiche angefertigte Trainingsmodule angeboten. Jeder Unternehmensbereich kann für sich maßgeschneiderte Trainingsprogramme im Learning Center in Auftrag geben. Mitarbeiter können sogar weitgehend *online* akademische Abschlüsse, wie einen MBA oder Doktortitel an verschiedenen Universitäten erwerben. Von seiner Firma kann der Mitarbeiter dabei nicht nur ideelle Unterstützung, sondern sogar die Übernahme der Kosten erwarten. Dass *Buckman* seine Schulungen überwiegend per Intranet anbietet und nur ergänzend die Teilnehmer in seinem Trainingscenter versammelt, hat seinen Grund nicht nur darin, dass die Mitarbeiter über die ganze Welt verstreut sind; Zeit- und Kostenargumente kommen hinzu. Durch das online-Angebot kann sich jeder die Zeit für sein Training selbst einteilen. Finanzieller Aufwand für Reisen und Kurse entfällt; ist das Lernprogramm erst einmal konzipiert und *im Netz*, sind die Folgekosten für die Verfügbarkeit an jedem Arbeitsplatz des Unternehmens minimal.

Eine virtuelle Organisation wählte auch die *Dell University* des US-Computerherstellers *Dell* für ihr Schulungsprogramm. Dieser Ansatz ist insofern interessant, als Lernen vollständig in das Tagesgeschäft integriert ist, und zwar äußerlich kaum noch wahrnehmbar. Für die Wissensmanager ist es durchaus eine attraktive Vision, dass Lernen quasi heimlich im Stillen stattfindet und sie selbst als Leiter der unsichtbar gewordenen University völlig in den Hintergrund treten. Eine so radikale Ausrichtung auf eine Web-basierte Schulung kommt den unter einem extremen Anpassungsdruck stehenden Unternehmen der Computerbranche besonders entgegen, weil sie auf neue Situationen relativ schnell mit entsprechenden Trainingsprogrammen reagieren können.

Online-Lernen

Im Zusammenhang mit Innovation, die das wirklich Neue meint, gewinnt Wissensmanagement allerdings eine andere Dimension. Es muss sich dazu des kreativen Diskurses bedienen, bei dem aus Wissen im Ergebnis Mehrwissen entsteht. Aus der Lernschule wird im buchstäblichen Sinne des Wortes so etwas wie eine Denkschule. Die durch gemeinsame Arbeit entstehenden personellen Netzwerke schaffen außerdem die Möglichkeit, über die Grenzen einzelner Unternehmensbereiche hinweg völlig neue geschäftliche Möglichkeiten auszuloten und sogar neue Firmen hervorzubringen. Ein Projekt beispielsweise, welches auf einer Veranstaltung der *Bertelsmann Corporate University* entstanden ist, beschäftigt sich mit der Nutzung einer der bekanntesten hausgemachten Programm-«Marken» im deutschen Free-TV für neue web-basierte Geschäftsmodelle wie Internet-Portale und E-Commerce. Es entstand eine neue Aktivität, in der der Medienkonzern sein Know-how aus verschiedenen Produktlinien für die Gründung einer neuen Firma zusammenführt. *Bertelsmann* verweist darauf, dass bereits weitere derartige Projekte auf Veranstaltungen der *Bertelsmann Corporate University* entstanden sind. Den Anstoß, mit dieser Institution für den Gesamtkonzern die Voraussetzungen für einen strategischen Diskurs zu schaffen, hatten die Mitarbeiter des inzwischen aus über 300 eigenständigen Profit Centers bestehenden Medienriesen selber gegeben. Eine Befragung unter 70 weltweit operierenden *Bertelsmann-*

Managern hatte ergeben, dass viele ein konzernweites Forum zur Erörterung neuer Strategien und Perspektiven vermissten.

Auch bei *Buckman Laboratories* sind die virtuellen Foren der Corporate University zur Quelle des fachlichen Unternehmenswissens geworden. Je nach persönlicher Neigung und funktionaler Rolle im Unternehmen kann und sollte dort jeder Mitarbeiter Mitglied sein. Strukturiert sind die Foren nach Geschäftsbereichen bzw. Produktlinien, aber auch nach Funktionen wie zum Beispiel Einkauf und Marketing. In den Foren werfen Mitarbeiter fachliche Problemstellungen auf, mit denen sie noch nicht konfrontiert wurden, und erhalten Lösungsvorschläge und -ansätze aus aller Welt umgehend und gratis. Gelegentlich werden Probleme international und *online* gelöst. Diese »discussion threads« werden archiviert, um bei Bedarf darüber verfügen zu können. Zur Erleichterung und damit zur Anregung der Kommunikation werden fast alle Nachrichten in die vier »*Buckman*-Sprachen« Amerikanisch, Deutsch, Portugiesisch und Spanisch übersetzt. Die internationale Vernetzung der Organisation und die gleichzeitige Etablierung einer Kultur, die ein weltweit stark ausgeprägtes Zusammengehörigkeitsgefühl aufweist, hat bereits zu wirtschaftlich messbaren Erfolgen geführt. So konnte die Antwortzeit zum Kunden weltweit von zwei Wochen auf bis zu 24 Stunden reduziert werden. Auch die Innovationskraft des Unternehmens nahm mit der Einführung elektronischer Wissensinstrumente zu. Zwischen 30 und 35 Prozent des Umsatzes wurden 1997 mit Produkten erzielt, die jünger sind als fünf Jahre. Darin eingerechnet sind nicht einmal die Umsatzanteile aus neu entstandenen Geschäftsfeldern. Und pro Vertriebsmitarbeiter stieg der Umsatz zwischen 1992 und 1997 um 52 Prozent.

Wie *Bertelsmann* und *Buckman Laboratories* hat auch der Vorstand der *Lufthansa* seiner *Lufthansa School of Business* den Zweck einer »konzernweiten Plattform für den strategischen und kulturellen Wandel« der Airline in den Leitlinien ausdrücklich vorgegeben.

Gerade in dezentral organisierten Unternehmen mit vielen selbständig operierenden Einheiten bilden Foren mit bewusst weit gefassten Themenstellungen das notwendige Korrektiv zu einer operationalen Ausrichtung auf eng begrenzte Marktsegmente. Sie bieten den notwendigen Freiraum für kreatives, zukunftsgerichtetes Nachdenken. Immer mehr Unternehmen beginnen zu erkennen, dass ein planmäßig in Gang gesetzter interner Wissens- und Ideentransfer nicht allein der Identifikation der Mitarbeiter mit dem Unternehmen dient. Sie versprechen sich von einem gezielten Zusammenbringen von Mitarbeitern unterschiedlicher Funktionen, Geschäftsbereiche und Hierarchieebenen darüber hinaus innovative Impulse und übrigens auch eine leichtere Umsetzung neuer Ideen als Ergebnis einer breiten Akzeptanz im Unternehmen.

Der Teilnehmerkreis

Welchen Mitarbeiterkreis sollte man in seine Überlegungen, im Unternehmen ein professionelles Wissensmanagement zu entwickeln, einbeziehen? Dies hängt wiederum davon ab, welche Zwecke im jeweiligen Fall Priorität haben sollen. Geht es im weiten Sinne darum, die Mitarbeiter durch Schulung oder einen leichteren Zugriff auf bereits institutionelles Wissen für ihre Aufgaben besser zu qualifizieren, wird man den Kreis eher größer wählen. Geht es, wie bei *DaimlerChrysler*, hingegen mehr um die »global-strategische Entwicklung des Unternehmens«, empfiehlt es sich, das Programm auf die leitenden Führungskräfte zu beschränken. So richtet der Automobilkonzern sein Programm denn auch auf die höhere Managementebene aus; ähnlich geht *Bertelsmann* vor: Hier sind etwa 350 Topmanager weltweit, überwiegend Bereichsvorstände oder Geschäftsführer für Strategieseminare im Visier der Veranstalter. Weiter verfeinert wird die Auswahl bei so genannten Zielgruppenprogrammen, etwa für besonders fähige Nachwuchsleute (*High Potentials*) oder für Seminare mit speziellen, strategisch wichtigen Themenstellungen wie Marketing oder Technologie.

Kooperation mit der Wissenschaft

Um sich nicht nur auf hauseigenes Know-how zu stützen, sondern auch die neuesten Erkenntnisse der Wissenschaft in wichtigen Disziplinen der Unternehmensführung in ihre Programme mit einzubeziehen, sind eine Reihe von Großunternehmen Kooperationen mit renommierten Instituten eingegangen. So greift die *Lufthansa* unter anderem auf das Lehrangebot der englischen Cranfield School of Management und der Hitotsubashi University in Japan zurück, *DaimlerChrysler* führte ein zweistufiges Programm *Managing Business* beim European Institute of Business Administration (INSEAD) in Fontainebleau bei Paris durch; *Bertelsmann* gewann für sein Topmanagementprogramm die Harvard Business School und das Schweizer Institute for Management Development (IMD) als Partner. Die Wahl einer amerikanischen und einer europäischen Kaderschmiede soll der inzwischen erreichten transatlantischen Struktur des Konzerns gerecht werden. Andere wie zum Beispiel das *INSEAD*, das *MIT* oder *IESE* in Barcelona arbeiten derzeit an den strategischen Fragestellungen mit.

Die renommierte University of California hat als Reaktion auf den wachsenden Bedarf aus der Wirtschaft 1994 sogar bereits ein Tochterinstitut ins Leben gerufen, das Unternehmen vor allem im Silicon Valley maßgeschneiderte Trainingsprogramme liefert und diese auf Wunsch sogar durchführt. Ihr mit der eigenen *Corporate University* in 20 Jahren angesammeltes Know-how nutzt inzwischen auch der US-Konzern *Motorola* als eigenständiges Geschäftsfeld. Die Experten des Elektronikherstellers bieten anderen Unternehmen nicht nur Beratung beim Aufbau eigener Trainingscenter, sondern steuern ihre Expertise auch bei der Entwicklung firmenspezifischer Schulungskonzepte.

Ausarbeiten unternehmensspezifischer Lösungen

Wie immer ein Unternehmen seine Innovationsfähigkeit durch Wissensmanagement erhöht – erfolgreich wird es nur sein, wenn sich die

Geschäftsführung oder der Vorstand bei dieser Arbeit persönlich engagiert. Natürlich muss das Topmanagement die praktische Umsetzung den Fachleuten überlassen; doch sollte für die in die Programme einbezogenen Mitarbeiter jederzeit erkennbar sein, dass dem Faktor Wissen an oberster Stelle höchste Bedeutung beigemessen wird. Aber nicht nur das: Der Erfolg wird sich umso schneller einstellen, je stärker die Menschen im Unternehmen spüren, dass ihr persönlicher Beitrag bei der Suche nach neuen Wegen tatsächlich erwünscht ist und auch ernst genommen wird. Wissenskultur will von oben vorgelebt werden, nur dann wirkt sie glaubwürdig. Bei *Bertelsmann* gehen die Arrangeure bei der Auswahl der Teilnehmer und der Festlegung des Programms davon aus, dass die Anwesenheit ihres Vorstandsvorsitzenden oder sogar ein *key note* aus seinem Munde »passen« muss – ein hoher Qualitätsanspruch.

Mit dem Instrument des Wissensmanagements verfügen Unternehmen über eine Methode, einen kontinuierlichen Lern- und Erneuerungsprozess in Gang zu setzen. Diese Methode geht, wie wir gesehen haben, über die traditionelle Mitarbeiterschulung weit hinaus. Übrigens eignet sie sich nicht nur für Großunternehmen. Unter dem schillernden Begriff der Corporate University können auch mittelständische, ja selbst kleinere Unternehmen den für ihre Zwecke besten Ansatz finden, den Faktor Wissen systematisch zu entwickeln. Die freie Wahl haben sie zum einen beim Aufbau der für sie passenden Infrastruktur, also zwischen einer eher klassischen Seminarstruktur oder einer virtuellen Organisation über das neue Medium Intranet. Es bieten sich ihnen zum anderen aber auch inhaltlich große Differenzierungsmöglichkeiten, je nachdem, ob für sie mehr die Weiterbildung der Mitarbeiter im Vordergrund steht oder aber die inhaltliche Auseinandersetzung mit dem praktischen Geschäft sowie den längerfristigen Zielen des Unternehmens. Wissensmanagement, richtig genutzt, muss also ein wesentlicher Bestandteil einer erfolgreichen Innovationsstrategie sein.

Schritt 1: Ziele definieren

1. Was sind die wichtigsten Werte in Ihrem Unternehmen? Wie können sie in der Konzeption der Corporate University abgebildet werden? Wie sollen sich Wertmaßstäbe in Zukunft entwickeln bzw. verändern?

2. Welche Grundphilosophie der Personalentwicklung und welcher Führungsstil herrschen in Ihrem Unternehmen? Wie wird dies im Corporate University-Konzept berücksichtigt?

3. Was ist das Ziel der Corporate University? Geht es um schulische Wissensentwicklung, um eine Plattform für strategischen Diskurs etc.?

4. Welche Inhalte sollen im Programmportfolio der Corporate University abgedeckt werden?

5. In welchem Zeitraum soll das Ziel der Corporate University erreicht werden und mit welchem Aufwand?

Schritt 2: Verantwortlichkeiten regeln und kommunizieren

6. Wie soll die Corporate University finanziert werden? Wer genehmigt die Budgets?

7. Wer entscheidet über die Ziele der Corporate University? Wer legt die Inhalte des Programmportfolios der Corporate University fest?

8. Wer ist verantwortlich für die Gestaltung der Programme? Wer setzt sie um? Wie viel soll outgesourct bzw. mit externen Partnern gemeinsam entwickelt werden?

9. Wer soll die Programme durchführen? Wird diese Aufgabe an interne oder an externe Experten vergeben? Welche externen Partner sollen gegebenenfalls damit betraut werden?

Universitäten, Best-Practice-Unternehmen aus der Branche, branchenfremde Best-Practice-Unternehmen etc.?

10. Wie groß soll die Administration der Corporate University sein? Welche Fähigkeiten müssen die entsprechenden Mitarbeiter mitbringen? Welche Aufgaben sollen sie übernehmen? An wen berichten sie?

Schritt 3: Das Konzept operationalisieren

11. An welche Zielgruppe/n richtet sich die Corporate University? An das Top-Management, den Managementnachwuchs, an Mitarbeiter bestimmter Abteilungen oder Funktionsbereiche?

12. Sollen die Programme standardisiert oder maßgeschneidert für Abteilungen bzw. Geschäftsbereiche sein? Werden die Zielgruppen Veranstaltungen demzufolge getrennt oder gemeinsam besuchen?

13. Wie häufig und mit welcher Regelmäßigkeit sollen die Veranstaltungen abgehalten werden?

14. Welche Programme benötigen ein Follow-up bzw. müssen mit einer Prüfung abgelegt werden?

15. Welche Form von Veranstaltungen unterstützt das Lernziel am besten: Präsenzkurse in Gruppen, Diskussionsforen, Workshops, web-basierte Trainingsmodule etc.?

16. Wie soll der Erfolg der Programme und wie der Gesamterfolg der Corporate University ermittelt werden?

Schritt 4: Institution intern vermarkten

17. Wie kann man die größtmögliche Akzeptanz für die Corporate University im Unternehmen erreichen? Durch Einbindung der Mitarbeiter bei der Bestimmung der Inhalte,

durch frühzeitige Kommunikation der Ziele, durch die Kommunikation der Vorteile für den Einzelnen etc.?

18. Was ist Bestandteil der unternehmensweiten Kommunikation? Sollen die Ziele vermittelt werden oder auch die Programminhalte?

19. Wann soll die Gründung der Corporate University unternehmensweit kommuniziert werden? Während der Planungsphase, nach der Fertigstellung, in Etappen oder unterschiedlich je nach Zielgruppe?

20. Welche Medien sind der richtige Träger zur Kommunikation?

Münchener Freiheit

Mannesmann und seine Denker

Nichts, aber auch gar nichts erinnert hier an *Mannesmann*: kein scheppernder Paternoster, der wie im ehrwürdigen Peter-Behrens-Bau monoton seine Runden durch die Stockwerke zieht, keine holzgetäfelten Repräsentationsräume, keine »altgedienten« Mitarbeiter. In München ist alles anders als in Düsseldorf; die kulturelle Trennungslinie zwischen der Konzernzentrale am Rhein und ihrem »Brain Trust« an der Isar könnte schärfer kaum gezogen sein. Man kommt sportlich salopp daher, kennt keine Titel und Statussymbole und schafft sich seine eigene Arbeitswelt, die eher an eine im schnellen Aufbau begriffene Werbeagentur oder Softwarefirma als an die Tochterfirma eines über hundertjährigen Ruhrunternehmens erinnert. Schließlich ist man jung, die meisten sind zwischen 30 und 35, flexibel und wird für innovative Ideen statt für Routinearbeiten im Tagesgeschäft bezahlt. Nicht unbedingt alternativ möchte man sein, aber doch ein bisschen anders.

Dies hatte sich der Konzernvorstand wohl auch nicht anders vorgestellt, als er seine 1992 gegründete *Mannesmann Pilotentwicklungsgesellschaft mbH* an einem Standort ansiedelte, an dem die Mitarbeiter dem langen Schatten der Zentrale entfliehen konnten. In der freieren Szene der Hightech-Region München sollte sich ein Team hoch qualifizierter Köpfe ungestört vom Tagesgeschäft der ihm zugewiesenen Aufgabe widmen können: neue, zukunftsweisende Technologien zu identifizieren und daraus Ideen für neue Produkte und Märkte abzuleiten. Der *Mannesmann*-Vorstand, in der Kunst der Selbstdarstellung ohnehin eher zurückhaltend, tat bislang wenig, seine in der deutschen Industrie wohl einmalige Einrichtung ins rechte Licht zu rücken. Nicht einmal im jährlichen Geschäftsbericht findet sich ein Hinweis auf die hundertprozentige Tochter. Und auch das Domizil der *mpe*, so das Firmenkürzel, verbreitet nur wenig äußeren Glanz. Am dicht befahrenen Mittleren Ring im Stadtteil Giesing, wo es, wenn der Wind entsprechend steht, nach dem Aroma einer nahe gelegenen Kaffeerösterei der Firma *Dallmayr* duftet, »residiert« die Pilot-Crew in einem nüchternen Bürogebäude.

Die Idee, so etwas wie ein technologisches Biotop anzulegen, hatte ein Mann, der sich beruflich zwischen Industriepraxis und Wissenschaft bewegte: Georg Färber, Professor für Realtime Computer Systeme an der Technischen Universität München, hatte 1970 zusammen mit seinem Bruder Eberhard die Firma *PCS Periphere Computersysteme* (sie baute 1982 den ersten deutschen Unix-Rechner *Cadmus*) gegründet und war nach deren Verkauf (an *Mannesmann*) später in den Vorstand der *Mannesmann Kienzle AG* berufen worden. Färber, der zum Zeitpunkt der *mpe*-Gründung bereits wieder an die Hochschule zurückgekehrt war, empfahl dem damaligen Konzernchef Werner Dieter und dessen Technik-Kollegen Klaus Czeguhn dringend, der Informations- und Computertechnik besondere Aufmerksamkeit zuzuwenden. Sie werde in sämtlichen *Mannesmann*-Produkten – von Maschinen über hydraulische Geräte bis hin zu Instrumenten für das Auto – eine immer größere Rolle spielen. Ein außerhalb der bestehenden Konzernstrukturen tätiger »Brain Trust«, so Färbers Rat, könne den Innovationsprozess im Hause beschleunigen helfen, zumal *Mannesmann* (anders als etwa *Siemens*) keine zentrale Forschung und Entwicklung besitzt.

Einig waren sich alle Beteiligten darin, dass der *Mannesmann*-Vorposten mit einer denkbar kleinen Mannschaft an den Start gehen sollte – mehr als 25 fest angestellte Mitarbeiter sollten es auf keinen Fall werden, woran man bis heute eisern festgehalten hat. »Sind es mehr, hat man sofort Probleme mit Hierarchien und Abteilungen, und gerade das wollten wir nicht«, begründet Bernd Wiemann, Geschäftsführer der Pilot-Truppe und ehemaliger Färber-Schüler, die strikte Beschränkung. Der Konzernableger versteht sich denn auch weniger als statisches »Unternehmen«, denn als eine Art fließende Struktur mit der Aufgabe des Wissenstransfers für einen Konzern. Unter den Mitarbeitern befinden sich nicht nur Ingenieure, Physiker und Ökonomen, sondern auch Geisteswissenschaftler und sogar ein Historiker.

Zu fließenden Strukturen passt keine statische Büroarchitektur aus abschließbaren Räumen mit schweren Möbeln. Der Philosophie kleiner, in wechselnder Zusammensetzung arbeitender Projektteams entspricht eine offene Bürolandschaft, in der niemand dauerhaft seinen festen Platz hat. Wechselt jemand das Team, weil er nach ein paar Monaten eine neue Aufgabe übernimmt, zieht er in aller Regel an eine andere Stelle des Hauses weiter. Damit die Mitarbeiter nicht zu viel Papier horten, sind die Schränke bewusst klein gehalten. Etwas eng wird es, wenn in größerer Zahl externe, auf Zeit engagierte Spezialisten zu den Arbeitsgruppen stoßen. Hier erweist sich der Standort als überaus vorteilhaft: Auch einen jungen Amerikaner reizt es, für eine interessante Aufgabe nach München zu kommen.

Es gehört zum Selbstverständnis der *Mannesmann*-«Piloten«, dass sie sich nicht als ausgelagerte Abteilung zur Erledigung von »Denkaufträgen« aus dem Konzern fühlen, sondern von sich aus mit eigenen Ideen etwas bewegen. Um sich dieses Privileg zu erhalten, haben sie sich ein hohes Maß an Professionalität auferlegt. Das beginnt damit, weltweite Trends, soweit sie für *Mannesmann* wichtig sein könnten, frühzeitig zu erkennen und zu bewerten. Solche Trends sind nicht allein technologischer Natur, sondern betreffen auch langfristige Entwicklungen etwa in der Energie- oder Verkehrspolitik und sogar gesellschaftliche Veränderungen. Für dieses *Monitoring* stehen den *mpe*-Mitarbeitern nahezu alle auf der Welt verfügbaren Informationsquellen zur Verfügung. Von jedem Arbeitsplatz haben die Rechercheure Internetzugang; die Zahl der regelmäßig eingehenden Fachpublikationen ist Legion. »Die Wertschöpfung des Technologie-Monitoring liegt darin, weltweit generierte Informationen in nutzbares Wissen für *Mannesmann* zu wandeln und den Unternehmen im Sinne eines *corporate brain* nutzbar zu machen« ist einem Präsentationsfolder der *mpe* zu entnehmen. Auf der nächsten – als *Kompetenzebene* umschriebenen – Stufe geht es dann darum, das vorhandene Wissen mit Unterstützung durch externe Fachleute, mit Hilfe von Workshops und anderer Mittel so weit zu verdichten, dass sich daraus konkrete Produktideen ableiten lassen.

»Ich glaube, es gibt keinen vergleichbaren Konzern, der sich innerhalb einer Generation so verändert hat wie *Mannesmann*«, wies der frühere Vorstandsvorsitzende Joachim Funk auf die Wandlung des einstigen Montan- und Maschinenkonzerns hin. Mit den Bereichen Fahrzeugtechnik und Telekommunikation wurden in den achtziger und neunziger Jahren zwei neue Arbeitsgebiete aufgebaut, die das Gesicht des Unternehmens von Grund auf veränderten. Vor allem die Kommunikationssparte hat dem Konzern das Tor zu einer Vielzahl neuer Märkte für innovative Produkte und Dienste eröffnet. Die neuen Chancen liegen zu einem großen Teil im Grenzbereich zwischen einzelnen Geschäftsfeldern, ganz besonders zwischen Telekommunikation und Fahrzeugtechnik. Die Münchener Vordenker haben es denn auch besonders auf dieses Niemandsland abgesehen, auf dem nach ihrer Überzeugung das wirklich Neue entsteht, das sich jedoch der Aufmerksamkeit des ganz auf sein Tagesgeschäft fixierten Managements vielfach entzieht.

Im Unterschied zu einer Reihe anderer ähnlich gegliederter Unternehmen sind bei *Mannesmann* die Chefs der operativen Einheiten im Holding-Vorstand nicht vertreten. Nach Düsseldorf berichtet die *mpe* einmal pro Quartal über ihre Arbeit, namentlich über abgeschlossene und in der Zwischenzeit neu in Angriff genommene Projekte. Jeder aus der Truppe weiß, dass die 25 Arbeitsplätze an der Isar nur so lange sicher sind, wie in der Zentrale die Meinung überwiegt, dass der kostspielige Unterhalt der jungen Technologie-Entwickler dem Konzern wirklich etwas bringt. Solange jedoch die Holding hinter ihrem Sprössling steht, darf sie sich auch der Akzeptanz bei den Führungsunternehmen sicher sein. Und darauf kommt es entscheidend an. Denn die besten Ideen führen zu nichts, wenn sie nicht vom operativen Management aufgegriffen und umgesetzt werden.

mpe-Chef Wiemann ist einigermaßen stolz darauf, dass seine Teams Projekte in den meisten Fällen auf höchster Ebene, also den Vorständen der Führungsunternehmen, persönlich präsentieren dürfen. Für seine Mitarbeiter ist dies ein Grund mehr, ein hohes Maß an Kompetenz nachzuweisen. Immerhin besitzt jede der Konzernfirmen ihre eigene marktorientiert und hoch spezialisiert arbeitende eigene Entwicklungsabteilung. Da ist die Gefahr groß, dass »die jungen Spinner«, die »alles besser wissen«, aber »noch nie eine Mark verdient haben«, schnell ins Gerede kommen. Um ihre fachliche Qualifikation durch ein überzeugendes Auftreten zu unterstreichen, lassen sich die Technologie-Visionäre in der Kunst der sicheren Argumentation regelrecht trainieren. Als besonders hilfreich erwies sich dabei das Experiment mit einem Improvisationstheater, bei dem die Akteure auf der Bühne Stichworte aus dem Publikum sprachlich aufgreifen und in eine schauspielerische Handlung umzusetzen haben. Den jungen, überwiegend technisch spezialisierten Teilnehmern soll auf diese Weise die Scheu vor Auftritten im Kreise oft doppelt so alter Führungskräfte genommen, Geistesgegenwart sowie Sicherheit in der Gestensprache geschult werden.

Dass die Technologie-»Piloten« in den Führungsunternehmen des Konzerns ihre Projekte präsentieren können, hat den willkommenen Effekt, dass dort ein hierarchieübergreifender Dialog in Gang kommt. Nicht nur die Vorstände, auch die maßgeblichen Abteilungschefs, etwa der Entwicklungs- oder Produktionsleiter, sitzen mit am Tisch. Aus der eigenen Organisation kommt ein solcher Diskurs zwischen der ersten und zweiten Hierarchieebene über innovative Geschäftsideen meist sehr viel schwerer zustande. Ihrer Akzeptanz im Konzern dient auch ein strikt eingehaltener Comment. Interessante Ideen werden immer nur an einer bestimmten Stelle des Konzerns vorgestellt und nirgendwo anders, nicht einmal in der Holding. Dem betreffenden Führungsunternehmen bleibt es selber vorbehalten, der Zentrale zu berichten, wenn sich aus der Initiative ein konkretes Geschäft ergibt. Man fühlt sich in München als ein im Hintergrund agierender Entwickler, Technologiemittler und Moderator.

Mit »Peanuts« halten sich die Impulsgeber nicht lange auf. Bei allem, was sie entwickeln, gilt die Maxime, dass ein möglichst hohes Geschäftspotenzial anzusteuern ist: mindestens hundert Millionen Mark Jahresumsatz in einem Zeitraum von drei bis sieben Jahren. Im Visier haben sie denn auch nicht separate Produktideen, sondern Technologien, oder Kombinationen von Technologien, um von dieser Basis aus etwas völlig Neues zu schaffen. Sobald sie intern eine Vorstellung entwickelt haben, wie aus einer Sache etwas werden könnte, bilden sie für dieses in den Rang eines »Pilotprojekts« erhobene Vorhaben ein neues Team. Es setzt sich anders als bisher überwiegend aus externen Spezialisten zusammen, die in aller Regel für drei bis sechs Monate engagiert werden und die Aufgabe übernehmen, aus dem lediglich auf dem Papier stehenden Produkt einen *Technologiedemonst-rator* zu entwickeln. Die konzerninternen »Abnehmer« sollen sich davon überzeugen können, dass ein ihnen als Idee vorgestelltes Produkt tatsächlich machbar ist und auch funktioniert.

Ein gelungenes Entree glückte den *mpe*-Entwicklern in der Verkehrstelematik. Schon kurz nach Gründung ihrer Firma erkannten sie die große Bedeutung der Mobilfunktechnologie für den Aufbau moderner Verkehrsleitsysteme. Mit seinen Erfahrungen als Betreiber des *D2*-Netzes und – über seine Tochter *Mannesmann VDO* – führender Hersteller von Bordinstrumenten für Autos schien ihnen ihr Konzern geradezu prädestiniert, auf diesem Gebiet eine führende Rolle zu spielen. Das aus dieser Überlegung heraus entstandene Mautsystem *ROBIN* eröffnete erstmals die Möglichkeit, durch die satellitengestützte Ortung eines Fahrzeugs Autobahngebühren entsprechend der gefahrenen Kilometer zu erfassen und den Fahrer mithilfe einer integrierten Chipcard zu belasten. Bereits Ende 1993 waren die Münchener so weit, ein nach dieser Technologie arbeitendes Gerät in einem *VW*-Bus dem *VDO*-Vorstand vorzuführen. *Mannesmann* hofft, sein bei einem Feldversuch der Bundesregierung 1995 erprobtes System bei der für das Jahr 2002 geplanten Einführung einer allgemeinen Lkw-Autobahngebühr einsetzen und ein Betreiberkonsortium zusammenstellen zu können.

Wer seine Projekte im eigenen Hause verkaufen muss, braucht viel taktisches Geschick, um möglichst einflussreiche Produktpromotoren zu gewinnen. Ohne sie ist kaum etwas durchsetzbar. Nicht frühzeitig genug eingebundene Partner neigen leider dazu, selbst die besten von außen kommenden Ideen abzublocken – das leidige »Not-invented-here«-Abwehrverhalten! Deshalb gilt es, Mitarbeiter aus Führungsunternehmen schon in dem Moment, in dem die Vorstellungen von einer neuen Technologieanwendung konkrete Form annehmen, in die Projektarbeit mit einzubeziehen. Sie haben schließlich eines Tages die Staffel zu übernehmen, wenn es darum geht, aus der im Labor erprobten Technologie ein marktfähiges Massenprodukt zu entwickeln. Mehr als 20 Pilotprojekte nahm die *mpe* seit ihrer Gründung bis Ende 1999 in Angriff, vor allem in den neuen Wachstumsfeldern Mobilfunk und Festnetztelefonie. Die Grundidee war hier vor allem, über den Verkauf von Gesprächszeit hinaus intelligente Mehrwertdienste anzubieten. So arbeiten die Münchener beispielsweise an sogenannten »Trust Center«-Konzepten, mit deren Hilfe Geschäftsleute und später auch private Nutzer) ihre Kommunikation über E-Mail absolut vertraulich abwickeln können. Oder an einem Zahlungssystem für Ballungsräume – mit einer einzigen Chipcard bezahlt der Kunde sowohl seine Supermarkt-Rechnung als auch Taxi oder U-Bahn und seinen Sprit an der Tankstelle. Seit ihrem Bestehen brachte die *mpe* bereits 90 Patente zur Anmeldung, von denen 29 bis Mitte 1999 erteilt waren.

Die Aufgabe, aus der Kombination moderner Technologien Dinge einfacher, perfekter und billiger zu machen, verlangt von den jungen Mitarbeitern ganzheitliches Denken und Begeisterungsfähigkeit für visionäre Ideen. Die meisten von ihnen kommen nach der Promotion, einige mit der Erfahrung einer zwei- oder dreijährigen Assistentenzeit, direkt von der Universität. Ohne durch eine Industriekarriere bereits hierarchische Verhaltensweisen verinnerlicht zu haben, sollen sie ihre Fähigkeiten in einer offenen Arbeitsbeziehung zu ihren Kollegen entwickeln und lernen, kritisch mit sich selber umzugehen. Zu einer Kaderschmiede des Konzerns ist die *mpe* nicht geworden; gerade einmal zwei Leute konnten den *Think Tank* als Sprungbrett ins mittlere Management eines Führungsunternehmens nutzen. Fast alle müssen sich daher irgendwann beruflich neu orientieren. Spätestens nach fünf bis sechs Jahren, so die ungeschriebene Regel, ist die Zeit dafür gekommen.

Die fern der *Mannesmann*-Zentrale im Laufe der Zeit gewachsene Kultur einer kreativen Dienstleistertruppe hätte in den organisatorischen Strukturen eines Konzerns kaum entstehen können. In vielem ähnelt die Arbeitsweise der *mpe* denn auch eher der einer Werbeagentur als der eines Grossunternehmens. Man findet nichts dabei, auch einmal die Nacht zu Hilfe zu nehmen oder das Wochenende im Büro zu verbringen, wenn eine wichtige Präsentation vor der Tür steht. Aber die Münchener Freiheit erlaubt es ihnen auch, anschließend ein oder zwei Tage mit der Gruppe zum Bergwandern in die Alpen zu fahren. Notfalls auch mal eine Nachtschicht einzulegen würde in einer der Altgesellschaften des Konzerns, wie ein früherer Mitarbeiter etwas sarkastisch anmerkt, allein daran scheitern, dass man dort spätestens um 22 Uhr das Büro verlassen haben muss.

Kapitel 11

Einmal der deutsche Bill Gates werden...

Erfolgreiche Vorbilder heizen den Gründerboom an

»Wir erleben in Deutschland eine neue Gründungswelle«, stellte Professor Roman Herzog in einer seiner letzten Reden als Bundespräsident bei der Prämierung der Bundessieger des StartUp-Wettbewerbs der *Sparkassen*, des *Stern* und von *McKinsey* in Hamburg im Mai 1999 fest. In der Tat hat sich das Klima aufgehellt, immer mehr junge Menschen sehen in einem eigenen Unternehmen eine attraktive berufliche Alternative zur herkömmlichen Management- oder Verwaltungskarriere. Bereits in der Schule gründen 15- bis 20-Jährige im Rahmen des vom Institut der Deutschen Wirtschaft betreuten Projekts JUNIOR Schülerfirmen, die sich an der Realität des Marktes messen müssen und sich regionalen und internationalen Wettbewerben stellen. In Essen präsentiert sich seit Februar 1998 alljährlich die Gründermesse *Start* als Forum für potenzielle Unternehmer, Wagnisfinanziers und Berater, an der European Business School in Oestrich-Winkel nahm 1998 der erste deutsche Lehrstuhl für Entrepreneurship seine Arbeit auf – inzwischen ist die Zahl der Gründerlehrstühle in Deutschland auf 20 angewachsen. Die von *McKinsey* zusammen mit den Münchener und Berliner Universitäten 1996 initiierten Businessplan-Wettbewerbe haben sich inzwischen als Ideenbörse und Kontaktforum für Entrepreneure einen festen Platz erobert und viele Nachahmer gefunden. Jährlich wiederkehrend haben sie bis 1999 zu mehr als hundert Unternehmensgründungen, meist in zukunftsicheren Hightech-Branchen, geführt und einige Tausend neue Arbeitsplätze entstehen lassen. Basierend auf den guten Erfahrungen in Berlin und München, hat *McKinsey* Businessplan-Wettbewerbe auch in anderen Regionen, wie Zürich, Köln,

Göteborg, Nürnberg-Erlangen, der Region Dortmund und Amsterdam eingeführt. Als überregionale Initiative riefen die *Deutschen Sparkassen*, die Zeitschrift *Stern* und *McKinsey* zu dem StartUp-Wettbewerb auf, an dem sich seit 1997 jährlich kreative Köpfe mit originellen Geschäftsideen beteiligen können. Bei so viel Gründeraktivitäten will auch der Staat nicht tatenlos zusehen: Kaum eine Landesregierung, die sich nicht bemüßigt fühlte, ein gut dotiertes Förderprogramm für junge Unternehmen aufzulegen.

Sind wir über den Berg?

Werden wir in den nächsten Jahren wie in den USA einen Innovationsschub erleben? Oder haben wir, wie Roman Herzog meinte, gerade einmal die Talsohle durchschritten? Sicherlich ist eher Letzteres der Fall. Die amerikanischen Unternehmen, die heute in den Informations-, Telekommunikations- und Biotechnologiemärkten für Furore sorgen, etwa *Intel*, *Microsoft* oder *Amgen*, wurden größtenteils schon vor zehn bis zwanzig Jahren gegründet. Auch *SAP* und *Qiagen*, die beiden deutschen Vorzeigefirmen, entstanden bereits 1972 und 1984. Viele derjenigen Neugründungen, die zurzeit an die Börse streben, dürften dieses Alter vermutlich gar nicht erreichen. Sie werden von anderen übernommen oder vorzeitig ausscheiden. Und auch bei guten Venture-Capitalists entwickeln sich nur wenige Start-ups zu echten Stars. Dennoch ist die seit Mitte der neunziger Jahre deutlich wahrnehmbare Aufbruchstimmung ermutigend. Die Blockaden, die lange Zeit die Entstehung erfolgreicher Unternehmen in neuen Märkten bremsten, gehören weitgehend der Vergangenheit an.

Der Mut ist gewachsen

Unübersehbar, mit welch größerem Mut und weiter gesteckten Zielen die meisten Gründer heute an den Start gehen. Ging es den meisten Existenzgründern (ein inzwischen etwas antiquierter Terminus) noch vor wenigen Jahren in erster Linie darum, sich selbständig zu machen, um *sich selbst zu verwirklichen*, steht heute sehr viel stärker der Gedanke im Mittelpunkt, möglichst schnell ein großes, möglichst weltweit operierendes Unternehmen aufzubauen und damit viel Geld zu verdienen. Noch Anfang der neunziger Jahre konnte sich niemand so recht vorstellen, dass man mit ein paar Leuten aus der Universität eine Firma gründen und in fünf Jahren damit hundert Millionen Mark Umsatz und noch höhere Unternehmensbewertungen erzielen könne. Inzwischen haben die potenziellen Gründer gesehen, dass es geht, und zwar auch in Deutschland. Und das macht sie sicher, dass sie es ebenfalls schaffen könnten. Nichts hat den derzeitigen Gründerboom mehr angefacht als das Beispiel erfolgreicher Vorbilder. Wohl alle neuen Software- oder Internetfirmen, die heute an den Neuen Markt gehen, dürften sich in ihren Erwartungen in irgendeiner Weise von der Erfolgsgeschichte der *SAP* leiten lassen. Bei den in der Region München alljährlich ausgeschriebenen Businessplan-Wettbewerben lässt sich beobachten, dass die Teilnehmer in ihren Visionen von Mal zu Mal mutiger werden. Wo sie früher die enge Nische anpeilten, setzen sie heute auf schnelles Wachstum im globalen Maßstab.

Die Möglichkeit, sich mit erfolgreichen Entrepreneurs wie *Mobil-Com*-Gründer Gerhard Schmid, Boris Anderer von der Software-Aufsteigerfirma *Brokat*, Stephan Schambach und seinen Mitbegründern des Internet-Pioniers *Intershop* oder *CompuNet*-Gründer Jost Stollmann in Gesprächen und Workshops auszutauschen, bot im Frühjahr 1999 der erstmals durchgeführte Gründerkongress Start*Up* in Hamburg. Er führte mehr als 150 Gründer mit Kapitalgebern, Beratern und bereits erfolgreichen Jungunternehmern zusammen. Die erfolgreichen Stars, von denen die prominentesten durch die Börse zu vielfachen Millionären geadelt wurden, hautnah zu erleben, weckt Appetit und Mut, es den großen Vorbildern gleichzutun.

Eine Gründerkultur entsteht

Hier entwickelt sich allmählich eine neue Gründerkultur. Dazu trägt vor allem der in den letzten Jahren wesentlich ergiebiger gewordene

Markt für Venture-Capital bei. Der wesentliche Grund hierfür war zweifellos die Schaffung des Neuen Marktes an der Frankfurter Börse durch Werner Seifert und seine Crew im März 1997. Dieser neue Handelsplatz für junge Technologiewerte eröffnete Wagnisfinanziers endlich den lange entbehrten geregelten Ausstieg aus ihrem Engagement und das eventuell lange, bevor sie in die Profitzone vorstießen. Den von ihnen an die Börse geführten Start-ups bietet der Neue Markt die Anschlussfinanzierung über den Kapitalmarkt.

Die Schaffung des Neuen Marktes nach dem Vorbild der New Yorker Hightech-Börse *Nasdaq* ist als Stimulus der Gründerszene nicht hoch genug einzuschätzen, nicht allein weil es das Finanzierungssystem für innovative Neugründungen perfektionierte. Mit seinen teilweise überraschenden Kursbewegungen und immensen Bewertungen bietet es den neuen Champions eine mediengerechte Bühne der Darstellung und trägt damit auch indirekt zur Popularisierung von Gründerkarrieren bei. »Durch die erfolgreichen Börsengänge am Neuen Markt hat sich das Klima dramatisch verändert«, ist Eberhard Färber, Mitbegründer und Vorstandssprecher der Münchener Software-Firma *iXOS*, überzeugt, »wir werden in den nächs-

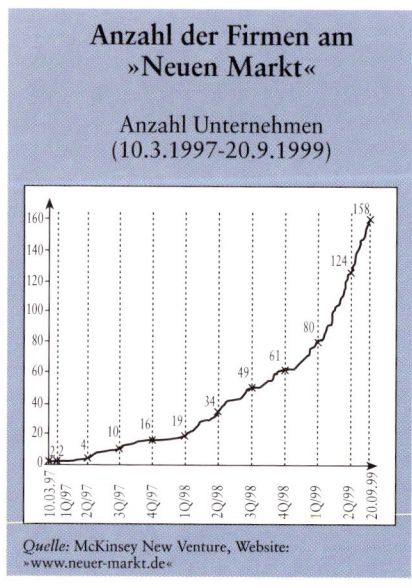

Anzahl der Firmen am »Neuen Markt«

Anzahl Unternehmen
(10.3.1997-20.9.1999)

Quelle: McKinsey New Venture, Website: »www.neuer-markt.de«

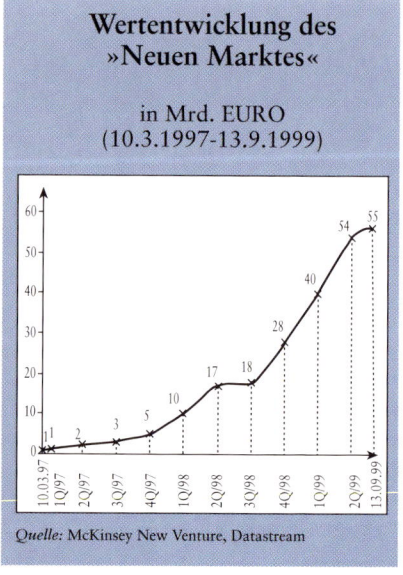

Wertentwicklung des »Neuen Marktes«

in Mrd. EURO
(10.3.1997-13.9.1999)

Quelle: McKinsey New Venture, Datastream

ten Jahren die längst überfällige fundamentale Umstrukturierung der Wirtschaft erleben.«

Neue Chancen für hohe Ziele

Die Öffnung des Kapitalmarktes für neue Technologiewerte hat den neuen Mut zur Größe entscheidend mitbestimmt. Mit der Möglichkeit, für die Kommerzialisierung einer überzeugenden Geschäftsidee Eigenkapital in nahezu unbegrenzter Höhe aufnehmen zu können, konnten sich wagnisbereite Gründer der hinderlichen Fesseln traditioneller Fremdfinanzierung durch die Banken entziehen. Damit hat auch einer der Hauptgründe für die eher bescheidenen Größenvorstellungen der meisten Entrepreneure an Gewicht eingebüßt. Dass es viele von ihnen lieber eine Nummer kleiner planten, hing wesentlich damit zusammen, dass sie das finanzielle Risiko eines Scheiterns möglichst klein halten wollten. Wer Pleite machte, so die allgemeine Meinung, war nicht nur geschäftlich und gesellschaftlich stigmatisiert, sondern auch finanziell ruiniert und mit Schulden belastet, so dass er unternehmerisch meist nie wieder auf die Beine kam. Bei einer Finanzierung mit Eigenkapital, dessen Verlust in erster Linie die Investoren trifft, hat der Gedanke, durch einen geschäftlichen Schiffbruch lebenslang im Schuldturm zu landen, viel von seinem Schrecken verloren. Allen Unkenrufen zum Trotz haben nicht nur in Amerika, sondern auch bei uns gestrandete Gründer die Chance des zweiten Versuchs, sofern für ihr Malheur nicht gerade eklatante Fehlentscheidungen ursächlich waren. Das viel gescholtene Konkursrecht steht hier nicht so im Weg wie gerne behauptet wird.

Der von den neuen finanziellen Rahmenbedingungen begünstigte Pionierunternehmer weicht deutlich von dem Bild des Innovators ab, an dem sich auch die staatlichen Förderungsprogramme für Existenzgründer lange Zeit orientierten und teilweise bis heute orientieren. Wunschvorstellung war, dass ein an einer Universität oder anderen Forschungseinrichtung tätiger Wissenschaftler mit einer von ihm entwickelten Technologie sein eigenes Unternehmen gründet oder das auf dem Campus entstandene Know-how auf dem Wege des Technologietransfers der Industrie verfügbar gemacht wird. Selbst in den USA gründen Forscher angesehener Einrichtungen, wie des MIT, praktisch nicht im Alleingang ein Start-up. Sie tun sich mit Unternehmenspraktikern in einem Gründerteam aus erfahrenen Finanz-, Marketing- und Vertriebsleuten zusammen, um für ihre Technologie lukrative Anwendungen zu entwickeln und dazu einen Partner aus dem Venture-Capital-Markt zu finden.

Unternehmerteam statt Erfinder

Nur selten kommt eine auf dem Campus geborene bahnbrechende Idee oder Technologie, so wie sie ist, zur praktischen Anwendung. Um einen konkreten Kundennutzen zu stiften, muß sie in der Regel verändert oder angepasst werden. Statt dass eine Technologie eine entsprechende Anwendung sucht, kommt es sehr viel häufiger vor, dass umgekehrt ein kundenorientiert denkender Entrepreneur eine Geschäftsidee hat und sich das dazu notwendige Know-how sucht. »Der Markt bestimmt, was benötigt wird«, so *iXOS*-Gründer Färber, »und wenn ein Unternehmen in die Lage versetzt wird, die Marktbedürfnisse zu befriedigen, dann findet es schon die notwendigen Technologien dazu.«

Selbst der große Bill Gates war keinesfalls der geniale Erfinder, den viele in ihm vermuten. Als er 1980 seine Chance erkannt hatte, *IBM* für deren ersten PC ein taugliches Betriebssystem zu verkaufen, kaufte er kurzerhand von der Firma *Seattle Computer Products* ein zum großen Teil bereits fertiges Programm, an dem er nur noch bestimmte Änderungen vornehmen musste. Seine eigentliche Leistung bestand darin, die *IBM* zu überzeugen, kein eigenes Betriebssystem zu entwickeln, sondern sein *Disc Operating System (DOS)* zu übernehmen und *Microsoft* obendrein auch noch die Rechte daran zu überlassen.

Von der Vorstellung geleitet, dass es nur einer innovativen Technologie bedürfe, die es in den Markt zu lancieren gelte, mussten in der Vergangenheit auch viele der staatlichen Förderprogramme in die Irre führen. Der gängigen Meinung folgend, dass es mit der Entwicklung eines Prototypen getan sei, ist die öffentliche Finanzierung meist auf Forschung und Entwicklung beschränkt. Auf diese erste Stufe einer erfolgreichen Vermarktung entfallen vielfach aber gerade einmal zehn Prozent aller notwendigen finanziellen Vorleistungen. Ob aus einer Erfindung eine wirtschaftlich bedeutende Innovation wird, entscheidet sich erst in der zweiten Phase. Den Löwenanteil verschlingen die Aufwendungen für die konkrete Produktadaption an den Markt, die Markteinführung, Vertrieb und Marketing sowie der Aufbau der Serviceabteilung, und die sind nur durch Venture-Capital zu decken. Die hierzu notwendigen Mittel sind aus einem breit gestreuten, staatlichen Förderprogramm von üblicherweise ein paar hunderttausend Mark überhaupt nicht aufzubringen. Entscheidend ist, Entrepreneure zu finden, die nach den neuen Regeln – meist mit Venture Capital – ihr Unternehmen möglichst schnell auf Wachstumskurs bringen. Dies bedeutet in den meisten Fällen, auch international, vor allem in den USA präsent zu sein, wo sich auf vielen Feldern der Wettbewerb um die Marktführerschaft entscheidet. Entrepreneure sind heute nicht mehr jene genialen Einzelkämpfer vom Schlage eines Max Grundig, Carl Borgward oder Heinz Nixdorf, die nach dem Zweiten Weltkrieg große Unternehmen schufen und teilweise wieder verloren. Gefragt sind heute vielmehr Teamplayer, die sich fachlich ergänzen und die – oft unterschätzt – auch menschlich miteinander harmonieren. Der eigentliche Wert von Businessplan-Wettbewerben liegt denn auch weniger darin, die Erstellung eines gründlichen Geschäftsplanes zu trainieren als vielmehr in ihrer Funktion als Kontaktbörse.

Neue Erfolgsgeschichten

Dass eine einzige *SAP* wirtschaftlich weitaus mehr Impulse auslöst als hundert kleine Software-Firmen, lässt sich leicht belegen. Zu Buch schlagen dabei nicht nur die rund 20 000 Beschäftigten, die das Walldorfer Unternehmen weltweit selber beschäftigt. Hinzu kommen noch einmal 200 000 Experten, die in seinem Umfeld arbeiten, vor allem selbständige Beratungspartner, die Kunden beim Einstieg in die

SAP-Welt unterstützen. Außerdem hat die badische Jobmaschine bereits für Nachwuchs gesorgt: Eine Reihe von *SAP*-Mitarbeitern ließ sich durch den Erfolg der vier Firmengründer ihrerseits anregen. Sie bauten selber ein Unternehmen auf, von denen das wohl bedeutendste, das Softwarehaus *realTech*, sich nur wenige hundert Meter von der früheren Wirkungsstätte seiner Gründer, niederließ. Wie *SAP* in Walldorf kann auch die erst 1996 an den Start gegangene, auf Internet-Anwendungen spezialisierte Softwarefirma *Intershop* des Jenaer Computertüftlers Stephan Schambach bereits auf mehrere sekundäre Neugründungen verweisen. Die sich auch in unserem Land bildende Gründerkultur bringt damit nicht nur Vorbilder für die heute noch Zögerlichen hervor, sondern gleichzeitig auch ein Reservoir an jüngeren, im Aufbau von Start-up-Unternehmen erfahrenen Praktikern mit Ambitionen, es eines Tages selber zu versuchen.

Die wachsende Einsicht, dass die Zeit der Einzelkämpfer vorbei ist, und nur ein qualifiziertes Team in Partnerschaft mit Investoren von Risikokapital heutzutage Erfolgschancen hat, dürfte mit der Zeit auch eine typisch deutsche Denkweise überwinden. Noch immer kommen Firmengründer hierzulande nur schwer von der Vorstellung los, dass sie über die Mehrheit, zumindest aber über eine Sperrminorität, also ein Vetorecht, verfügen müssten. Dieses Herr-im-Hause-Denken hat seine tieferen Ursachen in der Sorge, ein anderer könnte ihnen ihre geniale Idee stehlen oder sie gar an die Wand drücken. Im ersten Businessplan-Wettbewerb 1996/97 wurden viele der besten Beiträge von Wissenschaftlern eingereicht, die die Geheimhaltung ihrer Idee zum Prinzip erkoren hatten. Sie wären glatt bereit gewesen, die Existenz ihrer Idee selbst vor potenziellen Kunden zu verbergen, nur damit sie nicht gestohlen werden kann. Ein Teilnehmer brachte nur nach mehrfachen Zusicherungen der Vertraulichkeit heraus, dass es sich bei seinem Produkt um eine Software handelt. Da hatte er aber auch schon wieder das Gefühl, zu viel verraten zu haben. Dabei ist Geheimhaltung nicht nur für die breite Vermarktung ein hinderlicher Faktor. In dieser defensiven Einstellung gefangen, sind Gründer auch nur schwer für die Einsicht zugänglich, dass es allemal besser ist, mit zehn Prozent an einem erfolgreichen Unternehmen beteiligt zu sein als mit 51 Prozent an einer uninteressanten Minifirma.

Wirksame Starthilfen

Zu einer ausgeprägten Gründerkultur gehört, dass Staat und Großunternehmen bereit sind, mit Start-ups vertrauensvoll zusammenzuarbeiten. Hier lässt sich in Deutschland noch vieles verbessern. Vor allem ein innovativeres Einkaufsverhalten durch Konzerne und öffentliche Beschaffungsstellen könnte dazu beitragen, dass neue in den Markt eintretende Firmen die für ihre Entwicklung entscheidende Starthilfe erfahren. Die von dem Deutschen Andreas von Bechtolsheim 1984 aus der Stanford-Universität heraus gegründete Firma *Sun Microsystems* erhielt den nötigen Schub unter anderem dadurch, dass sie schon nach einem halben Jahr 500 ihrer Workstations an das amerikanische Verteidigungsministerium verkaufen konnte. Heute setzt *Sun* mehr als zehn Milliarden Dollar um. Fast zeitgleich hatte die Münchener Computerfirma *PCS* eine der *Sun*-Entwicklung vergleichbare *Unix* Workstation herausgebracht. Doch anders als die Militärs in den USA interessierten sich die deutschen Bundeswehrbeschaffer für das Produkt des unbekannten Anbieters nicht. Die Firma wurde später von *Mannesmann* übernommen und existiert längst nicht mehr.

Die Fixierung im Einkauf auf etablierte Großunternehmen hat nachvollziehbare Gründe. Tritt ein Problem auf, geht kein Einkäufer ein persönliches Risiko ein, denn man kaufte ja schon immer bei dieser Firma. Geht dagegen bei einem unbekannten Newcomer etwas schief, gerät er automatisch unter Rechtfertigungszwang. Hierzulande fühlen sich junge Unternehmensgründer, wenn sie mit einem der Großen ins Geschäft kommen wollen, häufig wie Bittsteller, für die kein Vorstandsmitglied zu sprechen ist. Demgegenüber finden amerikanische Konzerne nichts dabei, mit einem Start-up eng ins Geschäft zu kommen. Bill Gates war gerade einmal 25 Jahre, als er der altehrwürdigen *IBM* seine Software verkaufte. Zu einem gründerfreundlichen Einkaufsverhalten trug in den USA wesentlich der von Washington 1953 verabschiedete *Small Business Act* bei, der attraktive Anreize für die Förderung junger Firmen setzte.

Auch das Umfeld muss sich ändern

Ein idealer Standort für innovative Gründer würde schließlich ein unverkrampfteres Verhältnis der Gesellschaft gegenüber der modernen Technik voraussetzen. In Erinnerung sind immer noch Bürgerinitiativen gegen die Anfänge einer deutschen Biotech-Industrie. Mittlerweile hat sich zwar die öffentliche Meinung zumindest zum Einsatz dieser Technologie in der Humanmedizinforschung zum Positiven verändert; gegen die gentechnischen Veränderungen an Pflanzen richtet sich jedoch nach wie vor entschiedener Widerstand. Für die dringend notwendige Innovationsoffensive sind verbreitete Technikskepsis oder gar Technikangst in jedem Fall schlechte Rahmenbedingungen. Gerade auf der Basis neuer Technologien gegründete Unternehmen brauchen für einen erfolgreichen Start einen starken, schnell aufnahmebereiten Heimatmarkt. Dass bei technischen Konsumgütern wie Personalcomputern oder Camcordern, aber auch bei so bahnbrechenden Neuerungen wie dem Internet in den USA und teilweise auch Japan die Marktdurchdringung sehr viel schneller als hierzulande fortschreitet, bedeutet für deutsche Firmen ein Handicap. Umso mehr kommt es gerade für die in diesen Gebieten startenden Firmen darauf an, möglichst schnell den Sprung auf den US-Markt zu wagen, um eine führende Position in dem führenden Markt zu erringen. Ohne die tatkräftige Unterstützung international vernetzter Venture-Capital-Investoren ist dies allerdings kaum zu schaffen.

Keine Hindernisse für erfolgreiche Gründer

Das Vorbild international erfolgreicher Firmengründer könnte schließlich auch die irrigen Vorstellungen überwinden helfen, die in der Politik und an vielen Hochschulen und Forschungseinrichtungen über die Kommerzialisierung wissenschaftlicher Leistungen immer noch bestehen. Natürlich kann der Staat die Startchancen risikobereiter Gründer fördern, etwa dadurch, dass er für ein effizientes Bildungswesen sorgt, für akzeptable Steuersätze oder – für Kleinbetriebe besonders wichtig – die erdrückende Last bürokratischer Auflagen abbaut. Fragwürdig ist dagegen seine fürsorgliche Nachhilfe überall dort, wo er durch Beamte, die nie eigene unternehmerische Erfahrung sammeln konnten, jungen Entrepreneurs den richtigen Weg weisen will. Sicherlich meinte es die bayerische Staatsregierung gut, als sie im Wintersemester 1997/98 mit ihrem Existenzförderprogramm *FLÜGGE* promovierten Wissenschaftlern das Angebot machte, sich unter der Obhut ihrer Universität selbständig zu machen. Um ihnen den Übergang vom Campus in die raue Wirklichkeit der Wirtschaft zu erleichtern, durften sie nicht nur Büro, Computer und andere Geräte an der Uni für eine Übergangszeit kostenlos weiterbenutzen, sondern behielten noch zwei Jahre lang sogar eine halbe Planstelle. Weiche Übergänge dieser Art wirken meist kontraproduktiv, weil die Geförderten, wenn überhaupt, viel zu langsam ans Ziel kommen. Wichtiger wäre es, wenn der potenzielle Unternehmer möglichst schnell die behütete Universitätswelt verließe, mit geeigneten Vertriebs- und Finanzpartnern einen Businessplan erstellte und sich um einen Venture-Capital-Investor bemühte. Mittlerweile gibt es auch in Deutschland zahlreiche Erfolgsbeispiele. Die Gründer von *Brokat* über *SCM Microsystems* und *BNeD* bis *Qiagen* haben sich nicht von hinderlichen Standortbedingungen abhalten lassen. Ihr Erfolg ermutigt eine neue Generation von Gründern zu anspruchsvollen Zielen und dazu, ihre Ideen in Markterfolge umzusetzen.

Vermutlich wäre der Chemiker Andreas Thünemann vom Max-Planck-Institut für Kolloid- und Grenzflächenforschung in Teltow bei Berlin längst nicht Mitbegründer eines Start-up-Unternehmens geworden, hätte er sich nicht 1997 an dem von den Münchener Universitäten und *McKinsey* initiierten Businessplan-Wettbewerb beteiligt. Der junge Wissenschaftler hatte in seinem Labor eine neue Substanz entwickelt, die sich hervorragend als Voranstrich für Fassadenflächen eignet, auf der sich sogar Graffiti leicht beseitigen lässt und die sich gleichzeitig als Schutzbeschichtung für Autos während des Transports ab Werk eignet. Mit der in der dritten Phase des Wettbewerbs geforderten Aufstellung eines detaillierten Finanzplans war der Naturwissenschaftler jedoch überfordert. Erst als der als Projektbetreuer von der Produktidee überzeugte *McKinsey*-Partner Wolfgang Huhn den Entschluss fasste, seinen Beraterjob aufzugeben und selber als Mitgründer in die Geschäftsführung des geplanten Unternehmens einzutreten, war der Weg frei für eine Finanzierung durch die Venture-Capital-Firma *Technologieholding*. Schon nach fünf Jahren wollen die Gründer der *Colloid Surface Technologies GmbH* einen Jahresumsatz von hundert Millionen Mark erzielen. Und nicht untypisch: Die erste Anwendung liegt nicht bei Hauswänden oder Autos, sondern bei der Beschichtung von Langlaufskis.

Dass sich eine solche *Think-Big-Mentalität* auch bei uns durchsetzt, zählt erheblich mehr als die Gefahr, dass sich die angepeilten ehrgeizigen Wachstumsziele nicht immer in der vorausberechneten Zeit erreichen lassen. Auch wenn in den letzten Jahren einige Start-ups einen geradezu märchenhaften Aufstieg erlebten, so erfordert der Aufbau junger Hightech-Unternehmen viel Ausdauer. Auch die strahlenden Champions dieser Welt entwickelten sich nicht über Nacht zu ihrer heutigen Größe. *Hewlett Packard* begann bereits 1938, *Intel* 1968, *SAP* 1972, *Microsoft* 1975, *Apple* und *Genentech* 1976, *Amgen* 1980 und *Cisco* 1985. Fast all diese Vorbilder für ungezählte Nachahmer erlebten irgendwann ihre Schwächephasen oder gar Krisen, aus denen sie aber jedesmal gestärkt hervorgingen. Es wäre fatal, wenn überzogene Erwartungen zu Enttäuschungen und womöglich zu einem Ende der derzeitigen Aufbruchstimmung führten. Die soeben aufkeimende Gründerwelle muss sich zu einem dauerhaften Trend entwickeln. Sie darf nicht zu einer kurzlebigen Modeerscheinung abebben. Wir brauchen mehr Erfolgsbeispiele und einen langen Atem. Immer mehr Start-ups sollten sich zu weltweit agierenden Stars entwickeln. Dann werden wir unter ihnen auch den deutschen Bill Gates erleben.

Anhang

Die acht Bausteine Ihres Geschäftsplans

Baustein 1
Zusammenfassung

Die Zusammenfassung ist die Visitenkarte Ihres Geschäftsplans. Sie dient dem schnellen Überblick und vermittelt Kapitalgebern und Partnern in geraffter Form die wichtigsten Informationen zu Ihrer Geschäftsidee. Sie soll den Kern der Geschäftsidee deutlich machen und die entscheidenden Erfolgsfaktoren und Risiken des Unternehmens aufzeigen. Und: Sie soll Interesse wecken.

Baustein 2
Produktidee

Ihr Geschäft gründet sich auf eine Produkt- oder Dienstleistungsidee. Erläutern Sie Ihre Idee, schildern Sie den besonderen Nutzen aus Sicht Ihrer künftigen Kunden und grenzen Sie Ihr Angebot von dem Ihrer Wettbewerber ab. Darüber hinaus sollten Sie einen Überblick über den Entwicklungsstand Ihres neuen Angebots geben und die nötigen Voraussetzungen für die Umsetzung Ihres Vorhabens nennen.

Baustein 3
Unternehmerteam

Eine gute Geschäftsidee kann nur dann erfolgreich umgesetzt werden, wenn sich das notwendige Know-how im Managementteam wiederfindet. Gerade Investoren werden sich umfassend informieren, wem sie ihr Geld anvertrauen. Stellen Sie sicher, dass das Unternehmer-Team Kenntnisse und Erfahrungen für eine aussichtsreiche Unternehmensgründung mitbringt. Erläutern Sie daher Ihren bisherigen Werdegang und den Ihrer Partner und stellen Sie heraus, inwieweit die erworbenen Qualifikationen für die Firmengründung wichtig sind.

Baustein 4
Marketing

Markt und Wettbewerb: Ihr Unternehmen kann nur dann erfolgreich werden, wenn sich Ihre Geschäftsidee am Markt durchsetzt. Prüfen Sie, wo und wie Ihr Unternehmen in Branche und Markt positioniert werden kann. Analysieren Sie zunächst Branche und Markt genau. Verschaffen Sie sich Angaben zu Marktgröße (Absatz/Umsatz), Mitbewerbern und deren Marketingstrategien sowie Vertriebswegen. Stellen Sie Überlegungen zu Markteintrittsbarrieren, Kundenkreis, Lieferanten sowie zu branchentypischen Preisen, Kosten und Renditen an.

Marketing- und Vertriebsstrategie: Für ein erfolgreiches Marketing- und Vertriebskonzept müssen Sie die Zielgruppe für Ihr Angebot so exakt wie möglich definieren. Danach stellen Sie sich gedanklich auf die Seite Ihrer potenziellen Kunden und versuchen ebenso präzise, den Kundennutzen festzulegen. Bei Ihrer Produkt-, Vertriebs- und Kommunikationsstrategie dürfen Sie Zielgruppe und Kundennutzen nie aus den Augen verlieren. Sollten Sie mehrere Kundenvorteile bieten, gewichten Sie diese, um den primären Kundennutzen zu ermitteln. Bei der Informationsüberflutung im Markt haben Sie bestenfalls die Chance, *eine* Botschaft zu platzieren. Ihr Absatzerfolg hängt schließlich davon ab, dass dies die entscheidende Botschaft ist. Sie sollten überzeugend darlegen, wie Sie Ihr Produkt oder Ihre Dienstleistung verbreiten und das ermittelte Marktpotenzial erschließen wollen. Im Einzelnen müssen Sie Ihre Strategie für den Markteintritt darstellen, die Vertriebswege für Ihr Produkt erläutern und die geplanten Maßnahmen zur Absatzförderung vorstellen.

Baustein 5
Geschäftssystem und Organisation

Schildern Sie, ob Sie Alleininhaber sein oder die Geschäftsidee mit Partnern umsetzen wollen. Damit Ihr Geschäftssystem funktioniert, muss geklärt sein, was es zusammenhält: Stellen Sie deshalb die Arbeitsaufteilung unter den einzelnen Gesellschaftern, die Personalplanung, Führung und Unternehmenskultur dar. Machen Sie Angaben zu der Gesellschaftsstruktur (Kapitaleinlage/Haftung, Übernahme von Funktionen im Unternehmen) und erläutern Sie, welche Rechtsform Sie wählen und warum.

Baustein 6
Realisierungsfahrplan

Der Realisierungsfahrplan hat maßgeblichen Einfluss auf die Finanzierung und die Risiken des Geschäfts: Sie helfen deshalb sich und Ihren Partnern, wenn Sie im Voraus die Zusammenhänge durchdenken und die Auswirkungen verschiedener Einflüsse analysieren. Um die anstehenden Aufgaben wirksam zu planen müssen sie in sinnvolle Arbeitspakete aufgeteilt werden. Darüber hinaus sollten Sie Expertenmeinungen zu einzelnen Planungsschritten einholen. Überlegen Sie sorgfältig, welche Aktivitäten voneinander abhängen und welche Tätigkeiten bei einer Verzögerung das Gesamtprojekt beeinträchtigen könnten. Risikomindernde Tätigkeiten sollten Sie nach Möglichkeit stets zu Beginn des Projekts angehen.

Baustein 7
Risiken

Sie sollten grundsätzliche Chancen und Risiken ansprechen, die Ihrem Unternehmen gegenüberstehen. Zahlreiche externe Einflüsse wie beispielsweise Änderungen der Gesetzeslage können den geplanten Geschäftsverlauf nachhaltig verändern. Gehen Sie vor allem auf die möglichen Folgen ein, wenn zentrale Annahmen, die Sie in Ihrem Geschäftsplan getroffen haben, in der Praxis nicht zu realisieren sind. Welche Reaktionen auf Ihren Markteintritt sind vonseiten der Wettbewerber zu erwarten und wie können Sie am besten darauf reagieren? Wie sieht Ihre Geschäftsentwicklung im Worst-cae-Szenario aus – also im ungünstigsten Fall?

> ### Baustein 8
> #### Finanzierung
>
> Stellen Sie in Ihrem Geschäftsplan dar, wie viel Geld Sie insgesamt benötigen, um Ihr Vorhaben erfolgreich über die Strecke zu bringen. Der Kapitalbedarf lässt sich anhand eines Finanzplans abschätzen, der auf Ihren Annahmen für den Aufbau des Geschäfts beruht. Eine weitere elementare Frage ist, wie viel flüssige Mittel Sie jederzeit verfügbar haben müssen, damit Ihr Unternehmen den laufenden Verbindlichkeiten nachkommen kann. Das ist eine zentrale Aufgabe der Liquiditätsplanung. Schließlich ist zu klären, wie und woher die benötigten Mittel beschafft werden können. In den meisten Fällen kann das Unternehmerteam nur einen Bruchteil des ermittelten Finanzierungsbedarfs selbst aufbringen. Die erfolgreiche Suche nach Investoren wird somit zur Überlebensfrage für Ihr Unternehmen.

Eine Anleitung für die Ausgestaltung eines Businessplans bietet die Publikation »Planen, gründen, wachsen – Mit dem professionellen Businessplan zum Erfolg« von *McKinsey & Company*, die im Ueberreuter Verlag erschienen ist.

Register

244